DU RÊVE A L'ÉVEIL

PIERRE ÉTÉVENON

DU RÊVE A L'ÉVEIL

Illustrations
de Sylvie Guillou

Claude Hermelin

Albin Michel

« Sciences d'aujourd'hui »
Collection dirigée
par
Michel Cazenave

22, rue Huyghens, 75014 Paris

ISBN 2-226-02871-4
ISSN 0755-1819

A la mémoire du professeur Alfred Fessard et du professeur Jacques-Robert Boissier.

En hommage aux professeurs Leonide Goldstein et Pierre Deniker.

Avec mon admiration pour l'esprit de recherche et l'œuvre du professeur Michel Jouvet.

Sommaire

Nous remercions particulièrement les enseignants, cliniciens et chercheurs dont les critiques et suggestions nous ont permis d'améliorer et de compléter cet ouvrage : le docteur Aroukh, le docteur Odile Benoit dont le livre sur la physiologie du sommeil nous a été une précieuse source de connaissance, le professeur H.-P. Cathala, le professeur Fredy, le docteur Patricia Garfield (San Francisco), le docteur Christine Gounant-Verre, le docteur Gueguen, le professeur Pélicier, le professeur Rondot, le docteur Solié, le professeur Tissot (Genève et Marseille) et le professeur Zarifian (Caen).

Nous sommes encore redevables d'informations et de références importantes que nous ont aimablement procurées les professeurs A. Borbély (Zurich), R. Broughton (Ottawa), M. Jouvet et M. Jeannerod (Lyon), J. Paillard (Marseille), et les docteurs Joëlle Adrien de la Taille, J. Gaches, J.-M. Gaillard (Genève), J.-P. Laurent (Chailles) et G. Verdeaux.

Nous exprimons notre gratitude à Mlles Fabienne Le Goïc et Isabelle Collas pour leur remarquable travail secrétarial, d'un manuscrit sans cesse remanié. Que Mlle Sylvie Guillou, spécialiste INSERM, soit remerciée de ses dessins très personnalisés.

Enfin, sans la précieuse critique et le soutien permanent de Micheline Étévenon, ce travail n'aurait jamais pu naître.

Note au lecteur

Chaque chapitre tient compte des précédents mais se veut être indépendant dans le thème qu'il traite. Ce livre comporte huit tableaux et trente figures dont les légendes sont explicites et renvoient au texte.

Les références bibliographiques de chaque chapitre sont en général numérotées entre parenthèses, dans l'ordre de leur citation dans le texte. Les références qui renvoient à celles des chapitres précédents sont aussi indiquées entre parenthèses, mais précédées des chapitres où elles apparaissent, qui sont alors indiqués en chiffres romains. Les 360 références du livre peuvent être utilisées pour une documentation ultérieure plus précise et détaillée du lecteur s'il le désire ; celui-ci n'est pas du tout obligé de s'y reporter dans sa lecture progressive des chapitres.

Enfin, certains passages sont plus techniques et scientifiques que d'autres. Certaines répétitions sont effectuées sous des perspectives différentes afin de permettre une plus grande compréhension de points délicats sinon difficiles. Des résumés détaillés suivent chaque chapitre en donnant l'essentiel et présentant au fur et à mesure les résultats acquis. Un glossaire de soixante-quinze mots permet encore de se familiariser avec les mots techniques et scientifiques les plus utilisés.

Le spécialiste risque de rencontrer des lacunes, ou encore incomplètes et vulgarisées certaines parties trop simplifiées sinon absentes. Le non-spécialiste au contraire trouvera peut-être laborieuses et complexes des présentations et discussions anatomiques, physiologiques ou biochimiques. En revanche, il souhaitera sans doute en savoir plus sur certains points psychologiques ou sur certaines questions philosophiques qu'il ne trouvera pas assez abordées. Le travail qui est présenté ici n'est qu'un essai de synthèse des connaissances.

Nous rêvons d'abord, nous dormons ensuite et nous nous éveillons après ! Nous sommes donc tous concernés, spécialistes et non-spécialistes, par ces états de conscience qui sous-tendent nos actions, nos émotions, nos désirs et nos aspirations profondes. Quel est l'état présent de nos connaissances, qui puisse être le plus simplement présenté, ici et maintenant ? Quelles sont les questions qui se posent ? Sommes-nous embarqués dans cette grande aventure humaine individuellement et autant que l'humanité qui a évolué au cours des siècles depuis le premier être vivant ? Voilà le voyage auquel le lecteur est convié.

Avant-propos

C'est à partir de l'électroencéphalographie qu'ont été définis les états de veille et de sommeil, tant chez l'homme que l'animal. Cela fait l'objet du premier chapitre. Les activités électriques du cerveau proviennent essentiellement du cortex cérébral* que nous étudierons ensuite. L'attention, les sensations et perceptions, la commande motrice dépendent du cortex qui joue un rôle fondamental dans l'éveil, le sommeil et le rêve. Les structures cérébrales situées en dessous du cortex sont tout autant concernées : d'où le troisième chapitre qui passera en revue les grands systèmes et structures sous-corticales. Munis de ces données physiologiques et de ces schémas anatomiques nous serons alors en mesure de présenter une vue panoramique des systèmes et des rythmes veille-sommeil.

Nous verrons comment l'évolution du sommeil du nouveau-né récapitule l'évolution du sommeil chez les êtres vivants et il nous sera possible de présenter une recherche de laboratoire, effectuée lors d'un enregistrement d'une nuit de sommeil qui fut accompagnée de réveils provoqués suivis de récits de rêves. La cartographie EEG* qui fut utilisée au cours de cette recherche est une nouvelle imagerie cérébrale, sorte de photographie instantanée de l'activité électrique du cerveau. Peut-elle nous apporter des connaissances objectives sur le monde subjectif des rêves appréhendé à partir des récits de souvenirs de rêves obtenus après réveils

---

* Les mots suivis d'un astérisque renvoient au glossaire, p. 289.

provoqués ? Nous préciserons ensuite la pathologie du sommeil et du rêve, par rapport au sommeil normal. Nous aborderons l'insomnie, la narcolepsie, avant d'étudier l'énurésie, le somnambulisme, les terreurs nocturnes et les cauchemars. Nous présenterons enfin les rapports et les différences qui existent entre éveil, rêve, sommeil et pathologie mentale.

Pouvons-nous, sans crainte, vivre notre imaginaire ? Que peut-on dire des fonctions du rêve et du sommeil par rapport à l'éveil ? Peut-on imaginer que les découvertes médicales et physiologiques, fruits de recherches objectives au service de l'Homme, puissent rejoindre l'approche introspective subjective et s'en enrichir ?

Chapitre I

L'EEG ET LES ÉTATS DE VIGILANCE ET DE SOMMEIL

« Les hommes à l'état de veille ont un seul monde, qui leur est commun. Dans le sommeil, chacun s'en retourne à son propre monde. »

HÉRACLITE

L'électroencéphalographie, l'enregistrement des très faibles courants électriques émis par le cerveau spontanément et enregistrés sur le cuir chevelu, est d'histoire récente et mérite d'être racontée. Elle diffère de l'électrocardiographie, l'enregistrement des courants électriques produits par les contractions rythmiques des fibres musculaires du cœur, qui n'étonne plus guère et dont l'invention remonte au siècle dernier.

La découverte de l'EEG

En 1875, un médecin anglais appelé Caton avait déjà remarqué que le cerveau du chien produisait des courants électriques bien plus faibles que ceux provenant des muscles cardiaques. Mais c'est seulement en 1929, après vingt ans de travaux effectués secrètement, que Hans Berger fit pour la première fois mention de l'électroencéphalogramme* chez l'homme [1]. L'histoire de cette découverte est des plus passionnantes.

Hans Berger naît en 1873 dans un petit village de Bavière [2, 3]. L'on sait, à partir de son journal personnel, qu'il s'intéresse aux sciences naturelles, aux mathématiques et à l'astronomie. Il étudie tout d'abord l'astronomie à l'université de Berlin et c'est à cause d'une expérience tout à fait extraordinaire qu'il abandonne cette science pour se mettre à l'étude de la pensée. Il rapporte en effet, en 1940 [4], qu'à dix-neuf ans il eut à cheval un accident sérieux. Voici le récit de cette aventure qui eut des conséquences importantes dans la poursuite de ses recherches :

> « Lorsque j'avais dix-neuf ans, étant étudiant, je subis un grave accident au cours d'exercices militaires près de Wurzburg qui me fit échapper de très près à une mort certaine. Je longeais à cheval le bord étroit d'un profond ravin traversé par une route. Tombant de ce cheval qui ruait et, dévalant la pente, j'aboutis sur le passage d'une batterie en marche tirée par six chevaux, étendu devant une des roues d'un canon. Celui-ci put s'arrêter juste à temps avant que de m'écraser et je m'en sortis sain et sauf avec seulement une grande peur. Cet accident était survenu dans la matinée d'une belle journée de printemps. Au cours de la soirée de cette même journée, je reçus un télégramme de mon père, s'inquiétant de mon état de santé. Ce fut la première et seule fois de ma vie qu'il me fut demandé de mes nouvelles. Ma sœur aînée, qui m'avait toujours été très proche, avait été à l'origine de ce message télégraphique parce qu'elle avait soudainement déclaré à mes parents être certaine que j'avais subi un accident. A cette époque, ma famille vivait à Coberg. Voici un cas de télépathie spontanée au cours d'un danger mortel. Ayant perçu une mort certaine, j'avais transmis mes pensées à ma sœur qui, m'étant particulièrement proche, avait pris le rôle de receveur. »

Démobilisé un an après, en 1893, Berger étudie la médecine en Allemagne, il devient l'assistant du fondateur de l'école de psychothérapie existentialiste, le professeur Binswanger, à la clinique de l'université de Jena. Il est nommé en 1919 directeur de la clinique, ainsi que professeur d'université, responsable du département de psychiatrie. Depuis 1902, il s'est intéressé expérimentalement à l'activité électrique du cerveau, à la suite des premiers travaux de Caton. C'est seulement en 1920 qu'il poursuit chez l'homme l'enregistrement de l'activité électrique du cerveau humain et cela avec un grand nombre d'insuccès et de déboires. En 1924, il obtient son premier enregistrement chez un jeune homme de dix-sept ans qui a été trépané sur une suspicion de tumeur cérébrale. Il place deux électrodes* à quatre centimètres l'une de l'autre à proximité de la cicatrice de la trépanation située dans l'hémisphère gauche. Il relie les fils d'électrodes à un « galvanomètre à corde » et observe des oscillations continuelles de l'aiguille. Il rapportera cette première observation dans un article de 1929, auquel succéderont vingt autres articles jusqu'en 1938 [5].

Berger introduisait d'abord deux fils d'argent sous le cuir chevelu, puis il utilisa des feuilles d'argent mises en contact étroit avec la tête du sujet grâce à un bandeau élastique. Les très faibles courants électriques recueillis par ce circuit de deux fils étaient amplifiés et détectés par le « galvanomètre à corde » dont les variations pouvaient être observées et photographiées par l'expérimentateur. Berger analysait ainsi de deux à trois secondes de ce qu'il appela *Elektrenkephalogram* et qui allait devenir l'*électroencéphalogramme* ou *EEG.* Il obtenait une courbe sinueuse, de plus ou moins grande amplitude*, dont le rythme oscillait autour de dix cycles par seconde*, ce qui devait par la suite caractériser la fréquence* du rythme appelé alpha*, activité électrique spontanée, recueillie sur le scalp, du cerveau au repos. Cette activité alpha diminuait jusqu'à disparaître apparemment lorsque le sujet ouvrait les yeux ou effectuait un calcul arithmétique.

Berger considérait sa recherche comme étant de caractère privé et travaillait le soir, bien après 20 heures. Il ne publia ses découvertes qu'après avoir étudié un grand nombre de situations expérimentales. L'une de ses premières communications concerne par exemple le retard de la maturation du cortex occipital du chat, lié à une privation de stimuli visuels. Il étudia aussi les effets de nombreuses drogues : morphine, cocaïne, chloroforme, et leur influence sur la circulation cérébrale locale. Il pensait qu'il y avait une relation, qui fut trouvée bien plus tard par Ingvar, entre la circulation cérébrale, l'EEG et les événements mentaux. Il recherchait aussi si la température des différentes aires cérébrales changeait en fonction des tâches mentales, ou pendant les stimulations sensorielles et émotionnelles, ou sous l'influence de divers produits. Entre 1929 et 1938, Berger étudia systématiquement les relations des électroencéphalogrammes avec un grand nombre d'altérations cérébrales, telles que les effets de la tension, du sommeil, de diverses conditions toxiques comme l'anoxie, l'épilepsie et aussi des troubles psychiatriques, aussi bien organiques que fonctionnels.

Grey Walter, en 1929, remarque qu'à Londres, au laboratoire central de pathologie de l'hôpital Maudsley, les Anglais doutaient fortement des « trouvailles » de Berger [6]. Le professeur Golla était anxieux d'utiliser un « oscillographe de Matthews », appareil amplificateur de courants très faibles, qui était le plus robuste et le plus précis de ceux de l'époque. Les Anglais observèrent bien les fluctuations enregistrées à partir de la tête d'un patient, mais à Cambridge on ne pouvait pas accepter que le cerveau fût un objet d'étude convenable pour un physiologiste, qui à l'époque devait se préoccuper uniquement des influx nerveux propagés par les nerfs et les fibres nerveuses. Il fallut attendre la publication de lord Adrian et de Matthews, en 1934, pour que l'EEG fût finalement accepté dans le milieu académique[7]. Mais les auteurs anglais considérèrent que l'activité alpha observée lorsque le sujet d'expérience avait les yeux fermés n'était produite que par le lobe occipital et rejetèrent le nom d'électroencéphalogramme de Berger qui suggérait que l'EEG dépendait de tout le cortex cérébral. Ils appelèrent donc « rythme de Berger » cette activité alpha observée sous le lobe occipital. Berger refusa cette nouvelle dénomination. Ce n'est qu'en 1938 que Jasper et Andrews [8] reconnurent qu'il avait raison, et que l'électroencéphalogramme était bien produit par tout le cortex cérébral sous-jacent et recueilli sur le scalp, après avoir diffusé à travers les méninges, les os du crâne et le cuir chevelu.

Dès la démonstration de l'EEG faite à Cambridge en 1934, devant la Société physiologique de Grande-Bretagne, Berger était devenu une célébrité internationale, reconnue par le Congrès international de psychologie qui eut lieu à Paris en 1937 [9]. Mais il resta ignoré en Allemagne et ses dernières années furent tragiques. En effet, il resta fidèle à son idéal de vie austère et morale et refusa complètement d'adhérer au nazisme. Il fut censuré et, en 1938, brutalement mis à la retraite d'office, tandis que son assistant prenait sa place. Il fut interdit dans son propre département et son laboratoire démantelé. Berger subit une dépression mélancolique grave, qu'il prit pour une maladie cardiaque et, en 1941, à l'âge de soixante-huit ans, en plein désespoir, il se suicida.

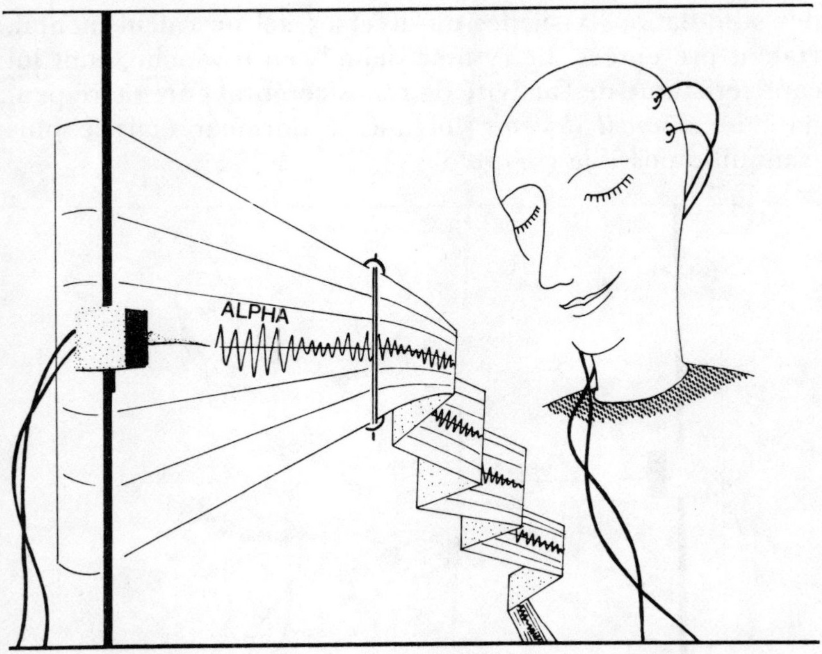

Figure 1 : Enregistrement EEG de l'activité alpha pendant l'éveil calme, yeux fermés.

Lors de la démonstration de Cambridge, des électrodes furent placées sur la tête de lord Adrian, reliées à l'amplificateur fabriqué par Matthews puis à un oscillographe à inscription à encre (*figure 1*). Le rythme alpha, lié à l'éveil calme, reçut sa confirmation scientifique internationale. Le premier « électroencéphalographe » et bientôt « polygraphe » (appareil recueillant plusieurs électroencéphalogrammes et autres signaux électriques physiologiques) était né. Ce dernier appareil était capable d'enregistrer simultanément les courants électriques spontanés (différences de potentiel*) émis par le cerveau (EEG), par l'activité des muscles oculaires (EOG ou électro-oculogramme*), ou par celle des muscles de la face (EMG ou électro-myogramme*).

L'électroencéphalographie est donc apparue officiellement en 1934. L'activité alpha caractérisait l'*éveil calme* d'un sujet les yeux fermés, tandis que l'activité bêta* (*figure 2*) caractérisait l'*éveil actif* d'un sujet les yeux ouverts auquel des stimulations visuelles ou diverses, tel un calcul mental, étaient présentées. Le rythme delta*, en revanche, était lui caractéristique de l'activité de repos cérébral enregistré pendant le *sommeil de nuit,* lorsque le dormeur était le plus tranquille possible (*figure 3*).

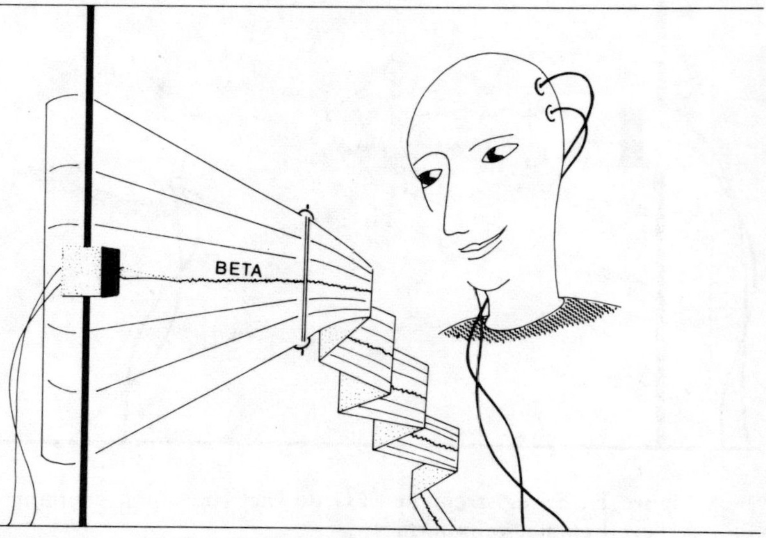

Figure 2 : Enregistrement EEG de l'activité bêta pendant l'éveil actif, yeux ouverts, caractérisé par une désynchronisation * des tracés.

L'EEG fut vite considéré comme « désespérément constant ». Les médecins étudièrent alors les affections neurologiques et psychiatriques en délaissant les sujets normaux. La détection des tumeurs cérébrales, l'épilepsie et certains troubles mentaux bénéficièrent de cette nouvelle méthode d'investigation cérébrale, complètement inoffen-

Figure 3 : Enregistrement EEG de l'activité delta pendant le sommeil.

sive, sans douleur pour le patient. Ainsi remarque-t-on que les oscillations rythmiques des activités électriques spontanées du cerveau, recueillies sur le scalp, sur le cortex, ou même à l'intérieur du cerveau lors d'interventions neurochirurgicales, varient spécifiquement avec la maladie, et pas seulement avec la vigilance et les conditions expérimentales.

L'EEG de la veille, du sommeil et du rêve

L'EEG permit rapidement d'étudier les changements de vigilance liés à l'apparition du sommeil. Ce fut l'œuvre de Loomis et ses collaborateurs, dans une suite d'articles publiés entre 1935 et 1938 [10]. Ils remarquèrent que le sommeil n'était pas un état stable de vigilance, en baisse régulière, mais qu'il pouvait au contraire être décomposé en cinq paliers, en épisodes, en stades différents qui furent alors codés (et appelés A, B, C, D, E) à partir de leur évolution selon un cycle temporel bien défini. En particulier, à la *veille* succède l'*endormissement** (que Loomis distingue finement en deux états successifs A et B), puis lors de l'approfondissement du sommeil, la disparition de « l'état de veille » s'accompagne d'une augmentation des amplitudes et d'un ralentissement des fréquences de l'électroencéphalogramme au cours du *sommeil léger** puis du *sommeil à ondes lentes.* Mary Brazier [11] en 1949 fit paraître un article sur les champs électriques de l'EEG enregistrés en divers points de la surface du scalp pendant le sommeil. Mais l'inventaire des stades de sommeil n'était pas complet et il fallut attendre encore vingt ans pour qu'il le soit.

Dès 1939, Kleitman, à Chicago, avait publié sur le sommeil et la veille un livre [12] qui, complété en 1963, reste un ouvrage fondamental sur la question. Dans son laboratoire, il s'était intéressé aux mouvements oculaires lents et ondulants observés pendant la phase d'endormissement qui suit l'état de veille. Son élève Aserinsky découvrit [13, 14] qu'il existait deux types de mouvements oculaires pendant le sommeil : de lentes oscillations pendulaires pendant l'endormissement mais aussi des phases brèves (activité dite phasique) de mouvements oculaires rapides (PMO) pour « phase de mouvements oculaires », ou REM (en anglais *Rapid Eye Movements*). Ces chercheurs remarquèrent ensuite [15] que ce sommeil « léger » était aussi accompagné de quelques mouvements du visage (et parfois de paroles). Ils suggérèrent qu'à ce moment-là, les sujets endormis rêvaient et que les rapides mouvements conjugués des yeux correspondaient à des scènes imaginaires vues par les rêveurs. Dement était étudiant chez Kleitman lorsqu'il entreprit de vérifier cette hypothèse [16, 17]. Après une étude portant sur près de deux cents réveils au cours de différents stades de sommeil, il nota que 80 % des dormeurs réveillés se rappelèrent de leurs rêves après des réveils suivant des périodes de sommeil accompagnées de mouvements oculaires rapides, contre 7 % seulement après des périodes de sommeil profond. Le troisième principal état de sommeil était ainsi trouvé et fut vite confirmé par de très nombreux travaux, dont ceux de Jouvet et de son école, à Lyon [18, 19]. Jouvet découvrit chez le chat, et d'autres mammifères, ce sommeil « actif », accompagné de mouvements oculaires rapides, qu'il appela sommeil paradoxal*

Activité électrique	*Bande de fréquence*	*État de vigilance*
Delta	1-4 cps	Sommeil à ondes lentes (1 à 2 cps) ; en pathologie : tumeur cérébrale, dégénérescence, confusion, etc.
Thêta	4-7 cps	Sédation, rêverie ; phase I d'endormissement ; pathologie : anxiété, irritation (bouffées thêta), somnambulisme.
Alpha	8-12 cps	Rythme de Berger, attention diffuse, sujet relaxé, les yeux fermés. Il existe des « grands alpha » (plus que 40 microvolts en occipital), des « petits alpha » et même des « alpha minus », inexistants sur les tracés.
Bêta 1	13-23 cps	Éveil actif ; amplitudes faibles, fréquences rapides, tracés dits désynchronisés, tâche mentale, yeux ouverts.
Bêta 2	24-30 cps	Éveil actif, parfois hyperéveil, amplitudes faibles, fréquences rapides.

Tableau 1 : EEG et états de vigilance. L'électroencéphalogramme (EEG) est caractéristique des états de vigilance. Il est généralement décrit par des activités électriques codifiées par des lettres grecques qui correspondent à des bandes de fréquences particulières. Les bandes de fréquences peuvent être choisies plus ou moins larges ou étroites (13-23 cps pour bêta 1 par exemple) selon le cas. Ces fréquences physiologiques s'expriment en cycles par seconde (cps) ; elles s'expriment en Hertz (Hz) en physique.

État de vigilance	*Activité électrique dominante*	*Caractéristique*
Stade I endormissement (stades A et B de Loomis)	Thêta (et bêta)	Tracé de faible amplitude, de fréquences EEG mélangées (1 à 7 cps) avec figures appelées bouffées de thêta (50-70 µV) et pointes vertex (200 µV) transitoires.
Stade II sommeil léger confirmé (stade C de Loomis)		Bouffées de fuseaux de sommeil * (12 à 14 cps) et brefs « complexes K » * apparaissant souvent en réponse à des stimuli externes (bruits).
Stade III sommeil profond (stade D de Loomis)	Delta	Grandes ondes lentes de 2 cps ou moins (de plus de 75 µV), persistant de 4 à 10 s pour une page de 20 s de tracés.
Stade IV sommeil profond (stade E de Loomis)	Delta	Plus de 10 s d'ondes lentes pour une page de 20 s de tracés.
Sommeil paradoxal	Thêta (rythme en « dents de scie »)	Amplitudes faibles semblables au stade I (sans pointes vertex), avec saccades de mouvements oculaires rapides (PMO) pendant le sommeil paradoxal phasique, ou sans pendant le sommeil paradoxal tonique. Apparaît aussi le plus bas niveau d'activité électrique des muscles du menton (EMG).

Tableau 2 : Codification des stades de sommeil. Chez l'homme adulte, les cinq stades du cycle de sommeil sont caractérisés par des activités électriques spontanées particulières, décrites en termes de bandes de fréquences (en cycle par seconde : cps), d'amplitudes (en microvolts : µV) et de figures EEG ou grapho-éléments propres à chaque stade.

car il se manifeste par une activité cérébrale plus intense, proche de l'éveil les yeux ouverts et de l'endormissement les yeux fermés, en même temps que par un relâchement (paradoxal) de toute la musculature axiale du corps. La convergence de ces recherches permit en 1968 de publier un *Manuel de standardisation des états de sommeil chez l'homme* [20].

Différents états de vigilance

L'EEG est utilisé pour décrire les états de vigilance normaux et aussi les états pathologiques, depuis l'hyper-éveil que constituent les états hallucinatoires — tels qu'en éprouvent des malades schizophrènes hallucinés, à délire activé, ou bien des sujets ayant absorbé des substances hallucinogènes —, l'éveil actif lié à une tâche mentale, l'éveil calme où le sujet est relaxé en attention diffuse qui s'accompagne de rythme alpha, les stades de sommeil, les comas et jusqu'à la mort cérébrale qui correspond à des tracés EEG « nuls » (dits encore « iso-électriques ») où les plumes de l'enregistreur polygraphique n'inscrivent plus aucune activité électrique spontanée d'un cerveau qui a cessé de fonctionner.

Les caractères qualitatifs de l'EEG et les changements de forme des tracés obtenus ont fait l'objet de descriptions d'activités électriques, de rythmes bien définis et caractérisés par des critères précis. En particulier, les électroencéphalographistes distinguent l'EEG selon des bandes de fréquences* repérées par des lettres grecques (*tableau 1*), qui correspondent comportementalement et physiologiquement à des changements de vigilance normale ou pathologique (*tableau 2*).

Les critères actuels des stades de sommeil [20] tiennent compte des *amplitudes* (en microvolts*) et des *fréquences* (en cycles par seconde ou cps) ainsi que d'autres particularités « morphologiques » des tracés, *figures EEG** particulières appelées « grapho-éléments » (par exemple pointes vertex*, fuseaux de sommeil, complexes K), et surtout d'autres activités électriques associées qui peuvent être faibles, moyennes ou fortes, ou encore brèves (phasiques*) ou persistantes (toniques*). Ces autres *activités polygraphiques* sont en particulier les mouvements des yeux (EOG), l'activité des muscles du menton (EMG), critères indispensables pour définir le sommeil paradoxal. Il s'y ajoute en général la respiration thoracique, les mouvements du lit (actogramme), l'électrocardiogramme (ECG). D'autres paramètres électrophysiologiques peuvent encore être enregistrés à des fins diagnostiques ou de recherche : diamètre du pénis pour rechercher des causes d'impuissance fonctionnelle ou organique, résistance électrique de la paume de la main (électrodermogramme), mouvements de l'estomac, température centrale, etc.

Un peu d'étymologie et de philosophie

Nous venons de parler d'éveil, de sommeil et de rêve, ainsi que de divers états de vigilance et il convient ici de faire une brève parenthèse pour expliquer et retrouver l'étymologie des principaux termes qui nous intéressent. En latin, *dormire* va donner le verbe « dormir », de même que *somnus* va devenir somme et son diminutif *somniculum,* sommeil. Très rapidement, d'autres termes en découlent. C'est ainsi que *somnium* prend le sens de rêve et chimère, tandis qu'à la Renaissance *somniare* signifie avoir des rêves et aussi extravaguer. Ce dernier mot va devenir « songer », c'est-à-dire rêver au sens d'un rêve dont on peut faire le récit. Ensuite, au XVIIe siècle, songer va perdre son sens d'origine pour devenir « penser vaguement à quelque chose », d'après ce qu'en dit Lanteri-Laura [21]. Le terme rêver provient d'une tout autre origine. Il remonte au latin vulgaire *vagus* qui signifie errant et dont est tiré *ex-vagus* qui va bientôt devenir *esvo* ; l'analogie construit alors le verbe *esver* qui prend le sens d'errer, et devient bientôt « rêver », dans le sens, dès 1130, à la fois d'errer et de délirer, de même que le verbe *desver* signifie perdre le sens. Au XIIIe siècle, autour du verbe rêver se construisent les mots rêverie, qui signifie délire, et rêveur, qui se dit de « l'homme qui erre d'un lieu en un autre ». Mais c'est au XVIIe siècle de l'âge classique que le terme rêver trouve sa définition actuelle : « avoir des rêves », et ne signifie plus ni errer ni délirer. « Rêve » vient alors prendre la place de « songe », et rêver celle de songer qui est tombé en désuétude.

Il y a donc dans le fait de rêver les notions à la fois d'errance, de délire et bientôt de « l'homme qui désire en dormant ». Tandis que sommeil et songe sont beaucoup plus liés à « l'homme qui dort » et à l'état de l'homme qui dort. Cette opposition entre le sommeil vu de l'extérieur, considéré d'un point de vue physiologique, avec aussi le songe auquel s'attachera par la suite Freud tout particulièrement, s'oppose au vécu subjectif nocturne, imprévisible, chaotique, sinon aléatoire, impliqué dans les vocables de rêver et de rêve. Pour « éveil* », veille, réveil et vigilance, l'étymologie vient de « vigueur ». Au réveil, on se sent « vigoureux ».

L'article de Lenteri-Laura [21] intitulé « Le rêve comme argument », dont nous avons extrait l'essentiel à propos des origines étymologiques de « dormir » et « rêver », de « sommeil » et de « rêve », se poursuit par une réflexion philosophique et historique que nous allons reprendre. Nous avons rappelé dans un ouvrage précédent que, dans la tradition indienne et en particulier dans les Upanishads, il existait déjà quatre états différenciés d'éveil et de sommeil : l'éveil au monde extérieur (*Jagrat*), le rêve (*Svapna*), le sommeil profond (*Susupti*), et enfin le « quatrième état » (*Turiya*). Ce dernier étant un état indicible, indéfinissable, comprenant les trois précédents états de conscience en lui-même, mais considéré comme le « véritable état d'éveil » et aussi d'union avec la « conscience suprême ». Cette distinction de quatre états de conscience dans la tradition indienne est tout à fait originale et n'apparaît pas dans le monde grec. Cependant, Héraclite, pré-socratique, dit dans l'un des fragments de son œuvre [22] :

> « Les hommes à l'état de veille ont un seul monde, qui leur est commun. Dans le sommeil, chacun s'en retourne à son propre monde. »

Dans cet aphorisme, Lanteri-Laura note en commentaire que :

> « La veille, c'est l'expérience commune d'un monde unique, et ce qui est alors vécu, c'est la perception qui manifeste pour tous un monde qui est un : unicité et communauté en sont les traits essentiels, qui, à certains égards, fondent la raison et garantissent l'ordre. L'existence d'une expérience de rêve, distincte par elle-même de celle de la veille, permet alors de repérer avec sûreté cette dernière, puisque, par comparaison, l'expérience du rêve est différente. »

Cette réflexion tirée des méditations cartésiennes de Husserl éclaire l'expression d'Héraclite, notamment le terme « s'en retourner ». En effet, le monde propre du rêve, que parcourt le rêveur dans son vécu subjectif aventureux, est un monde antérieur à lui-même vers lequel il *se retourne* comme s'il s'y rendait encore et y revenait après l'avoir connu initialement. Cela nous rappelle que le nouveau-né rêve plus de 50 % de son temps (16 heures sur 24), tandis qu'il n'est endormi en sommeil calme que 8 heures durant, et qu'il manifeste très peu d'éveil au monde extérieur, seulement en accord avec ses besoins essentiels immédiats et impératifs.

Les sceptiques vont rapidement perdre la sagesse paradoxale et ambiguë prônée par Héraclite, qui ne consacre pas moins de 13 fragments (sur les 126 qui ont été conservés) à l'éveil, au rêve et au sommeil [22, 23, 24, 25]. Ils ne considèrent plus le rêve que comme un moyen de récuser la perception. Ainsi Sextus Empiricus écrit [26] :

> « Selon le sommeil ou la veille les représentations sont différentes, puisque nous n'avons pas dans le sommeil les mêmes représentations qu'à l'état de veille, ni à l'état de veille que dans le sommeil, aussi leur existence ou leur non-existence n'est-elle pas absolue mais relative à quelque chose, relative au sommeil et à la veille. Nous voyons donc vraisemblablement dans le sommeil des choses qui n'existent pas quand nous sommes éveillés mais qui ne

> sont pas absolument inexistantes, car elles existent dans le sommeil, tout comme il en existe en état de veille, même si elles n'existent pas dans le sommeil. »

Cette assimilation du rêve et de la réalité est alors remise en question par la mort. C'est ce qui fait dire à Shakespeare dans *Hamlet* : « Mourir, dormir ; dormir... rêver peut-être. »

Si le sommeil est considéré comme une « chute dans l'inconscience », une petite mort, et si la mort n'est qu'une délivrance de la vie, alors le rêve est inquiétant. Il y a là peut-être l'origine de ce que l'on retrouvera plus tard dans le romantisme.

Descartes s'intéresse aussi beaucoup aux rêves — et sa fameuse nuit du 10 au 11 décembre 1619 génère toujours des séminaires en Sorbonne. Il les considère comme incohérents et sans rapport avec la réalité, de telle façon qu'il peut donner au doute méthodique une plus grande importance. Il écrit à ce propos [27] :

> « Et enfin, considérant que toutes les mêmes pensées que nous avons étant éveillés nous peuvent aussi venir quand nous dormons sans qu'il y en ait aucune pour lors qui soit vraie, je me résolus de feindre que toutes les choses qui m'étaient jamais entrées en l'esprit n'étaient non plus vraies que les illusions de mes songes. »

Par la suite, au début de la *Première Méditation*, il dit du rêve :

> « Combien de fois m'est-il arrivé de songer, la nuit, que j'étais en ce lieu, que j'étais habillé, que j'étais auprès du feu, quoi que je fusse tout nu dedans mon lit ? »

Le fou qui, éveillé, prend sa nudité pour de l'or et de la pourpre, et le philosophe qui rêve tout nu dans son lit et se croit alors près de son feu, vêtu d'une robe de chambre et en état de veille, peuvent donc douter de la perception la plus familière puisqu'ils retrouvent cette familiarité dans leurs rêves. Descartes écrit encore :

> « Et m'arrêtant sur cette pensée, je vois si manifestement qu'il n'y a point d'indices concluants, ni de marques assez certaines par où l'on puisse distinguer nettement la veille d'avec le sommeil, que j'en suis tout étonné et mon étonnement est tel qu'il est presque capable de me persuader que je dors. »

Descartes emploie le rêve au sens de songe en tant que récit cohérent. Il n'insiste plus, là, sur l'incohérence, sur l'absurdité apparente. Il réduit le rêve à une simulation, une imitation de l'expérience perceptive sans plus parler d'errance, de vagabondage, d'un vécu nocturne qui ne l'intéresse pas. Cependant, il s'appuie sur « les illusions de mes songes » pour supprimer toute autorité à l'expérience sensorielle et fonder raisonnablement la connaissance sur le cogito : « Je pense donc je suis. » Le sceptique considère que le rêve lui permet d'aboutir à une sorte d'incertitude universelle, en niant tout sens éventuel au rêve. Descartes, lui, parvient à une autonomie de la pensée consciente qui supprime, du fait même, toute portée au rêve.

Au XVIIIe siècle, Diderot considère que le rêve n'est autre qu'un phénomène naturel susceptible d'apporter de nouvelles lumières sur la nature de l'homme, à partir d'une connaissance physiologique qui serait capable de l'expliquer rationnellement. Cette position de Diderot [28] apparaît en particulier à la fin de l'entretien entre d'Alembert et Diderot à propos d'un *Rêve de d'Alembert*, qui parle tout haut, veillé par Mlle de l'Espinasse. Celle-ci s'inquiète de l'état de son ami. Elle fait appeler le médecin Bordeu. Ce dernier explique alors le rêve de d'Alembert comme un discours onirique qui lui permet de lever certaines inhibitions et en particulier de parler justement de la sexualité dans la vie humaine. Diderot montre par là même que le rêve est un discours qui présente des ellipses et des mots d'esprit (anticipant Freud, Lacan, etc.) mais qui contient beaucoup moins de censure que l'état de veille, bien qu'il soit presque un rébus. Bien que Mlle de l'Espinasse, qui aime et estime le mathématicien qu'est d'Alembert, ne soit guère tenue par des préjugés et soit considérée comme un esprit libre du temps de l'Encyclopédie, elle a besoin de la garantie du médecin pour s'apercevoir que le rêve de son ami a en fait un sens clair et précis.

Voltaire a à peu près la même opinion que Diderot. Il remarque que, dans le sommeil, les sens ne fonctionnent plus et que, l'esprit étant au repos, toutefois l'expérience humaine continue. Il écrit alors :

> « Si l'âme pure, tranquille dans le repos des sens, agissant par elle-même, est l'unique cause, le sujet unique de toutes les idées que vous avez en dormant, pourquoi toutes ces idées sont-elles presque toujours irrégulières, déraisonnables, incohérentes ? Quoi, c'est dans le temps où cette âme est le moins troublée, qu'il y a le plus de trouble dans toutes ses imaginations ! Elle est en liberté et elle est folle ! »

Le rêve pour Voltaire manifeste une pensée qui n'est plus libre ni autonome lorsqu'elle n'est pas soutenue par l'activité des sens :

> « Il est donc certain que vous pouvez penser sept ou huit heures de suite, sans avoir la moindre envie de penser, et sans même être sûr que vous pensez. »

Toutefois, savoir si le rêve dépend d'un quelconque fonctionnement du cerveau ou ne dépend que de l'esprit humain n'est pas une question que se pose Voltaire.

Lanteri-Laura dont nous résumons ici la pensée rappelle qu'au XVIIIe siècle, Charles Bonnet, dans son essai de psychologie publié à Londres en 1755, et des successeurs comme F.J. Gall accordent une très grande importance au phénomène du sommeil et du rêve. Le sommeil apparaît comme l'arrêt de « la vie animale ». Il est considéré comme la privation plus ou moins complète d'activités sensorielles. Cependant, il comporte une certaine activité psychique qui se manifeste dans le rêve. Le fonctionnement du système nerveux n'est donc pas uniquement dépendant des sens, et le cerveau a, en quelque sorte, une activité propre. Cet argument est utilisé par deux écoles philosophiques différentes. Tout d'abord, à la suite de Voltaire, contre l'idéalisme qui sépare la pensée humaine du fonctionnement cérébral. Mais aussi bien contre le sensualisme pur qui réduit toute l'activité cérébrale à la seule capacité de réception des sensations. La perception n'est souvent considérée que comme le vécu de la sensation physiologique, comme une activité du système nerveux central, intégrative et associative, impliquant de nombreuses sensations ensemble, en même temps qu'un vécu d'expérience consciente qui reste toujours difficile à cerner. Pour Gall, il y a plus [29] :

> « Le fait que le rêve existe, alors que le cerveau ne reçoit pas de sensations, montre que les diverses parties qui le constituent peuvent fonctionner séparément, puisque durant le sommeil les parties correspondantes aux sensations extérieures sont au repos, tandis que les autres restent actives ; de plus, le somnambulisme montre un état où le rêve peut aller de pair avec une activité partielle de sensation et de mouvement. Le rêve est le type d'une activité cérébrale partielle, preuve que le fonctionnement du cerveau s'opère avec des parties relativement autonomes et dont on peut espérer déterminer la localisation exacte. »

Deux cents ans après Diderot, le rêve ne cesse d'interpeller et d'intéresser le philosophe. Il faudrait citer Bergson, Valéry, Binswanger, Sartre, Merleau-Ponty [30] et toute l'école de la pensée phénoménologique. Pour Sartre dans *L'Imaginaire* [31], le rêve apparaît comme une variété de conscience imageante, à côté du portrait, de l'imitation, des nuages, et en tant que conduite imaginaire. Sartre distingue le rêve et son récit particulier qui fait appel à la mémoire et à l'enchaînement chronologique du rêveur, de « *l'image** hypnagogique » propre à l'endormissement. Ainsi l'image d'un poisson est une image hypnagogique d'endormissement si le poisson apparaît comme isolé. Mais que ce poisson ait été pêché dans de telles circonstances, et soit bientôt consommé à la table de l'archevêque, voilà alors qu'il s'agit d'un rêve. La phénoménologie du rêve est très riche, il en sera question au cours des entretiens qui suivront. Comme le dit Lanteri-Laura [21] au début de son essai :

> « Le rêve fournit à l'homme normal l'occasion d'une expérience de l'imaginaire estimée semblable au délire, sans rien devoir aux drogues dites psychodysleptiques. La première attitude était celle de Freud et se retrouve dans les travaux contemporains, l'autre appartient intrinsèquement à l'enseignement de Henri Ey, qui indique l'une de ses sources dans l'œuvre de Moreau de Tours ; l'une et l'autre font du rêve le patrimoine légitime de la psychopathologie, et certains attendent des recherches électroencéphalographiques quelque lumière sur le conditionnement neurophysiologique de ces phénomènes. »

Après cette présentation de l'électroencéphalogramme comme moyen d'étude des états de vigilance et de sommeil et un retour à la fois historique et philosophique sur le vécu du rêve et les problèmes posés par le rêve et le sommeil, nous allons présenter brièvement les bases physiologiques décrivant l'activité du cortex cérébral puis l'activité des structures cérébrales profondes. Nous aborderons ensuite les rythmes temporels avant de donner l'exemple d'une expérience d'enregistrement, en laboratoire, d'une nuit de sommeil et de rêve analysée par une méthode nouvelle d'imagerie cérébrale du cerveau en fonctionnement intitulée « cartographie EEG ».

RÉSUMÉ DU CHAPITRE I

C'est en 1924 en Allemagne que fut découvert l'*électroencéphalogramme* (*EEG*)*, l'enregistrement sur le cuir chevelu des très faibles courants électriques qui sont constamment émis spontanément par le cerveau en activité.

Une vibration sonore peut varier en intensité, en fréquence et en timbre. Il en est de même de l'électroencéphalogramme, formé d'ondes électriques variant constamment au cours du temps. Le cerveau dans son ensemble est une source d'électricité de l'ordre d'une lampe de 40 watts de puissance. La puissance électrique de l'EEG s'exprime en millionnièmes de watts et son intensité, ou *amplitude* *, en microvolts (entre 10 et 300). La *fréquence** de l'EEG varie entre 70 cycles par seconde, pour les valeurs les plus hautes, et 1 cycle par seconde pour les valeurs les plus basses. En acoustique, le timbre, ou la couleur d'un son, est lié à sa richesse en harmoniques. En électroencéphalographie, certaines activités sont plus riches en harmoniques (plus proches d'un « bruit ») ou plus proches d'une onde sinusoïdale pure (dont la fréquence s'exprime alors en Hertz, ou cycles par seconde).

Trois de ces activités électriques cérébrales furent associées aux trois principaux états de vigilance. L'EEG est recueilli sur le scalp en divers endroits, entre des électrodes qui peuvent être des pastilles d'argent ou des boules de coton imbibées d'eau salée. Des fils reliés aux électrodes recueillent les courants électriques cérébraux qui sont amplifiés par un « électroencéphalographe » ou « polygraphe » qui peut recueillir d'autres signaux électriques (électrocardiogramme ou EKG, respiration thoracique, mouvements du sujet, etc.). Ces courants amplifiés sont ensuite tracés sur papier.

Dans l'état de veille, l'*éveil* calme* est caractérisé par l'*activité alpha** qui est plus ample sur les aires occipitales lorsque le sujet ferme les yeux et est relaxé, détendu. L'activité alpha présente un rythme qui oscille autour de 10 cycles par seconde. Lorsque le sujet ouvre les yeux et est en état d'*éveil actif,* l'alpha disparaît au profit d'ondes de plus petite amplitude et de fréquence plus rapide, appelées *activité bêta **. Le *sommeil profond** est caractérisé par une activité très différente (de grande amplitude et de fréquence lente) dite *delta **.

C'est en 1953 que fut découvert un état de sommeil léger particulier, accompagné de « phases de mouvements oculaires rapides » (PMO ou REM* en anglais pour *Rapid Eye Movements*). Quatre ans plus tard, cet état de « sommeil actif » fut trouvé concomitant au rêve chez l'homme dans 80 % des cas de sujets réveillés à ce moment. Jouvet à Lyon en 1959 décrivit ce même état physiologique chez le chat et le rat, et l'appela *sommeil paradoxal (SP)**. L'électroencéphalogramme de ce dernier état ressemblait en effet paradoxalement à celui de l'éveil actif, yeux ouverts, tandis qu'il y avait de brefs mouvements oculaires et une activité nulle des muscles du menton.

C'est en 1968 que fut publiée une classification internationale, en cinq stades, des différents états de sommeil chez l'homme pendant la nuit. L'électroencéphalogramme est alors enregistré au niveau des régions centrales sur le scalp, en même temps que les mouvements des yeux (électro-oculogramme ou EOG) et l'activité des muscles du menton (électro-myogramme ou EMG). Lorsque le sujet s'endort, l'activité alpha se morcelle, diffuse de l'occiput vers les régions centrales et antérieures puis disparaît. C'est le *stade I d'endormissement* qui peut être accompagné d'images brèves (appelées images hypnagogiques). Au stade I d'endormissement et de *sommeil léger* (*activité thêta** de faible amplitude, autour de 7 cycles par seconde) succède bientôt le *stade II de sommeil confirmé* qui présente des aspects particuliers (fuseaux de sommeil en bouffées de 15 cycles par seconde et figures ressemblant à des lettres K, appelées « complexes K » sur les tracés EEG). Au stade II succèdent alors les *stades III et IV de sommeil profond,* des grandes ondes lentes EEG de l'activité delta. Après un court retour en stade II apparaît le cinquième état, celui du sommeil paradoxal. Cela constitue un *cycle de sommeil** qui dure de 90 à100 minutes et se répète quatre ou cinq fois au cours de la nuit.

Nous avons aussi précisé l'étymologie des principaux termes liés au sommeil. Dormir vient du latin *dormire*, et sommeil de *somnus.* Songe est de la même origine et ce « récit de rêve » va devenir ensuite « penser vaguement à quelque chose ». Rêver signifie errer, délirer et va prendre la place de songer. Le rêveur est « l'homme qui erre d'un lieu à l'autre ». Ainsi sommeil et songe sont plus liés à « l'homme qui dort » tandis que le fait de rêver est celui de « l'homme qui désire en dormant ».

Chapitre II

L'ACTIVITÉ DU CORTEX CÉRÉBRAL

« Il est à la fois le tout et la partie des ensembles et sous-ensembles qui le constituent. Pour matérialiser cet état central, nous ferons appel au " cerveau flou ", somme des humeurs, hormones et médiateurs à l'œuvre dans le système nerveux. La pensée floue, métaphorique, approximative, diffuse, humoristique, ludique, peut prendre en compte la contradiction... Elle fait penser à la lumière d'un feu de bois. Elle est plus diffuse, moins intense, mais couvre un plus grand champ. La pensée floue tente de rechercher les similitudes et les rapports entre les choses, tandis que la pensée nette se concentre sur les différences. »

Jean-Didier VINCENT,
Biologie des passions

« Pour des idées meilleures et plus nombreuses, je prescris une dose de pensées floues dans la phase embryonnaire (de développement de nouvelles idées) et une portion copieuse de pensées nettes dans la phase de mise en pratique. »

Roger VAN OECH, *Créatif de choc*

Le *cortex cérébral* est cet épais manteau de neurones ou cellules nerveuses, d'où arrivent et partent des fibres multiples. Ces fibres sont appelées *dendrites* lorsqu'elles sont courtes et font parvenir les informations nerveuses aux corps des neurones et *axones* lorsqu'il s'agit des prolongements cellulaires les plus longs, qui transmettent les influx nerveux en provenance des corps cellulaires. Les axones sont généralement recouverts d'une substance blanche appelée « myéline » ; ils s'achèvent dans une arborescence de terminaisons nerveuses. Cet épais manteau du cortex cérébral (ou néo-cortex) est composé de six couches de cellules qui forment une pellicule de matière grise recouvrant la matière blanche constituée des fibres nerveuses. Ces fibres arrivent au néo-cortex et en partent pour d'autres régions corticales, ou bien encore des structures situées en dessous et dites sous-corticales. Le néo-cortex apparaît véritablement chez les mammifères. Il acquiert son complet développement chez les primates et tout particulièrement chez l'homme.

L'histoire de la *localisation corticale des fonctions cérébrales* remonte au 18 avril 1861, lorsque Broca fit une communication à la Société d'anthropologie de Paris [1,2]. A l'âge de trente-sept ans, Broca présenta une première observation d'un malade qui ne parlait plus depuis des années, s'exprimait par gestes et avait conservé toute son intelligence. Ce malade présentait une lésion cérébrale qui, selon les connaissances de l'époque, fut située (après autopsie faite par Broca) dans la partie moyenne de l'hémisphère gauche : la troisième circonvolution frontale, appelée depuis circonvolution ou aire de Broca*. Ce dernier accumula des observations semblables pendant quatre ans, avant de décrire en 1864 [3] que les troubles du langage (qu'il appelait « aphémies ») dépendaient des lésions de l'hémisphère gauche. Broca écrivit à propos de sa découverte :

> « L'existence d'une première localisation une fois admise, le principe des localisations par circonvolutions serait établie.
> [...] Du moment qu'il sera démontré sans réplique qu'une faculté intellectuelle réside dans un point déterminé des hémisphères, la doctrine de l'unité du centre nerveux intellectuel sera renversée et il sera hautement probable sinon tout à fait certain que chaque circonvolution est affectée à des fonctions particulières. »

Le fin du XIXe siècle fut l'apogée des localisations cérébrales. En 1881, au Congrès de Londres, Ferrier présenta des singes encore vivants après ablation des aires motrices et sensitives, qui présentaient des déficits spécifiques liés aux lésions. L'existence des localisations sensitives et motrices était prouvée. La découverte de Broca prolongeait, en fait, les idées de Gall à la fin du XVIIIe siècle et au début du XIXe. Ce médecin germano-autrichien avait fait le premier la distinction entre la substance grise des cellules nerveuses et la substance blanche des fibres nerveuses issues des cellules. Mais Gall avait surtout consacré toute son activité à la description et à l'invention de la « phrénologie », ces bosses du crâne qui selon lui permettaient (à partir de la palpation du crâne : par « cranioscopie ») de découvrir les facultés innées heureuses et malheureuses. Ainsi selon lui, 27 facultés étaient parfaitement isolées à partir de la seule palpation du crâne. L'histoire ne s'arrête pas là, le *localisationnisme* issu de Gall et dont Broca avait été ensuite le promoteur fut bientôt remis en cause et ramené à une plus juste raison par P. Marie. Ce neurologue proposait une conception globale de l'aphasie (l'ancienne « aphémie » de Broca), en refusant l'assimilation de la physiologie à une anatomie précise du cerveau, alors que les connaissances étaient insuffisantes. Cela était proche de Bergson (*Matière et mémoire,* 1896, [4]). Ainsi, les *globalistes* qui vont devenir les *unicistes* s'opposèrent aux localisationnistes. Pour le physiologiste Lashley, la détérioration d'une performance était proportionnelle à l'étendue de la lésion cérébrale. Lashley, à partir de cet « effet de masse », émit l'hypothèse que la mémoire n'était pas localisable dans une zone particulière, mais bien plutôt existante dans tout le cerveau. C'était critiquer les « localisationnistes étroits » qui établissaient des cartes hypothétiques de localisations de fonctions sur le cortex cérébral, absolument pas étayées par une analyse psychologique détaillée des syndromes observés (cartes de Kleist, 1934). La querelle débuta à partir de l'opposition puissante de l'éminent neurologue anglais H. Jackson [5] qui écrivit à propos de la « zone du langage » de Broca :

> « Quoique j'admette que la partie postérieure de la 3e circonvolution frontale gauche soit la partie la plus atteinte [chez les aphasiques], je ne localise pas le langage dans une région cérébrale aussi petite. Localiser l'atteinte qui détruit le langage et localiser le langage sont deux choses différentes. »

Celui-ci soutint l'hypothèse d'une organisation cérébrale des processus mentaux complexes, basée selon une hiérarchie du niveau de leur construction, plus que du point de vue de leur localisation en des aires particulières du cerveau. Dans la lignée de Jackson, les travaux de von Monakow (1914), Head (1926), Goldstein (1927, 1944, 1948), Lashley (1929, 1950) et surtout Luria [6, 7] sont au cœur du problème. Toutes ces discussions reposent sur le principe de trois méthodes d'étude du fonctionnement cérébral que nous allons présenter maintenant et sur les corrélations cliniques ainsi que neuropsychologiques.

La « localisation » d'une fonction revient à l'étude des cellules nerveuses agrégées ensemble et dont le fonctionnement peut être considéré comme homogène. Des populations de neurones, des assemblées neuroniques considérées comme homogènes sont mises en évidence selon des critères précis, aussi bien physiologiques (électrophysiologiques, biochimiques) qu'anatomiques et histologiques (en 1909, Brodmann décrit 52 aires corticales « cyto-architectoniques, numérotées de 1 à 52), ou cliniques, comportementaux et psychologiques. Stevens écrit à ce propos [8] :

> « La notion que des cellules nerveuses qui fonctionnent selon de mêmes tâches sont proches l'une de l'autre et, plus encore, que ces cellules dans une région particulière du cerveau sont impliquées dans l'expression de fonctions semblables est connue comme la doctrine de la localisation d'une fonction. Cela est maintenant considéré simplement comme le corrélat physiologique d'une organisation de structures cérébrales. L'étude des assemblées de neurones implique que l'on doit étudier une fonction particulière du système nerveux en examinant les cellules de régions spécifiques du cerveau. »

Trois méthodes d'étude

Trois méthodes sont utilisées à ces fins : la technique des lésions, la technique des stimulations, la technique des enregistrements.

La *technique des lésions* est la plus ancienne et nous venons d'en parler à propos de la découverte primordiale de Broca. Une telle lésion pathologique peut tout d'abord s'étendre en de multiples régions. Les observations cliniques ne pourront porter principalement que sur l'effet le plus important, dans le cas de ces lésions multiples. Même si nous considérons une lésion précise comme celle réalisée expérimentalement chez l'animal, il peut y avoir un phénomène de libération d'inhibition qui n'entraîne pas de déficit spécifique et qu'il ne faut pas considérer comme une perte de fonction particulière.

La *méthode de stimulation* est pratiquement l'opposé de la précédente. Les stimulations peuvent être de différentes natures : électriques, mécaniques, chimiques ou physiologiques. Ainsi, les stimulations électriques peuvent être périphériques, comme par exemple stimuler électriquement des nerfs de la main ou de la jambe par des électrodes-aiguilles très fines. Les paramètres de stimulation doivent être alors contrôlés très précisément en termes d'amplitude (voltage) et de fréquence. Ces stimulations peuvent encore être faites sur le cortex, au cours d'interventions neurochirurgicales, à partir d'électrodes de stimulation placées sur des aires précises, ou bien encore expérimentalement chez l'animal anesthésié ou non. Les stimulations chimiques, plus récentes, permettent d'introduire de très faibles quantités de substance active choisie en des aires précises du cerveau, chez l'animal, dans des conditions de neuro-chirurgie expérimentale. Les produits peuvent être ainsi administrés de diverses façons : depuis l'application locale d'une substance excitatrice ou bien inhibitrice dans des cellules nerveuses, jusqu'à l'application par micro-pipette dans des régions déterminées, proches de certaines cellules cérébrales que l'on veut étudier, ou bien encore à l'intérieur de ces dites cellules cérébrales dont on veut ainsi modifier le comportemnt neuro-biologique et étudier la réponse. Certaines de ces substances peuvent encore interférer avec les neuro-transmetteurs*, ou les neuro-hormones, substances naturelles très étudiées actuellement, qui régissent en grande partie le fonctionnement cérébral et sa diversité. Les techniques de stimulations présentent elles-mêmes des difficultés. Premièrement, de telles stimulations artificielles n'existent pas en réalité dans le fonctionnement du cerveau. Deuxièmement, le problème se pose immédiatement de savoir si stimuler une aire particulière ne va pas provoquer l'inhibition d'une autre structure lorsque l'aire stimulée est inhibitrice. Ce problème est important, c'est ainsi que selon les paramètres de stimulation, les réponses peuvent être opposées. Par exemple stimuler avec des impulsions électriques de 0,5 volt peut entraîner une réponse excitatrice à une fréquence donnée, mais aussi une réponse opposée d'inhibition à une autre fréquence de stimulation plus élevée. Ou encore, la même stimulation en fréquence, à un voltage dix fois plus fort (5 volts), peut inverser la première réponse observée, passant ainsi de l'excitation à l'inhibition.

La troisième méthode de l'*enregistrement électro-physiolo-*

gique est de trois types. Tout d'abord, le recueil de l'activité électrique spontanée, la mesure des différences de potentiels, n'est autre que l'enregistrement de l'électroencéphalogramme selon Berger sur le scalp (EEG), à partir du cortex (électro-corticogramme), ou bien même recueilli au niveau de structures plus profondes, de structures sous-corticales (stéréo-électroencéphalographie). L'*utilisation de l'EEG* en tant qu'outil d'analyse est considérée généralement comme très limitée du fait que l'on n'en connaît pas la cause ni même la signification, par rapport au fonctionnement cérébral. Il existe des modèles d'électroencéphalogrammes, relativement récents, qui permettent actuellement de donner de plus en plus de bases physiologiques au recueil et au traitement sur ordinateur des électroencéphalogrammes.

Une autre technique est celle des *potentiels évoqués.* Cette méthode associe un stimulus, périphérique ou central (comme dans le cas d'une stimulation corticale ou intracérébrale), ou bien encore physiologique (comme dans le cas d'un stimulus visuel ou auditif), ou l'anticipation d'une action prévue, associée au recueil de l'activité électrique provoquée par la réponse au stimulus délivré. Les potentiels évoqués peuvent être mesurés sur le scalp, comme sur le cortex, ou dans des structures sous-corticales profondes.

Le troisième type d'enregistrement électrophysiologique est constitué par l'étude des *activités unitaires d'une cellule nerveuse,* par l'enregistrement des potentiels d'action des cellules, effectué couramment dans les laboratoires de neurophysiologie nerveuse. Cette dernière méthode fait l'objet de travaux fondamentaux qui associent actuellement les résultats de la neurobiologie moléculaire et de la neurobiochimie (Buser et Imbert [9, 10], Kandel et Schwartz [11]).

Centres, générateurs et activité du cortex cérébral

Ainsi, un « centre » est une région du cerveau où une fonction particulière peut être localisée : l'existence d'une « localisation » du système nerveux peut être corrélée expérimentalement à partir des changements de certaines « variables d'observation » [12, 13]. En ce qui concerne l'EEG, ces variables seront l'amplitude (le voltage, les potentiels) en chacun des points mesurés, ou la fréquence. L'EEG enregistré en un point particulier du scalp ne caractérise pas uniquement ce point mais surtout les différents circuits nerveux qui aboutissent et partent de ce point. Localiser des centres, à partir de la méthode d'enregistrement qui utilise l'EEG, reviendra alors à rechercher des « générateurs » (des « puits » et des « sources » de potentiels électriques). La recherche des générateurs suppose que l'on dispose d'une méthode qui puisse caractériser une propriété locale du champ électrique permettant de relier plus précisément entre eux différents générateurs. Il apparaît alors une autre question : un centre, un générateur, une localisation spécifique peut-être plus ou moins petite, ou plus ou moins grande. Une notion de résolution spatiale et de résolution temporelle intervient, car les trois techniques dont nous venons de parler sont en fait appliquées doublement au temps et à l'espace du cortex cérébral (ou des structures profondes). Les trois méthodes comportent un temps d'analyse choisi, de durée plus ou moins brève, ou plus ou moins longue et qui constitue une autre variable d'expérience.

Le *cortex* présente une activité tout à fait particulière chez l'homme. Les connexions cortico-corticales deviennent de plus en plus importantes en nombre à mesure que le cortex se développe chez les mammifères. Ces connexions sont des fibres nerveuses qui réunissent deux aires différentes du cortex [14]. Elles représentent 50 % du cortex chez le rat et 95 % des fibres du cortex chez l'homme.

Chez ce dernier, la plus grande commissure nerveuse, ou *corps calleux**, comporte plus de 200 millions de fibres nerveuses réunissant l'hémisphère gauche avec l'hémisphère droit ; le corps calleux ne contribuerait cependant qu'à 4 % au plus de l'ensemble des connexions cortico-corticales [15]. Le *thalamus** est une structure sous-corticale très importante, située au centre du cerveau, qui constitue les principaux et souvent les premiers centres nerveux des relais sensoriels qui reçoivent les fibres issues des récepteurs sensoriels, visuels, auditifs, tactiles, etc. Les projections du thalamus sur le cortex sont donc très importantes, mais elles ne constitueraient cependant que 1 % des fibres corticales. Cela a fait dire à von Braitenberg en 1978 [15] :

> « Le cortex est largement une machine réflexive, qui travaille à partir de ses propres sorties. »

Nunez a calculé que l'activité corticale, modulée par le système des fibres cortico-corticales, autour de la circonférence d'un seul hémisphère cérébral chez l'homme (40-80 cm), permet d'observer des activités électriques dont les fréquences varient entre 10 et 20 Hz* (activités alpha, bêta, correspondantes à des « temps de résonance » variant de 100 ms à 50 ms). En fonction de ces données Braitenberg [15] a proposé que :

> « Il semble tout à fait possible que d'importants aspects de l'état de conscience (précisé à propos d'un modèle physiologique), tels que la notion de conscience, soient vus comme des états du cerveau liés à un processus intégratif et multimodal (cependant diffus). On peut supposer que l'activation de “ patrons ” (*templates* en anglais) corticaux puisse produire et entraîner différents ensembles d'événements corticaux dont l'expérience cognitive ou encore l'expérience consciente.
> La perte de conscience peut alors être considérée comme l'incapacité d'accomplir et de faire fonctionner de tels “ patrons ” avec des influx sensoriels, qui, dans des conditions normales, permettraient que ces “ patrons ” soient générés. »

De telles considérations mettent en valeur les mécanismes corticaux impliqués dans la vigilance, plus que les mécanismes sous-corticaux, que nous allons bientôt rencontrer à propos du système réticulaire.

Aires primaires corticales

Le *néo-cortex* ou cortex cérébral* est entouré des trois méninges, enveloppes protectrices et nourricières. Il est divisé anatomiquement en circonvolutions (*gyrus* et *gyri* en latin) formées entre les plissements multiples des sillons et des grandes scissures, qui ont été répertoriés à partir d'études morphologiques et histologiques. Cependant chaque cerveau est unique, aussi bien anatomiquement que physiologiquement ; pour chaque cerveau d'homme ou de femme, les sillons corticaux (*sulcus* et *sulci* en latin) constituent en eux-mêmes une carte qui n'est pas superposable d'un cerveau à l'autre. De grandes scissures s'observent sur le cortex cérébral : la *figure 4* montre l'emplacement de la scissure de Rolando et, plus en dessous, de la scissure de Sylvius. Le cortex est en fait divisé en quatre lobes, selon les os qui le recouvrent et le protègent. C'est ainsi que l'on distingue le lobe frontal, le lobe temporal, le lobe pariétal et le lobe occipital (*figure 5*). Une aire cérébrale corticale peut être anatomiquement caractérisée par sa situation dans un lobe donné, par le nom précis de la circonvolution corticale concernée, par le numéro de l'aire cyto-architectonique de Brodmann.

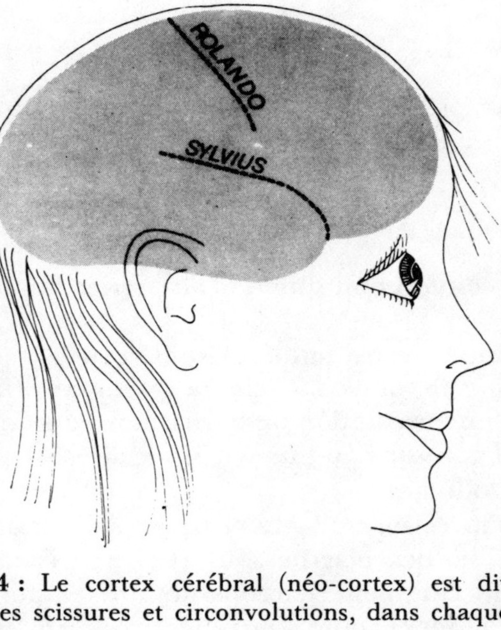

Figure 4 : Le cortex cérébral (néo-cortex) est divisé en grandes scissures et circonvolutions, dans chaque hémisphère.

La *figure 6* présente (en pointillés) les aires primaires du cortex. Ces *aires primaires* reçoivent directement les messages nerveux de la vision, l'audition, le toucher, l'olfaction, le goût, et émettent directement les messages nerveux qui partent en direction des muscles commandant les mouvements :

— les impressions visuelles sont reçues au niveau du pôle postérieur de chaque lobe occipital et sur sa face

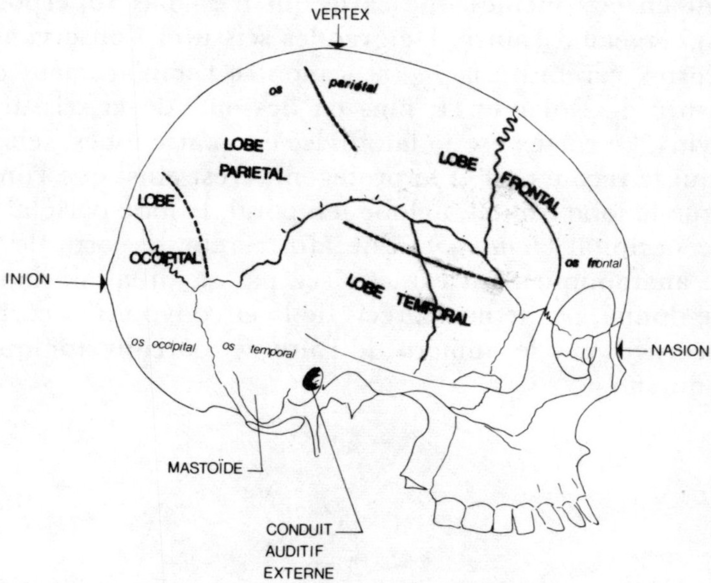

Figure 5 : Les quatre lobes du cortex cérébral portent le nom des os qui les protègent.

interne, circonvolution dite de l'aire striée (aire 17 de Brodmann) ;

— les impressions auditives sont reçues au niveau de la première partie moyenne de la première circonvolution temporale (circonvolution ou gyrus transverse de Heschl qui correspond à la zone audito-sensitive, aires 41 partiellement et 42 de Brodmann) ;

— les impressions olfactives issues de la muqueuse olfactive et des bulbes ofactifs sont reçues à l'extrémité antérieure de la cinquième circonvolution temporale (appelée « uncus de l'hippocampe » et reliée très étroitement au système limbique) ;

— les impressions gustatives sont reçues à la partie inférieure de la circonvolution pariétale ascendante, enfouie dans la profondeur de la scissure de Sylvius (circonvolution de l'insula) ;

— les impressions sensitives sont reçues sur la circonvolution pariétale ascendante qui borde la partie postérieure de la scissure de Rolando (gyrus post-central ou rétro-rolandique, aires 1, 2, 3 de Brodmann) ;

— les aires motrices corticales sont les aires de « commande » situées : au niveau de la circonvolution frontale ascendante (aire primaire du cortex moteur) qui borde la partie antérieure de la scissure de Rolando (gyrus précentral ou prérolandique, aire 4 de Brodmann), au niveau du cortex prémoteur (aire 6) de l'aire motrice supplémentaire, de l'aire corticale frontale de commande des mouvements oculaires (aire 8) et de l'aire de commande des mouvements de la parole.

En 1864 Jackson avait écrit, trois ans après la première observation de Broca :

> « Il n'y a aucune difficulté de supposer qu'il existe certaines circonvolutions qui sont responsables de ces délicats mouvements des mains, sous contrôle immédiat de l'esprit, puisqu'il en existe une autre, comme Broca le suggère, pour les mouvements de la langue, impliquée dans des opérations purement mentales. »

Fritsch et Hitzig en 1870 [16] suivis de Ferrier, en 1876 [17], démontrèrent que la représentation des mouvements du corps (obtenus par stimulation électrique corticale) était localisée dans le « gyrus précentral » qui devint bientôt l'aire motrice, proche de l'aire sensitive du « gyrus postcentral ». Ces deux circonvolutions bordent la scissure de Rolando. L'aire primaire de la vision est située sous l'occiput, au niveau de l'aire dite striée, située dans le lobe occipital, autour et à l'intérieur d'une scissure appelée la scissure calcarine. La première circonvolution temporale constitue l'aire primaire de réception de l'audition. Ces trois aires primaires principales : l'aire sensori-motrice, l'aire visuelle, l'aire auditive primaire sont des localisations fonctionnelles spécifiques souvent même enfouies dans la profondeur des sillons corticaux.

Les aires autour des aires primaires furent considérées

comme aires secondaires ou aires tertiaires, ou encore comme aires d'intégrations et aires d'associations. La sensation initiale peut être conçue comme une information sensorielle transmise au cerveau (impression sensorielle) et aboutissant en particulier aux aires corticales primaires. La perception peut être alors comprise comme un traitement des

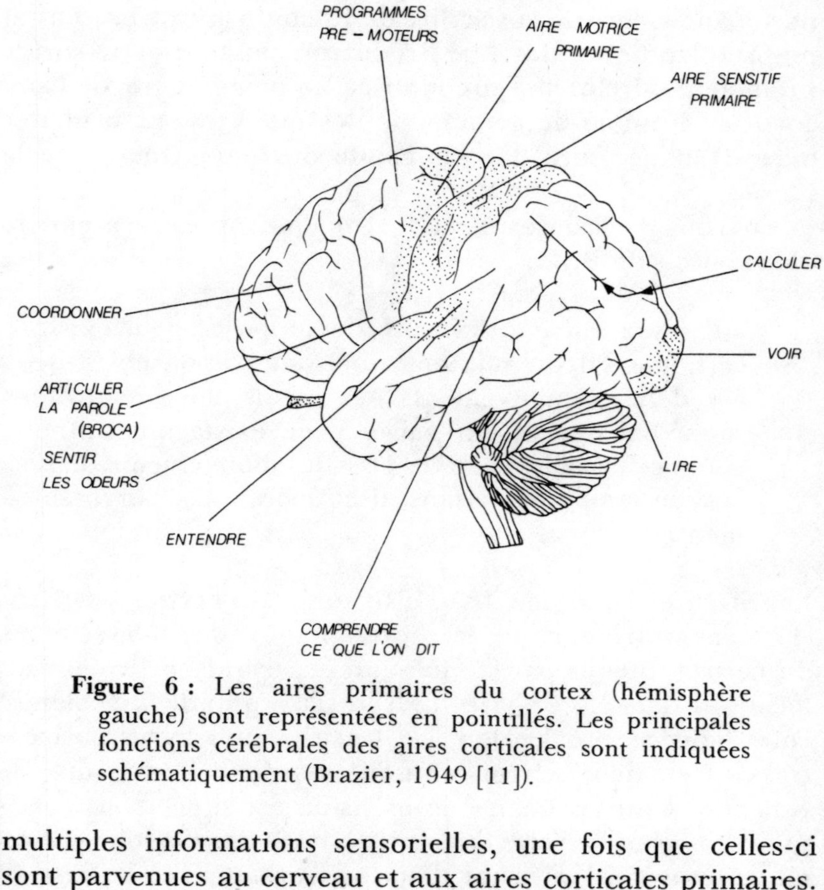

Figure 6 : Les aires primaires du cortex (hémisphère gauche) sont représentées en pointillés. Les principales fonctions cérébrales des aires corticales sont indiquées schématiquement (Brazier, 1949 [11]).

multiples informations sensorielles, une fois que celles-ci sont parvenues au cerveau et aux aires corticales primaires. La perception aurait alors pour rôle d'extraire l'information significative permettant la description du monde, à partir des sensations (primaires) et par des processus adaptatifs actifs. Les *aires d'associations* et les *aires intégratives* sont en fait concernées par l'élaboration des perceptions dites complexes, tandis que les aires corticales primaires reçoivent les informations sensorielles brutes non encore processées, intégrées ni associées entre elles. La grande différence existant entre la conception des aires corticales d'il y a cent ans et celle de nos jours, telle que la présente une importante mise au point d'auteurs anglais (Phillips *et al.*, 1981, [18]), concerne la fonction extrêmement raffinée des aires intégratives et associatives (qui représentent plus de la moitié de la surface du cortex chez l'homme). Nul ne doute que différentes parties du cortex chez l'homme soient hautement spécialisées. Ainsi tel patient sera incapable de détecter un mouvement, mais cependant parfaitement capable de lire, de voir des formes, des couleurs et de voir en profondeur. Tel autre patient ne pourra plus discriminer les couleurs, mais toutefois il percevra toujours très bien la profondeur et les mouvements, et sera tout à fait capable de lire. Il a été trouvé chez l'homme près d'une quinzaine de ce que l'on appelle maintenant des « rétines corticales » (aires visuelles ou représentations corticales spécifiques appelées V1, V2, V3, V4, V5, etc.) qui s'échelonnent et se superposent parfois entre elles en rayonnant à partir de l'aire primaire visuelle située dans le pôle occipital. Cela rend de plus en plus exigeant quant à la définition d'une fonction et en particulier des cartes multiples qui constituent ces diverses rétines corticales.

Est-il possible de cartographier une fonction, plus qu'une localisation corticale ? Lorsqu'un stimulus est présenté, il y a potentiellement plus d'informations pour un ensemble de cellules voisines que par rapport à chacune d'entre elles, car il y a alors différentes possibilités de « co-variation » entre ces cellules nerveuses adjacentes. Il existe, par exemple, un double système visuel : l'un de localisation et l'autre d'identification. A partir des aires primaires visuelles occipitales, une « route ventrale » des informations visuelles va parvenir aux aires temporales visuelles d'identification, qui assigneront une signification aux différents stimuli visuels et permettront ainsi le stockage des formes apprises. L'ablation (ou lésion) d'une telle région entraîne alors une « cécité psychique » encore appelée « agnosie psychique ». Là se situe la reconnaissance et le souvenir des objets familiers. Une seconde « route dorsale » fait aboutir les influx visuels des aires primaires aux aires pariétales visuelles. Là, s'effectue la localisation des objets entre eux et en quelque sorte un stockage des indices de relations spatiales, relations qui permettent de reconnaître un objet à proximité des autres par rapport à la place qu'il occupe.

Les cartes des différentes fonctions ainsi trouvées ne sont pas des représentations inaltérables au niveau de leurs localisations corticales, qui apparaissent de plus en plus petites, même sur le cortex sensitif. La plasticité cérébrale est très étudiée, aussi bien au cours de l'évolution du système nerveux, depuis le nouveau-né jusqu'à l'adulte et au vieillard, qu'au cours de l'apprentissage. Cette plasticité est dynamique et change selon le temps, selon l'expérience et l'activité passées, impliquant aussi bien le comportement que les mécanismes de l'attention. Nous n'en parlerons pas ici, et noterons seulement pour mémoire qu'il existe dès la naissance, et même *in utero,* des périodes critiques au cours desquelles s'effectuent des maturations spécifiques de certaines aires cérébrales. Lorsque ces périodes critiques de maturation ne se déroulent pas dans de bonnes conditions, elles occasionneront par la suite des déficits sensoriels et moteurs, voire même psychiques. L'une des fonctions du cortex est en fait de redistribuer l'information d'une aire corticale vers d'autres aires du cerveau, incluant d'autres aires du cortex comme dans le cas des connexions et des fibres cortico-corticales qui réunissent entre elles plusieurs aires corticales.

Le cortex cérébral posséderait d'une part une spécialisation « localisationniste » évidente pour les aires primaires, dont nous allons donner un exemple pour le cortex moteur et sensitif. D'autre part, ce même cortex cérébral serait susceptible d'un fonctionnement global uniciste, de détection de coïncidences et de redistribution d'informations. Cela, en quelque sorte, réconcilie les points de vue si longtemps opposés des localisationnistes (souvent considérés comme des matérialistes sinon des hommes de gauche) et des unicistes (parfois traités de spiritualistes et de conservateurs). Il ressort de ces considérations que *le fonctionnement cortical s'exprimerait à la fois localement et globalement.*

Le cortex (et en particulier les neurones « contrôleurs d'états d'excitabilité » de la première couche du cortex selon

Crick) pourrait donc être considéré comme l'organe principal susceptible de détecter des coïncidences, aussi bien dans les aires de projections primaires, sensorielles et motrices que lors d'apprentissages et d'autres formes de comportements acquis nécessitant un haut niveau d'intégration, d'association et de recouvrement d'aires sensorielles adjacentes. D'après Barlow [19] une aire corticale spécifique (l'aire visuelle appelée V1, par exemple) serait susceptible de détecter des coïncidences particulières, des covariations et des associations en provenance des aires corticales adjacentes voisines. Cette détection en de multiples endroits du cortex serait liée à l'acquisition de comportements intégrés, d'objets mentaux et de concepts selon Changeux [20], ou bien encore d'images mentales (visuelles, auditives, etc.).

Une coïncidence spécifique pourrait être utilisée comme une « pièce de construction », une sorte d'événement élementaire participant à un niveau plus élevé de coïncidences. Une telle fonction de redistribution des informations corticales contrôlerait à la fois une région limitée présentant une fonction particulière et les destinations des informations issues de cette région. Par exemple, les objets rigides occupent une large portion du champ visuel mais leur rigidité est telle qu'ils bougent dans leur ensemble. Il est donc nécessaire de conjoindre l'information propre au mouvement en même temps que celle qui décrit les formes des objets. Ainsi, la reprojection de divers types d'informations nerveuses permet à de petites aires corticales d'obtenir toute l'information nécessaire pour détecter des coïncidences. D'après l'école des psychologues de la Gestalt, nous connaissons l'aspect global d'une image visuelle à partir de caractéristiques qui permettent d'en extraire les principales composantes telles que la séparation d'une figure sur un fond. La couleur, la texture, la direction et la vitesse d'un mouvement pourraient être d'autres caractéristiques de ce genre. Le rôle de cette aire corticale spécifique serait alors la détection de telles caractéristiques globales à partir d'une analyse locale de l'image visuelle et la redistribution de ces caractéristiques aux aires spécialisées dans des coïncidences d'ordre plus élevé.

Une telle conception d'un modèle de détection de coïncidences par le cortex permet d'envisager qu'il existe des aires corticales dont le fonctionnement est homogène sur des surfaces de l'ordre de 1 à 2 millimètres carrés. Ces surfaces élémentaires pourraient être constituées par l'empilement de micro-colonnes de cellules arrangées spécifiquement de façon modulaire selon l'hypothèse proposée par Szentagothai [21, 22, 23] et aussi selon les réseaux fonctionnels considérés par Mac Kay [24, 25, 26] et Paillard [27]. L'activité électrique spontanée de ces surfaces élémentaires de cortex pourrait alors être recueillie au voisinage des électrodes d'enregistrement EEG ou encore lors d'enregistrement de potentiels évoqués par une stimulation spécifique. Des modèles récents ont été proposés qui permettent de retrouver les caractéristiques électriques de l'EEG et des potentiels évoqués à partir des données plus fines et mieux déterminées des activités unitaires des cellules nerveuses. De tels modèles justifient amplement les recherches de Gevins [28], Lehmann [29] qui tentent de préciser la durée d'une « opération mentale élémentaire », Giannitrapani [30], ainsi que nos propres travaux [31]. Dans le cas d'un simple calcul d'addition, cette durée élémentaire est aux alentours de 200 millisecondes.

Ces études permettent enfin de justifier l'*hypothèse* que nous posons d'*éveils locaux d'aires corticales qui peuvent très rapidement être inactivées au profit d'autres aires corticales,* comme nous le verrons lors d'une première étude d'enregistrement EEG des stades d'éveil et de sommeil effectuée avec une nouvelle méthode d'imagerie médicale appelée « la cartographie EEG » [31].

Exemple du cortex moteur et sensitif

C'est en 1937 que Penfield et Boldrey [32] ont analysé complètement les résultats de 163 interventions neuro-chirurgicales (craniotomies) au cours desquelles ils avaient stimulé électriquement le cortex cérébral de sujets conscients, sous anesthésie locale. Les fibres motrices descendantes prennent leur origine au niveau de l'aire antérieure qui borde la scissure de Rolando et terminent leur course au niveau de différents muscles (voie motrice descendante dite

« pyramidale »). Les réponses motrices aux stimulations électriques de cette aire, sur l'hémisphère gauche, ont donné lieu à des mouvements spécifiques des parties du côté droit du corps. Par exemple, la flexion du pouce droit peut être produite par stimulation d'un point particulier de l'aire motrice gauche, tandis que la flexion du pouce gauche peut être produite par la stimulation du point miroir situé dans l'aire motrice droite (*figure 7*). La stimulation d'un point adjacent peut produire la flexion du pouce et de la paume en même temps que l'extension de tous les doigts. Une stimulation d'un point cortical situé au-dessus du précédent entraînera le retrait de tout le pied. D'un sujet à l'autre, il est possible d'observer de grandes variations des points corticaux dont la stimulation provoque des mouvements élémentaires d'une même partie du corps, car chaque sujet a sa propre carte fonctionnelle de l'aire sensori-motrice qui ne recouvre pas celle d'un autre individu.

Le cortex sensitif correspond à la partie postérieure qui borde la scissure de Rolando. Les fibres sensitives qui proviennent des récepteurs cutanés (grande voie nerveuse de fibres ascendantes sensitives dite voie « lemniscale ») terminent leur course au niveau du cortex sensitif. Une stimulation de la projection du pouce droit peut être obtenue à partir d'un point spécifique du cortex sensitif gauche et inversement. Les projections nerveuses liées à ces stimulations du cortex moteur et du cortex sensitif sont représentées sur la *figure 8*. Les petits bonshommes situés en dessous des deux cortex ont été appelés par Penfield et Boldrey [32] l'« homonculus (petit homme) moteur » et l'« homonculus sensitif ». Nous remarquerons particulièrement la place importante des mains, de la face et de la langue en ce qui concerne les représentations corticales de ces parties du corps. Il est évident que la préhension manuelle et les mouvements complexes de la main ainsi que l'utilisation élaborée de la musculature faciale et en particulier de la sphère buccale et de la langue (phonation, alimentation, etc.) font que ces projections nerveuses prennent beaucoup plus d'importance sur le cortex primaire sensori-moteur [33].

Il existe des connexions antéro-postérieures (intra-hémisphériques) qui relient les cortex moteur et sensitif des deux

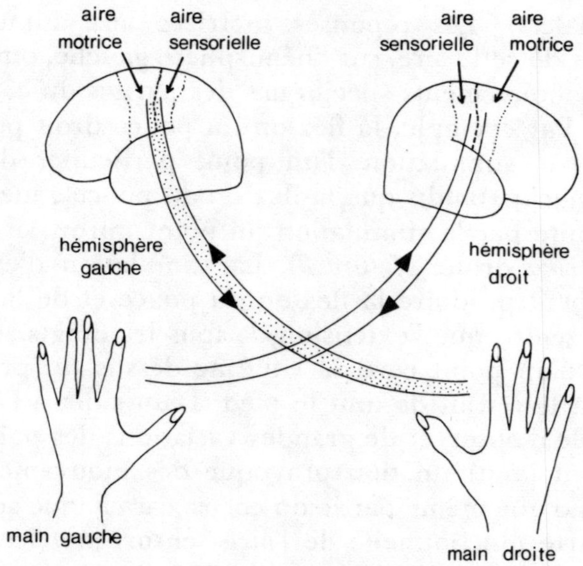

Figure 7 : Représentation schématique des aires sensori-motrices primaires en fonction des sensations et des mouvements des deux mains.

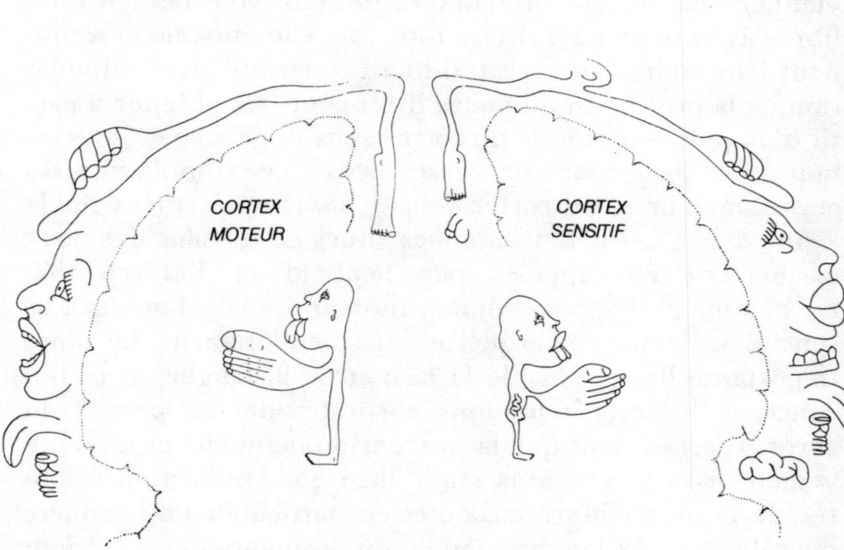

Figure 8 : Représentation des diverses parties du corps sur l'aire sensori-motrice avec l'homonculus moteur et l'homonculus sensitif. (D'après Penfield et Boldrey, 1937 [II-32]; Penfield et Rasmussen, 1957.)

hémisphères cérébraux. Une autre différenciation très importante (inter-hémisphérique) se manifeste tardivement au cours de la maturation du système nerveux, elle permet de spécifier le rôle complémentaire des deux hémisphères cérébraux.

Deux hémisphères cérébraux complémentaires

La mythologique regorge d'histoires à propos des différences entre la droite et la gauche. En Égypte, Seth le démoniaque tue et émascule Osiris, le père d'Horus à tête de faucon. Ce dernier, pour venger son père, combat Seth qu'il émascule, tandis que celui-ci lui crève l'œil gauche. Thot, divinité de la sagesse, rendra à Horus son œil éclaté. C'est seulement lorsque « l'œil gauche d'Horus s'ouvrira que la lune resplendira, tandis que l'œil droit se fermera et que le soleil se couchera ». Horus présidera ensuite alternativement à la nuit et au jour, régnant auprès de son père Osiris sur le monde des dieux et des hommes. En Inde, la psychophysiologie symbolique du Ha-tha yoga place de chaque côté de la colonne vertébrale deux canaux subtils appelés respectivement Ha (à droite, de caractère masculin et relié au soleil) et Tha (à gauche, de caractère féminin et relié à la lune). Il existe aussi en Inde une divinité vénérée sous le nom d' « Ardhanarishwara », dont la moitié du corps à droite est masculine et l'autre moitié à gauche est féminine. Cette image de l'androgyne devient en Grèce l'hermaphrodite (Hermes et Aphrodite) porteur des deux sexes. L'alchimie reprend l'image dans la « chose double » appelée « rébis », être à deux têtes qui symbolise l'union par Mercure du soleil masculin (tête droite) et de la lune féminine (tête gauche).

Il n'y a pas que l'hémicorps droit et l'hémicorps gauche qui diffèrent, plus encore en profondeur qu'en surface (le cœur à gauche, le foie à droite) mais aussi et surtout les deux hémisphères cérébraux dans leur fonctionnement complémentaire [34]. Les opossums et les kangourous (marsupiaux) sont des mammifères primitifs qui ne possèdent pas de corps calleux, cette grande commissure de fibres nerveuses qui réunissent entre eux les deux hémisphères cérébraux. Ces animaux ont spontanément un « cerveau dédoublé ». Chez des mammifères plus évolués des différences physiologiques semblent apparaître entre les deux hémisphères cérébraux. Nous avons montré en 1967 que les lapins présentaient des réponses visuelles préférentiellement à droite ou à gauche, après des stimulations de l'œil gauche ou de l'œil droit [35]. Les chats ont une patte préférée ou plus rapide pour la capture ou la préhension des proies. Les dauphins doivent remonter à la surface toutes les vingt minutes pour respirer. Ils tournent souvent en rond d'une allure régulière en gardant un œil ouvert vers le ciel. Dorment-ils alors d'un seul hémisphère cérébral resté dans l'eau tandis que l'autre est éveillé ?

C'est surtout chez l'homme, avec l'apparition du langage, que la spécificité hémisphérique apparaît. Anatomiquement, il existe des différences de surface au niveau du *planum temporale* situé dans l'aire temporale de l'hémisphère gauche et qui est spécifique du langage [36, 37, 38]. Il a fallu attendre la séparation chirurgicale des deux hémisphères cérébraux, par coupure du corps calleux, pour déterminer ensuite avec une grande précision les rôles différenciés et complémentaires de chaque hémisphère cérébral. Ces travaux ont apporté le prix Nobel au professeur Sperry [39, 40]. Les interventions chirurgicales (*split-brain* en anglais) réalisant des « encéphales dédoublés » furent effectuées par le neurochirurgien Bogen. Le corps calleux [41] est un faisceau de fibres blanches d'un pouce d'épaisseur et l'exciser sur toute sa longueur est une très longue opération qui n'est pas sans risque. C'est pourquoi ces interventions n'ont été tentées, depuis les années 1970, que sur un très petit nombre de grands malades épileptiques. En effet, l'indication de la déconnexion hémisphérique n'est justifiée que par l'existence de foyers épileptiques en miroir, déclenchant et propageant des crises d'épilepsie d'un hémisphère à l'autre. L'opération fut en effet couronnée de succès pour un bon nombre de malades [42]. Gazzaniga [44, 45], le psychologue de l'équipe de Sperry, réalisa des expériences psychophysiologiques particulières chez les malades opérés. Il découvrit que les anciens droitiers ne pouvaient plus du tout écrire de la main gauche et ne pouvaient plus recopier avec la main droite des formes géométriques. Il écrivit alors à propos des rôles spécifiques observés de chaque hémisphère cérébral, chez des patients à « encéphale dédoublé » après opération :

> « L'hémisphère droit des patients à encéphale dédoublé a montré des facultés considérables de verbalisation. Il serait faux de considérer que l'hémisphère droit est moins " sémantique " que le gauche. Il possède même quelques facultés syntaxiques. Mais ces facultés sont insuffisantes, même lorsqu'elles sont à leur optimum, pour construire des phrases de plus de quelques éléments. Nous pouvons dire que les règles de traitement de l'information typiques de l'hémisphère droit des droitiers bien latéralisés ne sont pas les règles caractéristiques de la syntaxe ou des transformations linguistiques. »

Les travaux de Sperry, Bogen [42] et Gazzaniga ont fait l'objet de très nombreux articles [43], de revues et de livres sur la question. Le tableau 3 est inspiré des idées de Bogen qui considère que l'hémisphère gauche verbal est propositionnel (1969) dans son mode de pensée : « moi dans le monde », opposé et complémentaire à l'hémisphère droit visuo-spatial, appositionnel dans son mode de pensée : « le monde dans moi » [42].

La *figure 9* illustre graphiquement le *tableau 3* inspiré des travaux précédents et de ceux de Galin et Ornstein [46] et Ornstein [47]. Gevins a depuis critiqué les premiers travaux de Galin et Ornstein en insistant sur la nécessité d'une méthodologie expérimentale plus rigoureuse.

Ces découvertes avaient été anticipées dès 1874 par H. Jackson qui écrivit :

> « Si, alors, il pouvait être prouvé de la façon la plus évidente que la faculté d'expression réside dans un hémisphère, il n'y aurait aucune absurdité à se demander si, dans l'hémisphère opposé correspondant, n'est pas située la perception. »

Hémisphère gauche	Hémisphère droit
Centres principaux du langage	Reconnaissance des formes
	Reconnaissance des visages
Activités verbales	Activités spatiales
Calcul mental	
Lecture, écriture	Idéation non verbale
Rythmes et séquences temporelles	Reconnaissance des sons mélodiques, des timbres musicaux
Logique	Émotion
Sens du temps (passé, présent, futur)	Présent instantané
Raison	Intuition
Objectivité	Subjectivité
Temps	Espace
Différenciation	Existentialisme
Explicite	Tacite
Successif	Simultané
Focal	Diffus
Rationnel	Intuitif, métaphorique, intégral
Symbolique	Perceptuel
Abstrait	Concret, imagé
Digital ou discursif	Analogique ou eïdétique
Niveau d'éveil relativement étroit	Niveau d'éveil relativement large
Séquentiel (lent)	Parallèle (rapide)
Détail orienté	Gestalt orienté
Discret	Continu
Directionnel	Spontané
Analytique	Synthétique
Numérique	Géométrique
Réductionniste, local	Holistique, global
Propositionnel	Appositionnel

Tableau 3 **:** Rôles complémentaires des hémisphères cérébraux. (Tableau inspiré de J. Bogen, 1969 [42] et T. Budzynski, 1984 [43].)

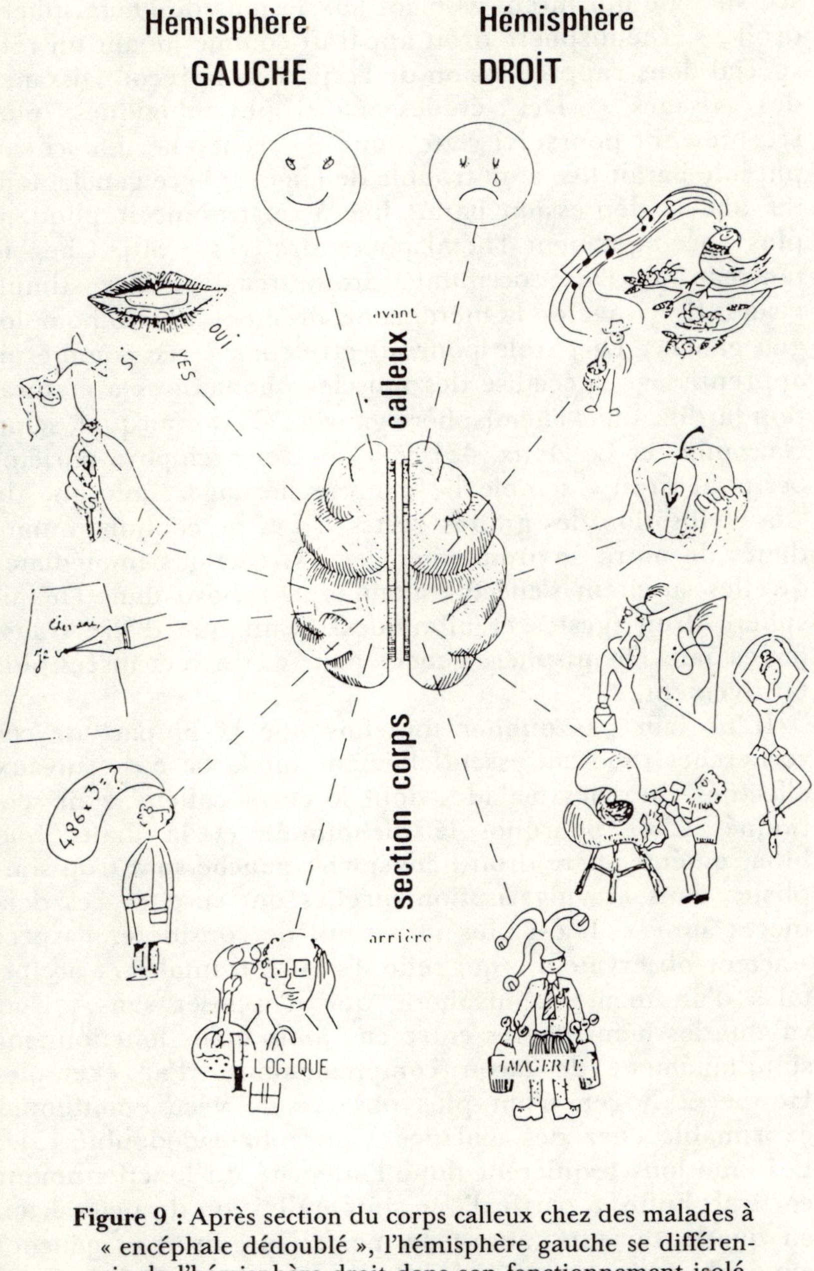

Figure 9 : Après section du corps calleux chez des malades à « encéphale dédoublé », l'hémisphère gauche se différencie de l'hémisphère droit dans son fonctionnement isolé.

En 1963, Hécaen et Angelergues [48] décrivirent, à partir des observations de 415 malades, des désordres de la pensée spatiale qui furent associés aux lésions de l'hémisphère droit : « L'hémisphère droit apparaît comme jouant un rôle spécial dans l'appréhension de l'espace et la reconnaissance des visages. » Des études électrophysiologiques plus récentes ont poursuivi cette ligne de recherche. La schizophrénie paraît liée à un trouble de l'hémisphère gauche tandis que la dépression paraît liée à un trouble impliquant plus spécifiquement l'hémisphère droit [49, 50]. Chez le nouveau-né, l'aire occipitale droite réagit à des stimuli visuels (le visage de la mère) contrairement à l'aire homologue gauche. La parole pourrait être considérée comme un apprentissage spécialisé des muscles phonatoires à maturation tardive dans l'hémisphère gauche. C'est pourquoi, selon Gazzaniga et Le Doux [45], le « carrefour temporo-pariéto-occipital droit » semble lié à notre héritage simiesque de « la civilisation des grands gestes ». Les perceptions immédiates de notre environnement et les réactions immédiates qu'elles suscitent s'effectueraient tout d'abord dans l'hémisphère droit (gestes et mimiques) avant que d'être transférées dans l'hémisphère gauche pour y être verbalisées plus tardivement.

Il ne faut pas oublier toutefois que la plupart de ces recherches reposent essentiellement sur la base de travaux effectués chez des malades dont le corps calleux était sectionné. C'est pourquoi la dichotomie et la dialectique binaire hémisphère droit-hémisphère gauche sont trop simplistes dans la vulgarisation qu'elles ont suscitée ces dernières années. Il est plus important de considérer l'aspect « acteur-observateur » qui relie les aires frontales et occipitales d'un même hémisphère, que d'opposer sans raison valable les hémisphères entre eux alors qu'ils fonctionnent simultanément de façon complémentaire. Par exemple, Hoppe et Bogen n'ont plus observé de vécu émotionnel exprimable chez des malades à encéphale dédoublé [51]. Les émotions requièrent donc l'intégrité du fonctionnment cortical. Enfin, à partir d'une simple division du néo-cortex en quatre secteurs (antérieur, postérieur, droit et gauche) auxquels étaient appliqués deux processus d'excitation et d'inhibition corticales, nous avons pu proposer récemment un modèle de relations intra et inter-hémisphériques qui ne comportent pas moins de 16 états différents et recoupent les désordres neuro-psychiatriques [52]. Ces travaux font donc l'objet de recherches de pointe qui donnent lieu à la publication d'ouvrages spécialisés annuels ou bi-annuels [53, 54].

L'étincelle et la soupe : vers de multiples cartes du cerveau

Nous avons précédemment considéré essentiellement l'activité électrique globale du cortex cérébral. Nous n'envisagerons pas ici de résumer les travaux concernant l'activité unitaire des différents types de neurones. Le corps cellulaire d'un neurone peut recevoir des milliers de terminaisons nerveuses provenant d'autres neurones. Cette même cellule peut projeter une arborescence de fibres courtes (dendrites) et longues (axones) qui vont donner naissance à près de 10 000 terminaisons nerveuses (contacts ou boutons synaptiques). Dans l'espace qui sépare ces terminaisons et le corps cellulaire du neurone de réception, l'influx nerveux propagé va libérer, au niveau de la synapse de communication, des substances biochimiques appelées *neurotransmetteurs.* Ces substances sont de trois types : acides aminés* (GABA, etc.), substances aminées (catécholamines : noradrénaline et dopamine, sérotonine, histamine, acétylcholine) dérivées le plus souvent de la modification d'une molécule d'acide aminé, neuropeptides* divers et multiples qui constituent des substances hormonales composées de nombreux acides aminés.

Cela signifie qu'au niveau des cellules nerveuses et de leurs terminaisons synaptiques, l'information électrique va déclencher, moduler, contrôler la libération, la capture de près d'une centaine de substances neuro-transmetteurs. En retour, cette neuro-biochimie cérébrale va aussi réguler l'activité électrique des cellules nerveuses. Chaque cellule peut présenter une dizaine de récepteurs qui réagissent à différents neuro-transmetteurs Nous sommes donc en présence d'un univers de communications, tant du point de vue des influx nerveux, des courants électriques unitaires (potentiels d'action) ou propagés au sein de populations de neurones homogènes (EEG), que du point de vue biochimique des neuro-hormones. Ce double aspect du fonctionnement du système nerveux a été considéré vers 1940 comme « l'étincelle et la soupe ».

Les cartes neuro-anatomiques, histologiques et morphologiques, anatomo-pathologiques font appel la plupart du temps à des descriptions macroscopiques. De telles cartes des structures cérébrales sont fondamentalement importantes en pathologie neurologique et en neuro-chirurgie [11]. Elles bénéficient actuellement de l'apport considérable de deux méthodes d'imagerie cérébrale : la tomodensitométrie axiale (CT-scan ou TDM) qui fournit des coupes radiologiques reconstituées du cerveau à trois dimensions, et plus récemment de l'imagerie par résonance magnétique nucléaire (IRM anciennement appelée RMN). Cette dernière méthode, plus fine que la première, ne fait pas appel aux rayons X pour explorer le cerveau à trois dimensions, mais à un champ magnétique élevé, inoffensif.

La physiologie du cerveau en fonctionnement est encore abordée actuellemnt par une autre méthode d'imagerie cérébrale qui est un prolongement des techniques utilisées en médecine nucléaire. Une substance active sur le système nerveux central, présentant une très courte radio-activité (de l'ordre de 10 à 20 minutes), est fabriquée en laboratoire spécialisé grâce aux ressources d'un cyclotron capable d'effectuer très rapidement des transmutations nucléaires préalablement programmées. Cette substance est alors injectée par voie intra-veineuse à un malade. La très faible radio-activité du produit se distribue spécifiquement dans diverses aires cérébrales et cela est observé à partir de coupes reconstituées par la méthode dite de tomographie d'émission (caméra à positrons) [55]. Cette méthode de recherche permet de mesurer la consommation du glucose cérébral, la consommation d'oxygène, la synthèse des protéines cérébrales, la fixation d'un médicament actif bloquant, par exemple un neuro-transmetteur donné (les neuroleptiques bloquent ainsi la dopamine dans les noyaux gris centraux du système extra-pyramidal*). Cette imagerie très nouvelle permet d'aborder globalement la neurobiochimie du système nerveux central. Une autre méthode plus ancienne est associée à cette dernière, il s'agit de la mesure de circulation cérébrale locale à partir de l'injection intracarotidienne de xénon radio-actif ou bien plus récemment d'inhalation d'hélium radio-actif [56].

Toutes ces méthodes d'imagerie cérébrale, morphologiques (TDM, IRM) et fonctionnelles, s'enrichissent actuellement de méthodes d'imagerie électro-physiologiques : cartographie EEG et cartographie de potentiels évoqués, méthode d'imagerie électro-magnétique. Dans un proche avenir ces différentes techniques convergeront sans doute vers une approche inter-disciplinaire, multi-centrique, du cerveau humain. Chaque méthode apporte des informations qui sont uniques et complémentaires des autres. Ces techniques d'informations spatiales et fonctionnelles du système nerveux central entraîneront probablement une intégration des connaissances neuro-biochimiques et électrophysiologiques.

Du point de vue de la neurobiochimie cérébrale, l'éveil paraît lié à certains acides aminés et leurs dérivés : la tyrosine qui se transforme d'une part en dopamine* puis noradrénaline* et adrénaline (système sympathique, éveil cortical) et d'autre part en thyroxine et dérivés (développement du cerveau et métabolisme cérébral); l'histidine qui se transforme en histamine qui diminue pendant le sommeil. Une autre substance est très importante dans les processus d'éveil cortical et aussi dans le sommeil paradoxal : l'acétylcholine*, qui a été trouvée récemment diminuée dans des cas d'affections dégénératives (démences dites d'Alzheimer). Le sommeil (sommeil à ondes lentes) est plus spécifiquement lié à l'acide aminé appelé tryptophane qui donne naissance à la sérotonine* très active au niveau central pendant l'éveil* et le sommeil lent et profond*.

En fait, toutes ces substances interagissent entre elles de façon extrêmement complexe. Nous ne parlerons pas des neuropeptides, hormones produites chez l'homme par les diverses glandes endocrines et aussi par l'hypophyse et certaines régions de l'hypothalamus. Nous recommandons à ce sujet la lecture de l'ouvrage récent de J.-D. Vincent intitulé *Biologie des passions* [57]. Vincent conçoit un « état central fluctuant du cerveau », au sujet duquel il écrit :

> « Pour matérialiser cet état central, nous ferons appel au " cerveau flou ", somme des humeurs, hormones et médiateurs à l'œuvre dans le système nerveux. Veut-on d'autres métaphores ? Ce sera l'arbre aux rameaux innombrables des neurones à amines biogènes, une végétation inconnue d'où s'écoulent les neuropeptides, ou encore l'arrangement à la fois confus et précis des synapses comme une tapisserie de mille fleurs. L'état central est à la fois l'arbre et la forêt. »

Il existe actuellement des cartes neurobiochimiques qui sont réalisées au cours d'études fondamentales effectuées chez l'animal, à partir de méthodes histologiques très fines (autoradiographie, histo et immunofluorescence, étude de traceurs et de marqueurs neuroniques spécifiques). Ces cartes sont la plupart du temps réalisées à partir de cerveaux de rats. Les projections des fibres nerveuses qui répondent spécifiquement à la dopamine, à la nor-adrénaline, à l'acétylcholine, à l'histamine, à la sérotonine ont été ainsi cartographiées. Actuellement Jouvet à Lyon et son équipe sont à la poursuite du neuropeptide du sommeil à ondes lentes et du neuropeptide du sommeil paradoxal. Ils ont trouvé que la partie intermédiaire de la neuro-hypophyse contenait des cellules libérant de tels peptides dans la région de l'hypothalamus. Ces peptides du sommeil (fractions A et B isolées) déclencheraient ensuite à moyen terme et à long terme les processus physiologiques jusqu'à présent observés à partir des tracés électroencéphalographiques. Ces recherches sont d'une brûlante actualité et nous ne pouvons qu'en citer les premiers travaux [58, 59].

RÉSUMÉ DU CHAPITRE II

Le *néo-cortex** est un épais manteau de six couches étagées de cellules nerveuses, qui recouvre la plus grande partie du cerveau chez l'homme. Situé en dessous des os du crâne et protégé par trois enveloppes (les méninges), le cortex cérébral prend le nom des os qui l'entourent et se divise en *quatre lobes : frontal, temporal, pariétal* et *occipital.* Entre deux électrodes d'enregistrement de l'EEG, placées sur un de ces lobes, sont recueillies les activités électriques des milliers de neurones situés en dessous et organisés en assemblées de micro-colonnes empilées l'une près de l'autre.

C'est en 1861 que Broca décrivit à Paris la première observation d'un malade privé de parole après lésion cérébrale d'une partie de l'aire frontale gauche. Cette première localisation corticale de l'expression de la parole fut rapidement étendue aux aires primaires sensorielles. *Trois méthodes* furent appliquées pour l'étude des fonctions cérébrales et de leurs éventuelles localisations : la *technique des lésions* (cliniques à la suite d'accidents vasculaires cérébraux, par exemple, ou expérimentales chez l'animal), *la méthode des stimulations* (électriques, chimiques, etc.), *la méthode des enregistrements électro-physiologiques* (EEG, potentiels évoqués par une stimulation, activité unitaire des cellules nerveuses). Ainsi observée et mesurée, l'activité du cortex cérébral permet de préciser des centres, des générateurs, des territoires corticaux, dont les populations de neurones fonctionnent de façon homogène. Chez l'homme, le néo-cortex fonctionne essentiellement de façon réflexive, bouclé sur lui-même, à partir d'une majorité de fibres qui font correspondre entre elles les différentes aires corticales. Les mécanismes corticaux sont impliqués dans l'attention et la vigilance, peut-être plus encore que les mécanismes sous-corticaux.

Les *aires primaires corticales* se composent des aires visuelles occipitales, des aires auditives temporales, de l'aire sensitive et motrice centrale. Les sensations sont des informations nerveuses en provenance des récepteurs des organes des sens (vision, audition, toucher). Les perceptions peuvent être considérées comme un traitement des multiples informations sensorielles parvenues au cerveau et en particulier aux aires corticales primaires. Les *aires d'associations* et les *aires intégratives* élaborent des perceptions complexes. Il existe ainsi des aires visuelles intégratives et associatives qui permettent de détecter un mouvement, de voir des couleurs, de localiser des objets ou d'identifier des formes... Le cortex cérébral posséderait une spécialisation localisationniste, évidente pour les aires primaires, mais aussi un fonctionnement global permettant de redistribuer des informations sensorielles et perceptuelles, de détecter des coïncidences et des covariations. La première couche des neurones du cortex permettrait ainsi, au niveau du cortex visuel occipital, de détecter des caractéristiques globales à partir d'une analyse locale de l'image visuelle par exemple, permettant d'obtenir une description cohérente du monde. Dans une salle de concert, chaque instrument a une place déterminée et dans un même orchestre les violons peuvent jouer, tandis que les cuivres se taisent et que les bois sont à l'unisson. En transposant cette image au cerveau en activité et considéré à partir du néo-cortex, la place des divers instruments est celle des différentes aires fonctionnelles (primaires, intégratrices, associatives). Certaines aires peuvent jouer les violons, d'autres les flûtes et hautbois à l'unisson, nous dirons qu'elles sont « stimulées » ou « en éveil » (local), d'autres sont en silence, elles sont « en sommeil » (local) ou « inactives ». Il est alors possible de concevoir des stimulations spécifiques (des « éveils » locaux) d'aires corticales stimulées à partir de réseaux fonctionnels de neurones mis en activité. Nous donnons l'exemple de l'aire primaire du cortex moteur et sensitif, qui différencie spatialement les projections nerveuses des différentes parties du corps, bien établies depuis les travaux de Penfield en 1937.

C'est surtout le rôle complémentaire des deux hémisphères cérébraux qui a été le plus étudié récemment et qui valut le prix Nobel au professeur Sperry. Ces travaux portent sur l'étude de malades épileptiques à « encéphale dédoublé », dont la grande commissure de fibres qui relie les deux hémisphères cérébraux (le corps calleux) a été séparée chirurgicalement. Il apparaît alors que l'hémisphère gauche, plus lié au langage, joue un rôle de « moi dans le monde », tandis que l'hémisphère droit, plus visuo-spatial, est plus caractéristique du « monde dans moi ». L'hémisphère droit joue un rôle spécial dans l'appréhension de l'espace et la reconnaissance des visages, il est plus global et synthétique que l'hémisphère gauche analytique et verbal. Cependant il semble que l'expression des émotions requiert l'intégrité du fonctionnement cortical des deux hémisphères. Dans chaque hémisphère il apparaît encore une polarité « acteur-observateur » entre les aires frontales de décision et les aires occipitales visuelles.

Enfin, le cerveau peut être appréhendé dans son fonctionnement par de *nouvelles méthodes d'imagerie cérébrale.* Il s'agit de méthodes électrophysiologiques, neurobiochimiques (synthèse des protéines, consommation d'oxygène ou de glucose), ou physiques (rayons X), qui donnent lieu à l'obtention d'images cérébrales diverses (scanner, résonance magnétique, caméra positrons, circulation cérébrale, cartographie EEG, etc.). Des cartes neuro-anatomiques, histologiques, morphologiques, anatomo-pathologiques peuvent être ainsi comparées à des cartes physiologiques et neuro-biochimiques (neurotransmetteurs, neuro-hormones, etc.) pour permettre de mieux étudier le cerveau en fonctionnement. Parmi les récents progrès de la neurobiochimie, la *dopamine** et la *noradrénaline**, l'histamine aussi, et sont plus impliquées dans l'éveil, la *sérotonine* dans l'éveil et le sommeil lent et profond, l'*acétylcholine** dans l'éveil et dans le sommeil paradoxal. Mais les relations ne sont pas simples et de nombreuses équipes (dont Jouvet à Lyon) recherchent actuellement des neuropeptides, neurohormones impliquées dans le sommeil profond à ondes lentes et dans le sommeil paradoxal.

Chapitre III

L'ACTIVITÉ DES STRUCTURES PROFONDES

« L'introspection permet de conclure que c'est l'élément subjectif qui distingue le plus clairement la fonction psychologique des autres fonctions du cerveau...
L'union des expériences de nature interne et externe semble être une condition essentielle de l'individualité. »

Paul MAC LEAN

« Les trois voies qui mènent au rêve : depuis une vingtaine d'années, l'étude des mécanismes et de la (ou des) fonction du rêve a emprunté trois voies principales. La première (l'approche introspective) explore le rêve " par en dedans " en étudiant le contenu subjectif des rêves par l'analyse de leurs souvenirs. Les deux autres, objectives et expérimentales (l'approche neurophysiologique, l'approche phylo- et onto-génétique), explorent le rêve " du dehors " ; elles reposent sur l'hypothèse de l'identité entre les mécanismes du rêve et ceux du sommeil paradoxal qui en est le support neurobiologique. »

Michel JOUVET

Exploration en profondeur : les strates du cerveau

La falaise de la presqu'île de Crozon, au cœur du Finistère, est bien connue des géologues, car les strates des plissements hercyniens représentent une coupe verticale de l'histoire de la terre et en particulier de celle du Massif armoricain. De la même manière, des coupes verticales du cerveau humain permettent de caractériser des structures profondes situées en dessous du néo-cortex. Ces « strates cérébrales » se plissent, s'enroulent, se prolongent, se diffusent les unes dans les autres. Il est évident que neurologues, neuro-anatomistes, histologistes et neurophysiologistes vont identifier dans ces structures sous-corticales un grand nombre de systèmes, de centres, de noyaux, de couches cellulaires et de cellules différentes. Pour notre propos nous ne considérerons que cinq grands systèmes ou structures sous-corticales qui sont représentés dans la *figure 10* et la *figure 11*.

Nous avons vu dans le chapitre précédent comment le néo-cortex pouvait être relié aux sensations immédiates évoquées à partir des aires primaires, aux perceptions, concepts et images associés aux aires intégratrices et aux aires d'associations. C'est Broca, en 1878 [1], qui a introduit le terme de « grand lobe limbique » pour spécifier une structure en anneau située en dessous du cortex, qui lui-même englobe la masse centrale cérébrale composée du striatum ou système extra-pyramidal et du thalamus. Le

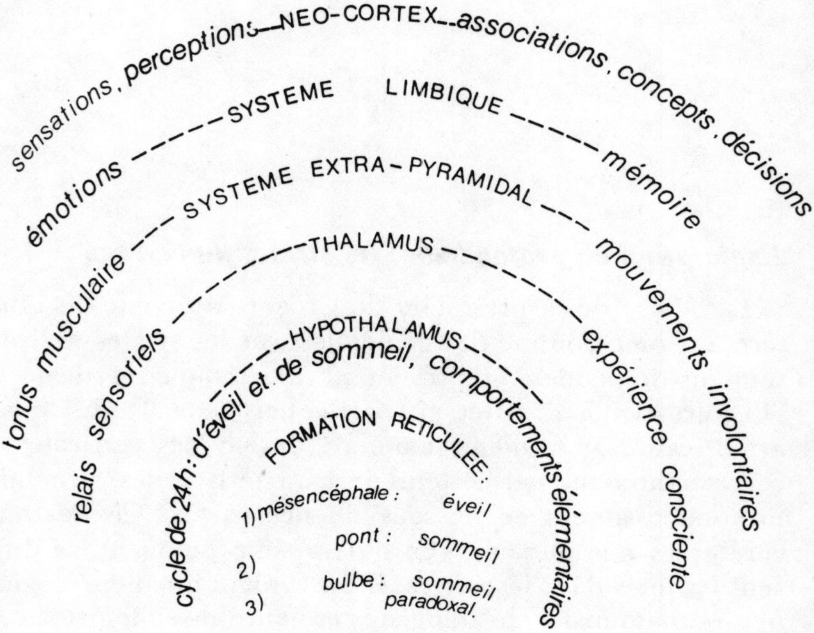

Figure 10 : Schéma d'organisation de cinq grandes structures sous-corticales situées entre le néo-cortex et la moelle. La formation réticulée, située dans le tronc cérébral, se subdivise verticalement en trois parties.

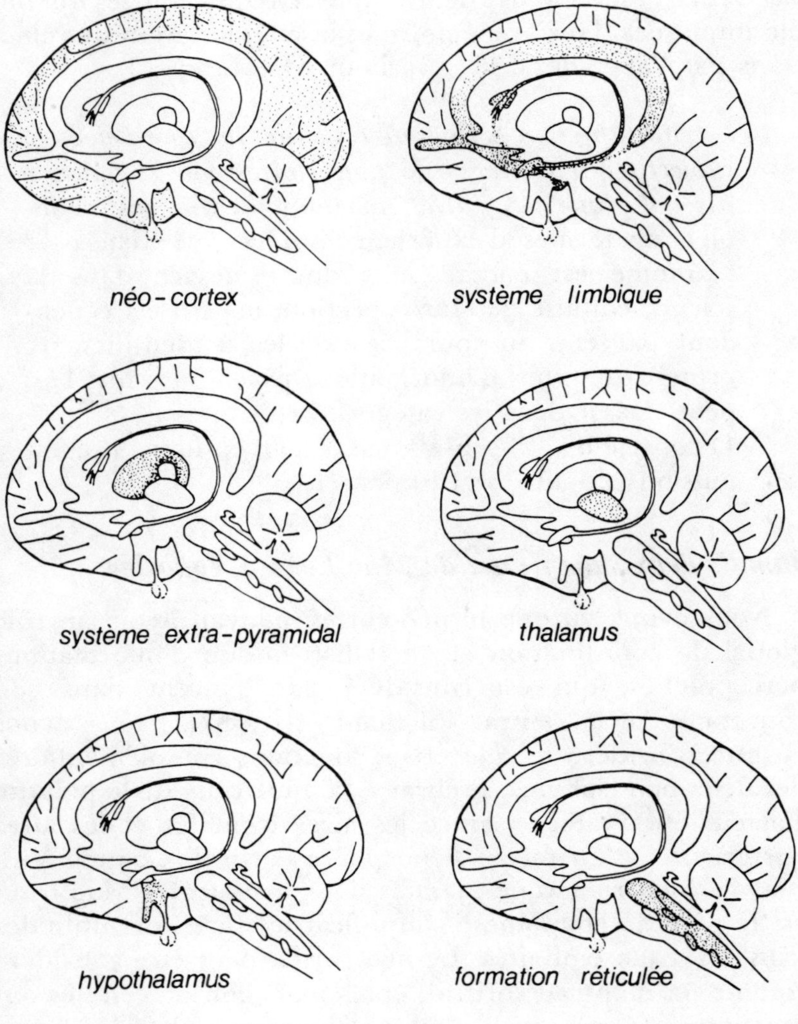

Figure 11 : Coupes transversales du cerveau montrant en pointillés les cinq grandes structures cérébrales sous-corticales.

grand lobe limbique a été appelé *système limbique** par Mac Lean [2]. Il est composé de multiples circuits bouclés qui ont été impliqués dans la mémoire et la manifestation des émotions par Papez dès 1937 [3]. Pour Mac Lean [4] :

> « *L'introspection permet de conclure que c'est l'élément subjectif qui distingue le plus clairement la fonction psychologique des autres fonctions du cerveau.* Combien de formes d'expérience subjective existe-t-il ? L'homme est encore sans doute novice dans la science confuse de l'introspection, mais il est cependant parvenu au cours des siècles à identifier six principaux types d'informations psychiques que l'on peut classer dans les catégories suivantes :
> 1) conscience, 2) sensations, 3) perceptions, 4) compulsions, 5) affects et 6) pensée. »

Jamais deux sans trois : de Mac Lean à Yakovlev

Nous avons vu que le néo-cortex pouvait avoir un rôle global de coordination et de redistribution d'informations perceptuelles, qui est considéré par Vincent dans son concept « d'état central fluctuant » [II, 57]. Nous avons ensuite considéré le rôle et les fonctions complémentaires des deux hémisphères cérébraux, comme ceux de la polarité « acteur-observateur » entre les aires frontales et les aires postérieures d'un même hémisphère cortical. Comme Vincent l'a bien remarqué : jamais deux sans trois ; Mac Lean est le père de l'hypothèse simplificatrice mais fort utile des trois cerveaux emboîtés. Le néo-cortex peut être considéré comme un manteau cortical, épais manchon de cellules qui recouvre le « cerveau limbique » développé chez les mammifères, ce dernier enveloppant encore le « cerveau reptilien » qui est essentiellement constitué par l'hypothalamus et le tronc cérébral.

A propos des fonctions du *système limbique,* Mac Lean distingue d'abord les *affects fondamentaux* qui sont liés aux besoins corporels essentiels et identifiés subjectivement en tant que faim, soif, besoin de respirer, déféquer, uriner, avoir des rapports sexuels, etc. Il distingue ensuite les *affects spécifiques* « provoqués par des systèmes sensoriels spécifiques, comme par exemple l'envie d'attirer l'attention en criant ou la sensation de douleur suivant un stimulus pénible ». Il distingue enfin les *affects généraux* dont font partie traditionnellement les émotions telles que l'amour, la colère, etc.

Les affects généraux peuvent être considérés du point de vue de l'instinct de conservation de l'individu ou du point de vue de l'espèce. Les travaux de Mac Lean sur le système limbique ont précisé ces deux points de vue. En dehors du comportement verbal qui permet d'exprimer oralement les émotions, les affects généraux correspondent à *six types de comportements émotionnels* qui sont : la *recherche* (curiosité), l'*agressivité,* la *protection,* le *rejet* (dégoût), la *satisfaction* (plaisir) et la *tendresse.* Verbalement, ces comportements affectifs s'expriment sous formes de « désir, colère, peur, chagrin, joie et affection » [4]. Des collaborateurs de Jouvet [5] ont récemment montré que, chez l'enfant nouveau-né, les mimiques émotionnelles n'apparaîtraient que pendant le sommeil paradoxal et non l'éveil comportemental lié aux besoins élémentaires du nourrisson (allaitement, soins corporels, éveil sur l'extérieur). Comme le sommeil paradoxal est très important à la naissance, la maturation du système limbique pourrait se manifester alors, avant même que le néo-cortex ne soit fonctionnel.

Le système limbique selon Mac Lean (1949 [4, 6]) est considéré comme le cerveau viscéral. Tous les systèmes sensoriels convergent dans les circuits réverbérants du cortex limbique (gyrus parahippocampal) qui engendrent des influx nerveux vers d'autres structures limbiques (l'hippocampe, etc.) et vers l'hypothalamus. *La convergence des expériences visuelles et viscérales contribuerait au sens de l'individualité.* L'émotion présente une importante qualité affective qui pourrait entraîner le sens de la familiarité et de l'identification personnelle avec ce qui est vécu visuellement. L'expression émotionnelle, en retour, paraît nécessaire pour la mémorisation des expériences visuelles. La subtilité du processus physiologique s'illustre par le sentiment de « déjà vu » que présentent certains patients atteints d'épilepsie psycho-motrice. Dans la profondeur de la scissure de Sylvius du lobe temporal, existe une structure corticale (en relation avec le système limbique adjacent) appelée « insula » qui reçoit des influx poly-sensoriels (sensations viscérales et en provenance de la sensibilité profonde) à proximité des projections pariéto-temporales internes (goût) et supra-temporales internes (audition).

Les deux bulbes olfactifs (droit et gauche) reçoivent les afférences, les influx en provenance des récepteurs olfactifs situés dans la partie supérieure du nez. Ils projettent les informations olfactives sur deux régions du système limbique : en haut vers les régions du septum (et de la commissure antérieure), en bas vers l'hippocampe (qui aboutit à une autre région limbique importante : l'amygdale). Ce cerveau olfactif (rhinencéphale) a souvent été identifié au système limbique lui-même. Toujours selon Mac Lean [7] :

> « L'union des expériences de natures interne et externe semble être une condition essentielle de l'individualité... *Le sens de l'individualité dépendrait de l'intégration des informations internes et externes.* Le septum et les voies olfactives de l'hippocampe sont représentatifs des entrées sensorielles internes et externes. »

L'anneau du cortex limbique présente deux arcs situés sur une partie inférieure et une partie supérieure, qui sont séparées antérieurement par les deux bulbes olfactifs. Pour Mac Lean [4] :

> « La partie inférieure de l'anneau alimenté par le noyau amygdalien intéresse essentiellement les affects et le comportement assurant l'autoconservation. Ses circuits répondent aux besoins égoïstes en aliments, combat et autoprotection [2, 8]. D'autre part, les structures de la partie supérieure de l'anneau reliées (au septum) par la voie septale [9] semblent intéresser les états d'expression et de sentiment qui aboutissent à la sociabilité, la procréation et la conservation de l'espèce [8, 10]. La troisième voie [11], qui contourne l'appareil olfactif, relie

l'hypothalamus aux noyaux thalamiques antérieurs et à la circonvolution du corps calleux, dans la partie supérieure de l'anneau. L'anneau cortical limbique s'articule également avec le noyau dorsal médian du thalamus, qui a des projections dans le néo-cortex pré-frontal, partie du cerveau qui se charge de prévoir. »

L'*hippocampe* est un cortex primitif (archi-cortex) différent du cortex olfactif (paléo-cortex) qui est considéré par Yakovlev comme la partie la plus «en avant » de la formation réticulée du tronc cérébral. Il y a toujours des discussions de spécialistes à propos du modèle des trois cerveaux de Mac Lean. Yakovlev en a proposé en 1972 une très intéressante révision, basée sur des considérations histologiques et morphologiques [12]. Il divise en trois parties les systèmes effecteurs partant du cerveau pour aller vers les organes de commandes du corps. Ces *trois systèmes de comportements moteurs* présentent des organisations différentes.

Tout d'abord le *système moteur cortical tourné vers l'extérieur* (faisceau pyramidal) présente de longues fibres parallèles les unes aux autres, croisées au niveau du bulbe rachidien, qui permettent des mouvements de spirale des membres (bras et jambes) vers la partie opposée de l'espace. Ce système effecteur (encore appelé « d'effectuation ») est responsable des actions volontaires, en particulier des gestes précis, délicats et coordonnés des deux mains.

Le deuxième *système d'expression* est constitué de multiples fibres descendantes qui font relais successivement dans diverses structures cérébrales (système limbique, système extra-pyramidal, noyaux moteurs, formation réticulée, etc.). Ce système d'expression est lié à des mouvements bilatéraux, souvent rythmiques et répétitifs, qui ont été considérés comme instinctifs, automatiques, involontaires et émotionnels. Selon Jackson, ces mouvements symétriques et qui se rapportent plus à la surface du corps qu'à l'environnement « marquent le temps et n'effectuent pas de travail ». Les chorégraphies spontanées créées par Isadora Duncan et par le courant post-moderne de danse américaine *(contact dance improvisation)* pourraient provenir d'actes issus de ce système d'expression.

Le dernier *système dit de viscération* provient de structures cérébrales médianes dont les fibres nerveuses descendantes s'organisent en série, sous formes de chaînes de fibres courtes reliées les unes aux autres depuis le système limbique médian (rhinencéphale), l'hypothalamus, le thalamus médian et l'épithalamus (structure située « au-dessus » du thalamus), jusqu'à la formation réticulée du tronc cérébral. Ce dernier système serait responsable des activités des organes viscéraux, en particulier des mouvements péristaltiques. Il est évident que *les maladies dites psychosomatiques peuvent être liées à des désordres du système limbique,* considéré sous l'angle émotionnel par Mac Lean et sous l'angle moteur par Yakovlev.

Les trois systèmes d'effectuation, d'expression et de viscération de Yakovlev trouvent encore un écho dans les propositions de Jeannerod [13] et Michel [14] qui ont considéré divers types d'espaces utilisés par l'homme : l'espace notionnel (ou symbolique), l'espace instrumental, l'espace propre du corps (voir le « moi-peau » de Didier Anzieu), l'espace interne (ou viscéral).

Le *système extra-pyramidal* est composé d'un certain nombre de « noyaux gris centraux » (noyau caudé, pallidum, putamen, etc.) ou « striatum » qui sont responsables (avec le cervelet mais de façon différente) de la régulation des mouvements involontaires et du tonus musculaire. Cette structure archaïque est très importante chez les oiseaux et permet en particulier aux rapaces une exceptionnelle coordination motrice en vol. Il s'agit là d'une structure impliquée dans la motricité spontanée et qui fait partie selon Mac Lean du cerveau reptilien. Ces noyaux gris centraux peuvent encore être considérés comme faisant partie des « ganglions de la base » du cerveau. Leur fonctionnement est tout particulièrement régi par la dopamine. Les substances neuroleptiques qui sont utilisées comme antipsychotiques chez les malades schizophrènes bloquent des récepteurs de la dopamine, spécialement au niveau du striatum (c'est pourquoi il existe une hypothèse dopaminergique du processus schizophrénique).

Le *thalamus* (encore appelé « diencéphale » et faisant partie selon Penfield du « centre-encéphale ») est situé au milieu du cerveau. Il est constitué de nombreux noyaux juxtaposés qui sont autant de relais sensoriels où les influx nerveux issus des voies visuelles, auditives, du tact, etc., viennent converger. Le thalamus est une structure cérébrale très complexe constituée à la fois de relais sensoriels (spécifiques et associatifs) qui vont se projeter en éventail sur le néo-cortex et le système extra-pyramidal, en recevant encore des fibres descendantes de ces deux autres systèmes. Le thalamus comporte aussi un « système thalamique diffus » (appelé « noyaux intralaminaires » non spécifiques) qui appartient au « système réticulaire » considéré lui-même comme prolongement de la formation réticulée du tronc cérébral. Le système thalamique diffus est considéré selon Crick [15], dans ses projections montantes et descendantes avec le néo-cortex, comme *responsable de l' « expérience consciente »*.

Le thalamus est limité antérieurement et postérieurement par deux glandes cérébrales sécrétrices, l'hypophyse et l'épiphyse, proches des régions situées en dessous (hypo-) et au-dessus (épi-) du thalamus.

Le *système limbique* (et l'hypothalamus qui lui est très étroitement associé par de multiples connexions) est souvent le siège d'orages électriques qui constituent des crises d'épilepsie localisées à ces régions. En 1941, Penfield écrivait à propos de la crise de « petit mal » épileptique qui débute par une « aura » de sensations épigastriques ou viscérales, accompagnées de grande pâleur, avant que le malade ne tombe sur le sol [16] :

> « Considérons pour un moment que la conscience, telle que le mouvement, la vision, l'audition et la parole, présente une représentation localisable dans le cerveau... Il est possible de suggérer que la représentation des fonctions autonomes existe au niveau

de l'hypothalamus, proche du troisième ventricule, dans une région où les sensations viscérales et la pâleur de la face peuvent être produites, adjacente à la partie supérieure des circuits nerveux du tronc cérébral qui permettent le maintien de la station debout. »

Dans cette citation, Penfield considérait cette « perte de conscience » comme liée à une perturbation profonde de l'hypothalamus. Rappelons-nous que pour Descartes, curieusement, le siège de l'âme n'était autre que la glande pinéale, l'épiphyse située dans l'épithalamus. La conscience est-elle localisable ?

L'*hypothalamus** (proche de l'hypophyse ou glande pituitaire) est situé en dessous du thalamus, de même que l'épithalamus est situé au-dessus du thalamus. L'hypothalamus constitue le *cerveau endocrinien lié aux instincts, aux pulsions et aux comportements élémentaires de l'organisme.* Il est relié entre autres aux noyaux thalamiques antérieurs ainsi qu'à la formation réticulée. Il joue un rôle fondamental aussi bien dans l'intégration de l'expression émotionnelle que dans le comportement viscéro-somatique. Vincent [II, 57] a publié un tableau des cinq hormones hypothalamiques complètement identifiées sur le plan structural biochimique (appelées TRH, LH-RH, SRIF, CRH, GH-RH) et qui sont impliquées, en particulier, dans le comportement sexuel et la croissance de l'organisme. D'autres facteurs hypothalamiques sont reconnus en tant que neuro-hormones mais pas encore chimiquement identifiés (PIF, PRF). Certaines hormones ont un rôle hypothalamique possible mais pas encore démontré, d'autres sont dépourvues d'effets primaires et impliquées dans les mécanismes de la régulation alimentaire, de la douleur et du plaisir (substance P pour la douleur ; endorphines et enképhalines : substances endogènes analgésiantes encore appelées endomorphines) [II, 57]. Citons encore un petit noyau très intéressant, situé au-dessus du croisement des nerfs optiques : le noyau supra-chiasmatique de l'hypothalamus, qui a été reconnu récemment comme régulateur du rythme circadien lié à l'alternance du jour et de la nuit (rythme veille-sommeil encore appelé nycthéméral).

Enfin, la *formation réticulée** du tronc cérébral est elle-même une structure extrêmement complexe. Un « réticule » est une croix de fils qui sert de mire pour viser avec une lunette astronomique, celle d'un microscope ou d'un objectif photographique. Dans l'Antiquité c'était un filet à mailles. La formation « réticulée » est faite d'un filet, d'une trame de mailles serrées et courtes, dont les nœuds sont les corps cellulaires des neurones et les mailles, les fibres qui en partent. Elle peut être divisée dans le sens de la hauteur selon trois parties : le mésencéphale, le pont et le bulbe. Ce dernier est le centre des fonctions vitales de l'organisme (régulations cardiaque et respiratoire, centre du vomissement, etc.) et le croisement des fibres montantes sensitives (voie lemniscale, etc.) de la moelle épinière et des fibres descendantes motrices (voie pyramidale).

Où le système réticulaire apparaît puis disparaît

Le *système réticulaire** est composé de la formation réticulée du tronc cérébral qui peut être grossièrement divisée en trois étages superposés (mésencéphale*, pont, bulbe) et de ses projections vers l'hypothalamus et le rhinencéphale d'une part, vers le thalamus (système thalamique diffus) d'autre part. La *figure 12* présente schématiquement l'aspect anatomique du système réticulaire à partir d'une coupe verticale.

Le système réticulaire reçoit de nombreuses ramifications nerveuses à partir des fibres collatérales ascendantes des voies sensitives (tact, pression, chaleur, douleur, etc.). Lorsque Bremer en Belgique, en 1935 [17, 18], fit une série de lésions expérimentales à différents endroits du tronc cérébral, il observa, selon le niveau de la lésion, des résultats différents. Effectuée au-dessus du tronc cérébral, au niveau du « cerveau moyen », cette transection revenait à priver le cerveau et les structures situées plus haut de presque toutes les entrées sensorielles comme des sorties motrices. L'animal au « cerveau isolé » présentait alors un état proche du sommeil normal à ondes lentes [17]. Toutefois, il ne pouvait émerger d'un tel sommeil lésionnel, et même des stimulations fortes n'entraînaient qu'un bref réveil accompagné de modifications fugaces de l'EEG. Si la section du tronc cérébral était effectuée plus bas, à l'endroit où la moelle épinière entre dans le cerveau, il était alors possible d'observer des variations temporelles de l'EEG quasi normales et des cycles veille-sommeil. L'animal « encéphale isolé », ainsi désafférencié au niveau de la moelle, pouvait être réveillé, bien que la section ait aussi coupé les fibres ascendantes et les fibres descendantes [18].

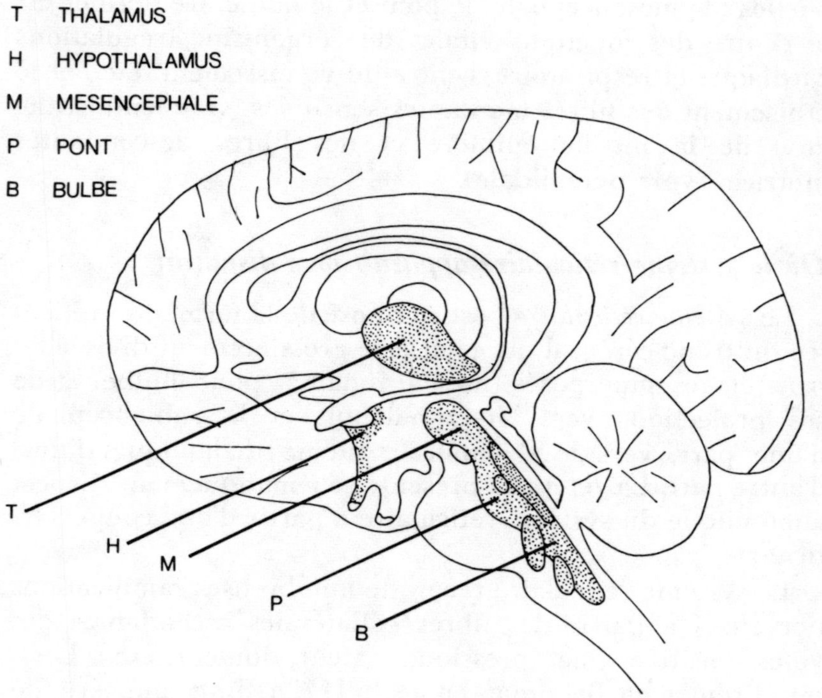

Figure 12 : Le système réticulaire est composé de la formation réticulée du tronc cérébral et de ses projections thalamique (système thalamique diffus) et hypothalamique.

Cependant, l'interprétation de ces expériences était difficile, il fallut attendre les travaux de Moruzzi et Magoun (1948-1949 [19, 20, 21]) pour que des sections limitées aux fibres sensorielles traversant le tronc cérébral, ou bien seulement à la formation réticulée adjacente, ne permettent de régler le problème. En effet, les animaux privés d'entrées sensorielles, mais ayant conservé une formation réticulée intacte, gardaient une activité EEG quasi normale en même temps que des cycles temporels de veille-sommeil. Par contre, les animaux dont la formation réticulée était sectionnée sans que les fibres sensorielles le soient devenaient léthargiques ou comateux et le restaient définitivement.

L'interprétation de ces lésions, déjà plus spécifiques que celles de Bremer, restait encore délicate. Il fallut lui conjoindre l'utilisation de la méthode des stimulations électriques pour éclairer les résultats des lésions. Moruzzi et Magoun [20] montrèrent en effet, chez des chats anesthésiés, que la stimulation électrique de la formation réticulée entraînait un éveil cortical de longue durée, visible sur l'électroencéphalogramme. Par la suite, des animaux vigiles non anesthésiés, porteurs d'électrodes de stimulation implantées dans la formation réticulée mésencéphalique, présentèrent pendant la stimulation électrique *un comportement d'éveil actif avec vigilance, attention et intérêt à l'environnement* [21]. C'est pourquoi Moruzzi et Magoun considérèrent alors la formation réticulée « ascendante activatrice » comme susceptible d'entraîner un éveil global des structures cérébrales, une « réaction d'alerte », une « réaction d'arrêt », permettant à l'animal de prêter une attention toute particulière à son environnement immédiat, comme après stimulation sensorielle périphérique. La stimulation du *système réticulaire ascendant activateur* (SRAA) s'effectuait par embrasement et propagation à partir de la formation réticulée ascendante activatrice. L'absence de telles stimulations était alors considérée comme donnant naissance au sommeil, considéré comme une sorte d'état passif du fonctionnement cérébral. La formation réticulée et a fortiori le système réticulaire se composent d'un réseau dense de voies synaptiques multiples capables d'intégrer des informations sensorielles de diverses natures et de les filtrer spécifiquement afin que seuls des messages de « vigilance » viennent alerter les structures cérébrales plus proches du cortex [22, 23].

A côté de ce système réticulaire ascendant activateur lié à ce que nous pourrions appeler l' « éveil externe », il existe cependant un autre système régulateur, composé de fibres descendantes inhibitrices et qui vont moduler de façon opposée les messages d'alerte du premier système. Le système réticulaire activateur se double donc d'un *système réticulaire descendant inhibiteur* (SRDI) qui part d'aires inhibitrices corticales très spécifiques [22]. Des stimulations électriques en divers points du cerveau et en particulier des stimulations thalamiques peuvent induire des grandes ondes lentes ressemblant étrangement à celles du sommeil lent spontané. Cependant, ces grandes ondes lentes n'existent plus lorsque l'animal est privé de ses aires néo-corticales. Le sommeil à ondes lentes semble donc nécessiter l'intégrité du fonctionnement cortical. Toutefois, la formation réticulée pontine, située entre le mésencéphale et le bulbe, présente des noyaux centraux (noyaux antérieurs du raphé) dont les neurones constituants sont particulièrement actifs pendant le sommeil spontané à ondes lentes. La destruction localisée de ces structures profondes entraîne des insomnies importantes et fait que l'animal ne présente plus, immédiatement après lésion, de sommeil à ondes lentes. Ces résultats permettent de considérer cet état de sommeil profond comme un état actif et non plus passif lié à l'activité neuronique de structures réticulées pontines. Enfin, Jouvet a montré que des destructions encore plus spécifiques de noyaux de la formation réticulée bulbo-pontine, et en particulier du *locus coeruleus** [II, 58], entraînaient (pour la partie « alpha » de ce noyau) une perte de « l'atonie de la musculature axiale » qui existe spontanément pendant le sommeil paradoxal [24, 25]. Cela avait pour conséquence l'apparition d'un comportement onirique automatique de type presque hallucinatoire des animaux pendant la période de sommeil paradoxal. C'est ainsi que le système réticulé le plus proche de la moelle est maintenant considéré comme la principale zone activatrice du sommeil paradoxal [26].

En fait ces localisations deviennent de plus en plus fines, discrètes, et s'étagent en plusieurs endroits du système réticulaire ascendant et descendant. Il existe à travers tous les systèmes étagés sous-corticaux des voies facilitatrices et inhibitrices [22]. Dernièrement, le noyau médullaire d'un faisceau nerveux très important intitulé le « faisceau soli-

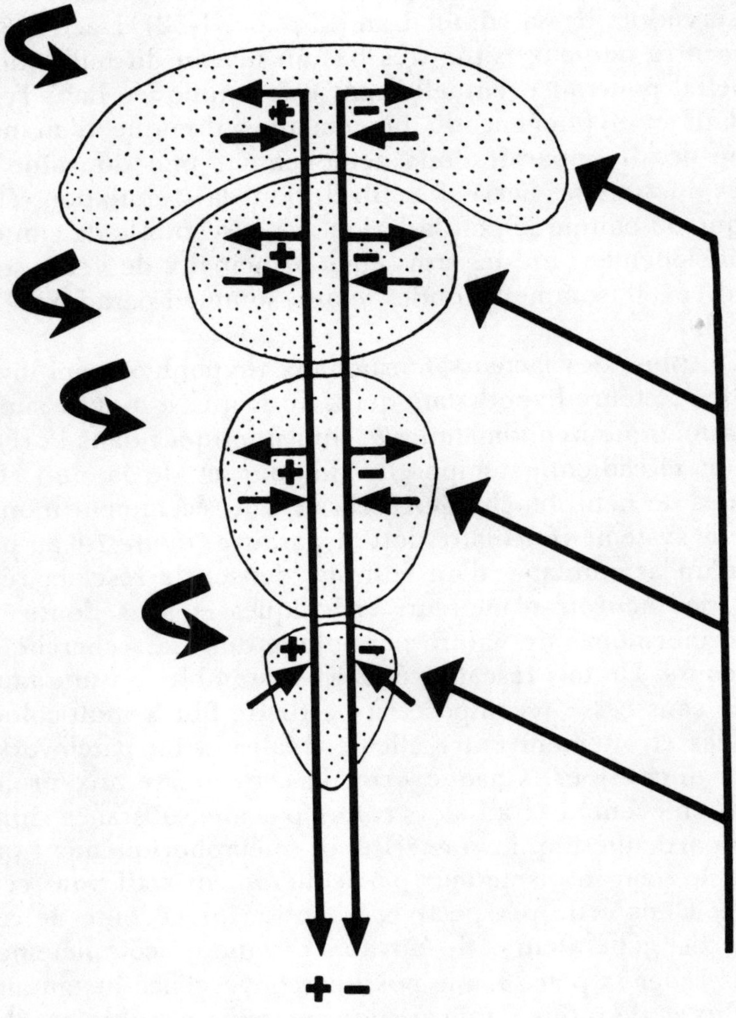

Figure 13 : La formation réticulée se compose de réseaux multiples : fibres modulées par des neuro-transmetteurs divers, aux influences excitatrices (+) et inhibitrices (—). Elle reçoit des projections descendantes et montantes provenant d'autres voies ou structures cérébrales, elles-mêmes excitatrices et/ou inhibitrices. Une structure d'un niveau donné peut encore stimuler ou inhiber une autre structure (en pointillés) (d'après Mc Ginty, 1985 [27]).

taire », impliqué dans les régulations respiratoire et circulatoire, a été mis en cause à propos de sommeil à ondes lentes observé lors de sa stimulation [25, 26 ; II-58). L'activité de ce centre nerveux (situé très bas au niveau du bulbe de la moelle) pourrait éventuellement être impliquée dans l'effet sédatif et hypnogène du bercement rythmique d'un nouveau-né. Il apparaît donc actuellement une douzaine de sites du système nerveux central, dont la stimulation (électrique ou chimique), ou la lésion, est susceptible de simuler artificiellement un des trois états principaux de veille-sommeil : éveil, sommeil à ondes lentes, sommeil paradoxal [27, 28, 29].

De plus, des facteurs hormonaux (hypophyse, épiphyse) et des facteurs hypothalamiques, ainsi que le noyau suprachiasmatique hypothalamique, sont impliqués dans la régulation circadienne temporelle du jour et de la nuit. Les études de neurobiochimie cérébrale ont récemment montré que le système réticulaire doit disparaître (*figure 13*) au profit d'un assemblage, d'un feutrage dense, de réseaux régis par des neurotransmetteurs spécifiques et sans doute des neurohormones de nature peptidique dont la recherche est en cours. De tels réseaux réticulés ressemblent à une tapisserie sans cesse recomposée à partir de fibres multicolores mêlées étroitement entre elles et réalisant un patchwork à trois dimensions. Chaque brin de cette tresse aux projections en éventail serait alors coloré par une substance chimique particulière qui caractériserait (métaphoriquement parlant) le neurotransmetteur particulièrement actif pour cette fibre. Dans cette perspective, la notion précédente de centres, de générateurs, de noyaux s'évanouit complètement pour céder la place à une possible convergence instantanée de flux et de reflux d'informations nerveuses multiples, électrophysiologiques et neurobiochimiques, dont l'effet comportemental peut alors s'exprimer globalement sous l'apparence de ce que nous nommerons un état d'éveil ou de sommeil. Nous retrouvons ici, une fois encore, l'« état central fluctuant » de Vincent [II-57] qui :

> « ... change avec l'heure du jour, le jour de l'année, les années qui font vieillir et les milliers de remous

que sont les événements de la vie quotidienne. Il est, à la fois, le tout et la partie des ensembles et sous-ensembles qui le constituent. »

Retenons toutefois qu'il est toujours possible de concevoir deux systèmes d'éveil complémentaires l'un de l'autre : l'un tourné vers l'extérieur et lié à l'activation de ce que nous avons appelé le système réticulaire activateur (avec toutes les réserves actuelles) et l'autre tourné vers l'intérieur, vers notre individualité et notre subjectivité, qui serait responsable d'une sorte d' « éveil interne » proche de l'activité autonome du système limbique, qui engrange l'expérience passée avec le support des composantes émotionnelles. Ces deux systèmes d'éveil ont été envisagés par Routtenberg.

Deux systèmes d'éveil : le modèle de Routtenberg

C'est en 1968 que Routtenberg a proposé son hypothèse des « deux systèmes d'éveil : la formation réticulée et le système limbique » [30]. La *figure 14* donne une représentation symbolique de ce modèle.

Le premier système d'éveil est lié à l'activation de la *formation réticulée mésencéphalique* dont nous avons précédemment parlé. Il est potentialisé par la noradrénaline et des psychostimulants associés, du type de l'amphétamine. Il est inhibé par des substances anticholinergiques (qui bloquent l'acétyl-choline) du type atropine. Nous voyons là que l'éveil cortical diffus lié au système réticulaire activateur ascendant est augmenté sous l'action de psychostimulants (amphétamines, cocaïne) qui peuvent devenir hallucinogènes selon les substances et les doses (LSD, mescaline). Par contre les antispasmodiques (atropiniques) peuvent à haute dose produire des délires aigus avec possible confusion mentale.

Deux systèmes de conditionnement, s'inhibant mutuellement, mettent en jeu tout d'abord le premier système de vigilance de la formation réticulée mésencéphalique (éveil externe) ou bien encore le deuxième système de vigilance plus spécialement lié au fonctionnement du système limbique et de l'hypothalamus (éveil interne).

Le *système de conditionnement positif* permet de faciliter

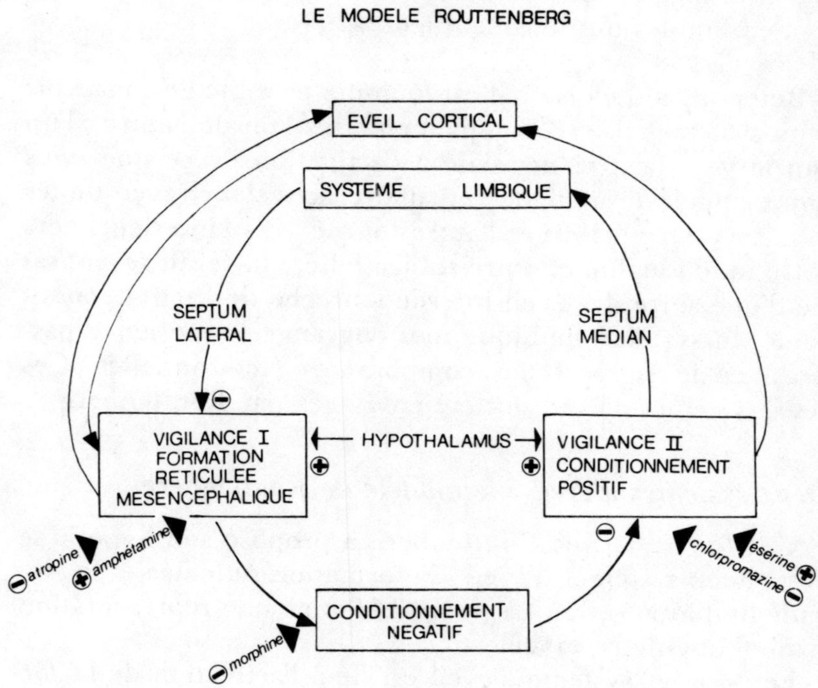

Figure 14 : Deux systèmes d'éveil alternent dans le modèle de Routtenberg (1968) qui implique deux systèmes de conditionnement s'inhibant mutuellement. Les deux systèmes de vigilance présentent schématiquement les interactions entre le système réticulaire activateur ascendant et le système limbique (Routtenberg, 1968 [III-30]).

l'apprentissage et le renouvellement de situations agréables et appétitives. Ce système a parfois été appelé « système de récompense ». A partir de la formation réticulée, les fibres nerveuses parcourent une route ventrale vers l'hypothalamus et le septum limbique, en suivant le trajet dit du « faisceau médian du télencéphale » (*medial forebrain bundle,* en anglais). Il est particulièrement activé par des substances cholinergiques telles que l'ésérine et l'arécholine (qui se trouve dans la noix de bétel mâchée dans tout le Sud-Est asiatique). En revanche, il est inhibé par les neuroleptiques du type chlorpromazine (qui bloquent encore la dopamine au niveau du striatum du système extrapyramidal). L'amphétamine retarde ou réduit l'action stimulante de l'ésérine au niveau du système de conditionnement positif. A ce niveau, des stimulations électriques entraînent des effets comportementaux agréables pour l'animal. Si ce dernier a la possibilité de s'autostimuler (en appuyant sur un levier, ou une pédale), il va renouveler le plus vite possible l'expérience jusqu'à se priver de nourriture. On a entendu parler de « centres de plaisir » hypothalamiques à ce propos. Il se pourrait fort bien, cependant, que le comportement compulsif et répétitif d'un rat qui s'autostimule sans arrêt (jusqu'à plus de 400 coups par minute) représente une suite d'actes stéréotypés moteurs de nature épileptique.

Chez l'homme, des stimulations électriques de certaines aires du cortex limbique (comme l'aire 24 de Brodmann par exemple) peuvent entraîner, en effet, des comportements répétitifs de suçage du pouce ou de grattage de la peau du ventre, qui dureront autant que la durée de la stimulation électrique. De telles stimulations ne sont effectuées que chez de grands malades épileptiques, lors d'explorations stéréotaxiques du cerveau par électrodes implantées chirurgicalement, permettant d'enregistrer les structures sous-corticales (stéréo-EEG) et aussi de les stimuler si nécessaire, dans le but d'une décision d'intervention neuro-chirurgicale pouvant amener une suppression des crises (travaux de Talairach et Bancaud au Centre hospitalier Sainte-Anne).

Une lésion du système de conditionnement positif entraîne chez le rat une étrange passivité avec souvent une catalepsie (liée à l'interruption de faisceaux dopaminergiques) [31]. En ce sens, « la privation d'une récompense n'est pas une punition », mais présente comme effet un ralentissement moteur et une indifférence comportementale, avec perte de l'agressivité et de l'exploration locomotrice. Le système de conditionnement positif est souvent considéré comme le prolongement des fibres médullaires du système sympathique.

Le *système de conditionnement négatif* a parfois été appelé « système de punition ». Ses fibres suivent une voie dorsale à partir de la formation réticulée. Elles se prolongent près du plancher du quatrième ventricule, puis de structures situées autour de l'épiphyse, avant de gagner le septum par l'arc supérieur du système limbique. Ce système de conditionnement négatif est bloqué expérimentalement par la morphine, qui ne rend plus aversif un stimulus douloureux. Des stimulations électriques de ce faisceau dorsal entraînent des réactions aversives chez l'animal. Celui-ci refuse alors de s'autostimuler. La stimulation électrique de ce système entraîne encore un éveil cortical intense, avec apparition ensuite d'une « activité EEG thêta limbique » qui indique un rebond du deuxième système de vigilance. Une lésion du système de conditionnement négatif provoque des effets particuliers qui sont difficiles à interpréter, car nous avons constaté que « la suppression d'une punition n'est pas une récompense ». Le système de conditionnement négatif est souvent considéré comme le prolongement des fibres issues du système parasympathique.

A partir de ces travaux, Laborit a développé un modèle qui s'applique très largement et tout spécialement aux situations de stress. Il vient de publier une seconde édition (Masson, 1985) de son premier ouvrage (de 1979) sur *L'Inhibition de l'action,* qui ne comporte pas moins de 1 000 références.

L'hypothalamus potentialiserait les deux systèmes d'éveil selon Routtenberg. Mais rappelons-nous cependant que tout modèle est une simplification mentale excessive qui ne correspond pas à la réalité physiologique, bien plus complexe et déconcertante.

Modèles d'alternance d'éveil, de sommeil lent et de sommeil paradoxal

Parmeggiani a proposé en 1982 [32] une séduisante hypothèse de régulation des fonctions physiologiques pendant le sommeil. Ce modèle a été repris et commenté par Laguzzi [33] à propos d'une étude sur l'activité végétative (pression artérielle, réflexes cardio-vasculaires, température) et le sommeil. Dernièrement Parmeggiani *et al.* [34] ont publié une importante revue générale sur la question et sur les problèmes méthodologiques que posent les recherches sur le sommeil.

Parmeggiani [32] envisage des prédominances fonctionnelles entre trois étages cérébraux, qui seraient liées à l'apparition et au maintien des états comportementaux (et de leurs corollaires électrophysiologiques) de l'éveil, du sommeil lent et du sommeil paradoxal. Les trois étages cérébraux que considère Parmeggiani sont : le *télencéphale**, le *diencéphale** et le *rhombencéphale**.

Cette dénomination fait appel au développement embryonnaire du système nerveux. Le cerveau adulte se constitue à partir du développement de trois vésicules (appelées prosencéphale, mésencéphale et rhombencéphale) qui apparaissent chez l'embryon de 40 jours. Ce stade initial de trois vésicules cérébrales passe bientôt au stade de cinq vésicules, avant que le cerveau ne se complexifie très vite après 50 jours de vie embryonnaire, à une vertigineuse vitesse de maturation nerveuse (250 000 neurones à la minute). La vésicule antérieure primitive se divise en télencéphale (qui deviendra ensuite le néo-cortex, les noyaux gris centraux et le rhinencéphale) et diencéphale (qui donnera naissance au thalamus, à l'hypo et l'épithalamus, aux rétines et voies visuelles). La vésicule moyenne reste le mésencéphale tandis que la vésicule postérieure, le rhombencéphale, se subdivise aussi en deux autres vésicules (le métencéphale qui deviendra le pont et le cervelet, le myélencéphale, qui deviendra le bulbe).

Les trois structures cérébrales qui sous-tendent l'hypothèse de Parmeggiani sont donc à prendre dans la perspective du développement cérébral, d'une fonctionnalité (presque d'un tropisme), plus que sous l'angle neurophysiologique au sens strict. Ces trois structures globales sont plus proches du concept large des trois cerveaux de Mac Lean que du modèle de Yakovlev, ou du schéma de Routtenberg, déjà plus spécifiques dans leurs connexions et circuits fonctionnels. Parmeggiani établit alors une sorte de relation d'ordre, de relation de dépendance, entre les trois structures qu'il considère et les trois principaux états de vigilance dont il cherche à comprendre la physiologie. Voici les relations de fonctionnement prioritaire qu'il propose :

1. Éveil : télencéphale premier rôle, diencéphale deuxième rôle, rhombencéphale troisième rôle.
2. Sommeil lent : diencéphale premier rôle, rhombencéphale deuxième rôle, télencéphale troisième rôle.
3. Sommeil paradoxal : rhombencéphale premier rôle, télencéphale deuxième rôle, diencéphale troisième rôle.

Le *tableau 4* montre ces relations de dominance fonctionnelle qui attribuent à la première priorité la valeur + 1 et à la dernière la valeur — 1.

État	*Télencéphale*	*Diencéphale*	*Rhombencéphale*
Éveil	+ 1	0	— 1
Sommeil lent	— 1	+ 1	0
Sommeil paradoxal	0	— 1	+ 1

Tableau 4 : Dominances fonctionnelles selon les états de vigilance. — Selon le modèle Parmeggiani [32] : première priorité (+ 1), deuxième (0), troisième et dernière (— 1).

Il ressort de ce modèle que l'*état d'éveil est la résultante essentiellement du fonctionnement télencéphalique et des mécanismes végétatifs autonomes diencéphaliques* (hypothalamus). Lorsque l'éveil cesse progressivement et qu'apparaît le *sommeil lent,* c'est alors que le *diencéphale devient prédominant dans son fonctionnement,* tandis que le télencéphale est « mis en sommeil ». Cela rappelle les travaux de Hess à propos du

« centre diencéphalique du sommeil » [35] observé à partir de stimulations électriques thalamiques et aussi des influences inhibitrices du système réticulaire descendant. Enfin, *le sommeil paradoxal est caractérisé* par une inactivation des mécanismes diencéphaliques au profit d'*une activation des structures profondes rhombencéphaliques* qui viennent « mettre en sommeil » le diencéphale, en même temps que les influences inhibitrices motrices de la formation réticulée bulbaire induisent l'atonie musculaire (à partir du locus peri-coeruleus alpha selon de récents travaux de l'école de Jouvet [II-58]).

Nous avons étendu le modèle de Parmeggiani aux autres états veille-sommeil chez l'homme et cela est représenté schématiquement dans le *tableau 5.*

État	*Télencéphale*	*Diencéphale*	*Rhombencéphale*
Éveil	+	0	—
Stade I	+	—	0
Stade II	0	+	—
Stade III-IV	—	+	0
S.P. phasique	—	0	+
S.P. tonique	0	—	+

Tableau 5 : Dominance fonctionnelle selon les six stades veille-sommeil chez l'homme (+ pour activation, 0 pour non-changement ou neutralité, — pour désactivation ou inhibition).

Un tel tableau peut paraître comme un jeu de logique purement gratuit, cependant nous pensons qu'il y a là une rationalisation du modèle de Parmeggiani qui pourrait donner lieu à une vérification ultérieure en laboratoire. En effet, ce nouveau modèle peut permettre d'inscrire chaque état sur le côté d'un hexagone et il apparaît alors des états de vigilance qui sont couplés deux à deux (par symétrie axiale entre deux côtés opposés de l'hexagone). L'état d'éveil est ainsi couplé au « sommeil paradoxal phasique » (caractérisé par des activités amples et rapides sur l'EEG appelées chez le chat « pointes PGO » : ponto-géniculo-occipitales), accompagnées de l'activité phasique des mouvements oculaires rapides (PMO) : état de sommeil paradoxal phasique qui s'observe en général au début et à la fin des épisodes de sommeil paradoxal. Le stade I d'endormissement est couplé au stade de sommeil à ondes lentes (III et IV). Le stage II (avec fuseaux de sommeil et complexes K) est couplé au sommeil paradoxal tonique (EEG de faible amplitude désynchronisé).

Il se pourrait que le modèle de Parmeggiani et l'extension qui vient d'en être présentée permettent de mieux comprendre fonctionnellement les déclenchements et les arrêts des stades d'éveil et de sommeil, à partir de « structures permissives » (selon Jouvet), qui entraînent alors la mise en jeu des « structures exécutives » de ces stades d'éveil et de sommeil, indépendamment des systèmes neuro-humoraux liés à la synthèse et au stockage des peptides du sommeil (non encore découverts). Ces modèles d'alternance temporelle entre de larges structures cérébrales pourraient sans doute impliquer diverses horloges biologiques qui enclenchent les différents mécanismes des états de veille-sommeil, comme nous le verrons par la suite.

Pour Parmeggiani [32], le sommeil paraît réglé par divers systèmes redondants qui ne peuvent pas être séparés arbitrairement, ni isolés les uns des autres. Le sommeil est lié aussi à des changements globaux importants de l'homéostasie, de la régulation des fonctions viscérales. En particulier l'éveil et le sommeil calme maintiennent la régulation thermique centrale (même lors de l'hibernation chez les mammifères inférieurs, qui restent alors dans un état apparent de sommeil lent sans qu'il apparaisse plus du tout de sommeil paradoxal). En revanche, le sommeil paradoxal s'accompagne d'une dissociation du système sympathique et parasympathique, avec irrégularité du rythme cardiaque et respiratoire, acidité gastrique (qui peut réactiver des ulcères), érections (du pénis chez l'homme et du clitoris chez la femme) et perte de la régulation thermique centrale...

Au terme de ce chapitre, il n'en demeure pas moins que le tronc cérébral chez l'homme recèle trois structures superposées qui régissent chacune plus spécifiquement l'éveil (mésencéphale), le sommeil calme à ondes lentes (pont) et le sommeil paradoxal (bulbe). Il serait cependant vain d'y voir de façon simpliste trois cerveaux étagés, responsables de l'alternance des trois principaux états de veille-sommeil, mais il se peut que la phylogenèse nous en apprenne plus à ce propos. Est-ce que cela ne pourrait pas signifier cependant que le cortex n'est pas si important que cela ? Certes non, car il n'y a plus d'ondes lentes delta sans cortex (et alors plus de cortex activé et désynchronisé lors du sommeil paradoxal). Nous poserons toutefois un autre problème : celui de la persistance de ces activités de veille et de sommeil chez des êtres humains nés sans cortex, au sujet desquels Ian Oswald écrit [36] :

> « Des monstres humains anencéphales ou hydrocéphales, s'ils sont bien soignés, peuvent survivre plusieurs années. En dépit de l'absence virtuelle ou complète d'écorce cérébrale, ces monstres mangent, crient, sourient, font des mouvements élémentaires des membres et réagissent à la faim et aux stimuli externes. Ils présentent d'évidentes alternances de veille et de sommeil. »

Cette dernière remarque pose le problème des états d'hypovigilance et en particulier des comas chez l'homme. Mais est-ce qu'en étudiant l'évolution des états de veille et de sommeil chez les êtres vivants, nous n'allons pas progresser vers plus de compréhension de ces questions ?

RÉSUMÉ DU CHAPITRE III

Le cerveau humain vu en coupe transversale peut s'analyser selon différentes strates ou grands systèmes : structures sous-corticales situées en dessous du néo-cortex. Nous considérons successivement : le système limbique, le système extra-pyramidal, le thalamus et l'hypothalamus, la formation réticulée du tronc cérébral.

Le *système limbique** est une grande structure en anneau, composée d'un arc supérieur et d'un arc inférieur. Papez, en 1937, a décrit un circuit des émotions dans le système limbique, impliquant aussi la mémorisation. Pour Mac Lean, le système limbique est celui des affects généraux et spécifiques, des *comportements élémentaires* (agressivité, protection, rejet, satisfaction, tendresse) qui s'expriment verbalement sous forme de désir, colère, peur, chagrin, joie et affection. Considéré comme cerveau viscéral, le système limbique est aussi le cerveau olfactif, car les bulbes olfactifs, qui reçoivent les informations nerveuses issues des cellules olfactives du nez, projettent leurs influx nerveux sur différentes aires limbiques. Le *sens de l'individualité* pourrait apparaître à partir de la convergence d'informations internes et externes, d'informations visuelles et viscérales. Selon Mac Lean, la *survie de l'individu* (autoconservation, autoproduction) et la *survie de l'espèce* (procréation, sociabilité) seraient fonctionnellement reliées aux activités du système limbique. Mais la grande hypothèse de Mac Lean est celle d'un triple cerveau emboîté : le néo-cortex (rationnel, verbal, perceptuel) recouvrant le système limbique (ou cerveau émotionnel du paléo-mammifère en nous) qui lui-même prolonge le tronc cérébral pris comme cerveau archaïque instinctivo-moteur (ou cerveau reptilien). Une variation de cette hypothèse a été proposée par Yakovlev qui distingue un « système effecteur » cortical, responsable des gestes volontaires complexes d'un système d'expression plus émotionnel et instinctif; enfin un système (dit de viscération) lié au contrôle des viscères, de l'espace intérieur du corps.

Le *système extra-pyramidal**, très étudié actuellement, est responsable des mouvements involontaires et du tonus musculaire. Pour Mac Lean, il fait partie du cerveau archaïque. Le *thalamus,* au centre du cerveau (ou diencéphale), est composé de centres (ou noyaux) sensoriels primaires et associatifs ainsi que d'un système thalamique diffus qui prolonge le tronc cérébral et pourrait être responsable de l'expérience consciente, dans ses relations privilégiées avec le néo-cortex. L'*hypothalamus* est un véritable cerveau endocrinien, lié aux instincts, aux pulsions et aux comportements élémentaires de l'organisme. Situé entre l'hypophyse et le thalamus, il est le lieu des régulations alimentaires (faim, soif), de la douleur et du plaisir, et de la rythmicité du jour et de la nuit (rythme circadien ou nycthéméral).

Le tronc cérébral recèle la formation réticulée, qui se développe entre les fibres sensitives qui montent vers le thalamus et le cortex sensitif, et les fibres motrices qui descendent vers les organes de commandes musculaires, à partir du cortex moteur. La formation réticulée se prolonge vers l'hypothalamus et le thalamus (système thalamique diffus) en constituant alors le *système réticulaire* *. Ce système est composé d'un réseau de multiples neurones reliés entre eux comme une trame à mailles étroites, fait de croisements multiples (réticules) de fibres qui convergent. La formation réticulée du tronc cérébral peut être considérée selon trois étages superposés : le mésencéphale juste en dessous du thalamus, le pont et le bulbe situé juste au-dessus de la moelle épinière. A partir de sections chirurgicales de chacun de ces étages, ont pu être mis en évidence des structures cérébrales et des réseaux de fibres qui, lorsqu'ils sont activés, sont liés *à l'apparition et au maintien de l'éveil (mésencéphale), du sommeil profond (pont) et du sommeil paradoxal (bulbe).* En 1948-1949, Moruzzi et Magoun ont décrit la « formation réticulée activatrice ascendante » (FRAA) (dans le mésencéphale) dont la stimulation électrique entraîne un comportement d'éveil actif avec vigilance, attention et intérêt à l'environnement, et dont la lésion entraîne l'inverse avec un comportement léthargique ou comateux. Le système réticulaire activateur ascendant, prolongement du précédent (FRAA), est lié à l'éveil global et diffus du néo-cortex, c'est un système d'alerte. Il est contrebalancé par un système réticulaire descendant inhibiteur qui fonctionne particulièrement au niveau du bulbe pendant le sommeil paradoxal pour produire l'abolition du tonus de la musculature axiale du corps pendant cet état de sommeil qui s'accompagne souvent chez l'homme d'un vécu de rêve.

Il existe cependant une douzaine de sites différents du système nerveux central, dont la stimulation ou la lésion est susceptible de produire l'éveil, le sommeil lent ou le sommeil paradoxal. De plus, les neurotransmetteurs, les neuro-hormones influent spécifiquement et modulent les différentes fibres des réseaux imbriqués du système réticulaire qui est actuellement réévalué par rapport aux données initiales. Le système réticulaire activateur pourrait être considéré comme entraînant un « éveil externe », et devenant un premier système de vigilance selon Routtenberg, en alternance de fonctionnement avec le système limbique, deuxième système de vigilance plus lié aux expériences passées et mémorisées, à une sorte « d'éveil interne ». Ces deux systèmes de vigilance mettraient encore en action un *système de conditionnement positif* (dit de récompense) et un *système de conditionnement négatif* (dit de punition).

Un dernier type de modèle a été proposé par Parmeggiani en 1982. Il envisage des prédominances fonctionnelles de trois étages cérébraux considérés sous l'angle du développement cérébral de l'embryon (le télencéphale, le diencéphale et le rhombencéphale). L'éveil serait lié à une prédominance du *télencéphale* * (néo-cortex, système extra-pyramidal et système limbique olfactif). Le sommeil profond à ondes lentes apparaîtrait lorsque le *diencéphale* * (thalamus et hypothalamus) est prédominant. Enfin le *rhombencéphale* * (pont et bulbe, cervelet) deviendrait préférentiel en rôle devant le télencéphale et le diencéphale, pendant le sommeil paradoxal. Ce modèle pourrait expliquer en partie le maintien de la température centrale pendant l'éveil et le sommeil calme, et la perte de la régulation thermique pendant le sommeil paradoxal.

Il apparaît dans ce chapitre l'importance considérable des structures sous-corticales dans les processus de veille et de sommeil.

Chapitre IV

SYSTÈMES ET RYTHMES VEILLE-SOMMEIL

« Le rêve contiendrait en lui la possibilité de " réinjecter " 100 minutes par nuit le patrimoine héréditaire qui fait de chacun d'entre nous un individu différent des autres.
Le rêve serait alors une anti-culture qui pourrait nous permettre de résister à notre environnement.
L'homme continuant de rêver garderait en lui sa véritable " nature ", plus importante alors que sa propre " culture ". »

Michel JOUVET

« Et si l'on n'avait pas besoin de dormir ? »

Roger VON OECH

Examinons maintenant les données actuelles sur les systèmes physiologiques de l'éveil, du sommeil et du sommeil paradoxal, en fonction de ce qui précède et avant que d'envisager la rythmicité temporelle des trois états de vigilance.

Réseaux, systèmes permissifs et systèmes exécutifs

Walter Hess [III-35], prix Nobel de médecine, observa en 1931 qu'une stimulation électrique du diencéphale induisait un état proche du sommeil. Il écrivit alors :

> « Notre propre tentative pour tirer au clair la question de l'essence et du mécanisme du sommeil part du point de vue que ce problème peut être résolu non pas en soi, mais seulement sur la base d'une analyse de toute la structure fonctionnelle de l'organisme. »

Cette conception est proche de celle de Jouvet qui termina son exposé, en Sorbonne, lors du vingtième anniversaire de l'INSERM en 1984, par ces mots :

> « ... Ainsi certains effets survenant au cours du rêve peuvent avoir leur cause première (moléculaire) dans des phénomènes qui sont survenus plusieurs heures ou jours avant. Enfin comme les structures

cibles peuvent se trouver aussi bien dans le cerveau que dans tout l'organisme, on comprend que l'approche holistique supramoléculaire des fonctions complexes utilise des démarches plus proches de celles de la médecine expérimentale que de la biologie moléculaire. »

Hess [III-35] avait encore décrit, dès 1944 et 1949, les effets opposés de stimulations électriques du diencéphale ainsi que de l'hypothalamus médian et postérieur. Des stimulations du thalamus médian produisaient un tracé apparent de sommeil et une posture de sommeil chez l'animal. Elles furent considérées comme entraînant un état « trophotrope », servant à réduire l'énergie de l'organisme, à délasser et protéger le corps du surmenage de la veille, et semblable à une action de type parasympathique. L'éveil obtenu au contraire par stimulation hypothalamique fut appelé par Hess l'état « ergotrope », inverse du précédent, prédominant dans la journée et permettant des comportements adaptés de fuite et d'attaque, semblable à une action de type sympathique. Hess avait anticipé les résultats de Moruzzi et Magoun qui prouvèrent l'existence du système dynamogène de l'éveil au niveau de la formation réticulée mésencéphalique (FRM) et du système hypnogène situé en dessous, au niveau de la formation réticulée pontique (FRP, noyaux antérieurs du raphé). Il fallut attendre Jouvet (1967) pour découvrir le système du sommeil paradoxal de la formation réticulée bulbo-pontine (FRB, noyaux cœruleus et cœruleus alpha, aires liées à l'apparition des pointes PGO).

Ainsi sont connus maintenant la plupart des mécanismes « exécutifs » de l'éveil, du sommeil lent et du sommeil paradoxal. Il n'en est pas de même des mécanismes « permissifs » qui restent à découvrir encore, car un grand nombre de facteurs bloquent par exemple l'apparition de sommeil paradoxal (dont le froid extérieur qui constitue un excellent moyen de privation de sommeil paradoxal). Certains sont connus et constituent la théorie mono-aminergique de Jouvet. Ainsi, le rôle de la sérotonine au niveau des neurones des noyaux du raphé dorsal est important dans l'apparition du sommeil lent qui peut être bloqué par l'administration d'une substance (PCPA) qui empêche la synthèse de sérotonine et produit une insomnie durable chez les animaux ainsi traités. De même le rôle des catécholamines (dopamine et surtout noradrénaline) est important au niveau du locus coeruleus, principal noyau impliqué dans le sommeil paradoxal. L'acétylcholine joue un rôle important encore puisqu'une substance cholinergique (carbachol), injectée au niveau du pont chez l'animal, produit un état de sommeil très semblable au sommeil paradoxal. Une autre substance semblable, l'arécholine, administrée chez l'homme en perfusion, diminue la latence d'apparition du sommeil paradoxal, cet effet étant retardé au contraire par injection de scopolamine, un antagoniste de l'acétylcholine. Or, des déficits en acétylcholine ont été observés (dans les noyaux dits de Meynert) dans des cas de démence dégénérative (dite maladie d'Alzheimer) et cela suscite un grand nombre de travaux. Est-ce que ces malades présenteraient initialement un trouble du sommeil paradoxal en plus d'une baisse de l'éveil ? Est-ce que dans une population de mâcheurs de noix de bétel (contenant de l'arécholine), en Inde par exemple, ce type de démence serait moins fréquent qu'en Occident ? Il faudrait cependant tenir compte, dans de telles études épidémiologiques, des autres « stimulants de société » : le tabac (nicotine) et le café, le thé, le maté, le chocolat (bases xanthiques psychostimulantes du cortex dont le type est la caféine), etc. Nous avons déjà évoqué les recherches actuelles des neuro-peptides du sommeil, ces neuro-hormones qui constituent sans doute la clé des substances naturelles endogènes qui nous permettront peut-être demain de dormir à volonté, rêver à volonté, ou rester éveillé à volonté ! Une vingtaine de ces substances, actuellement découvertes, peuvent agir en associations, immédiatement ou par effets retard.

Parler du temps, c'est parler à la fois d'histoire, de présent et de futur. Nous considérerons d'abord rapidement l'histoire de l'évolution du sommeil chez les êtres vivants, dans la phylogenèse avant que d'aborder l'évolution du sommeil chez l'homme, au cours de l'ontogenèse, en situant le problème face à l'hypothèse émise par Haeckel : l'ontogenèse récapitule la phylogenèse (Gould 1977, [1]).

L'évolution du sommeil dans la phylogenèse

De nombreux travaux se poursuivent depuis qu'en 1913 Piéron observa la grenouille rousse qui « dormait », puisqu'elle fermait les yeux et restait immobile pendant la nuit. Les données abondent puisque plus de 100 animaux ont fait l'objet d'études comportementales, physiologiques et éthologiques. Ces études ont été quantifiées selon 20 paramètres divers, dont les résultats ont fait l'objet d'analyses statistiques élaborées [2, 3, 4, 5, 6].

La liste des animaux étudiés est longue et ressemble à un poème de Prévert : 5 poissons, 5 amphibiens, 7 lézards, 4 serpents, 5 tortues, 2 crocodiles ; 7 oiseaux ; des mammifères primitifs : 1 monotrème (échidné), 4 marsupiaux (2 opossums carnivores, 1 phalanger-renard, 1 kangourou roux) ; des mammifères placentaires (euthériens) : 8 insectivores (hérissons, taupes, musaraignes), 2 chiroptères (chauves-souris), 2 édentés (tatou et paresseux), 1 lagomorphe (lapin), 14 rongeurs (castor, écureuils, loir, hamster, rat, souris, gerbille, cobaye, chinchilla), 12 carnivores (chien, loup, renard, raton-laveur, genette, chat, jaguar, ours brun, loutre, otarie, phoque, morse), 12 ongulés herbivores (2 éléphants, 2 girafes, 1 okapi, 1 cerf, 1 tapir, 1 cheval, 1 âne, 1 chèvre, 1 mouton, 1 vache), 1 porc omnivore ; enfin des primates (singes) et des cétacés (dauphins, marsouin, cachalot et baleine).

Il ressort de l'observation de ces animaux que leurs postures sont caractéristiques de leur sommeil et qu'ils développent des rites particuliers pour s'installer dans le sommeil [3]. Toutefois l'observation montre plusieurs types d'éveil et de sommeil. C'est ainsi qu'une tortue aquatique (la cistude) montre un éveil actif ou passif, mais aussi trois états de sommeil différents : repos diurne avec immobilité (SL1 ou sommeil lent 1 de type cataleptique), repos nocturne avec immobilité (SL2 de type catatonique), repos nocturne avec hypotonie musculaire (SL3), phases au cours desquelles la fréquence cardiaque ralentit. Les deux « états de quasi-sommeil » (SL1, SL2) diffèrent du troisième « état de sommeil » intermédiaire (SL3) qui se rapproche plus du sommeil paradoxal des oiseaux et des mammifères.

Ces trois états de repos s'observent aussi chez les amphibiens (la grenouille rousse) [7]. Les oiseaux présentent de 0,4 % (poussin) à 7 % (pigeon) de sommeil paradoxal et pendant des phases très courtes, avec 40 % de sommeil calme. Le repos diurne des oiseaux rapaces nocturnes serait encore du type cataleptique le matin et le soir. Pendant la phase cataleptique, l'animal peut être placé dans une position anormale qu'il conserve tant que dure cet état de repos particulier qui s'ajoute aux trois états d'éveil, de sommeil lent et de sommeil paradoxal. Le repos cataleptique existe non seulement chez la chouette (25 % contre 47 % d'éveil, 25 % de sommeil lent, 3 % de sommeil paradoxal) mais encore chez la poule et se rapproche d'études neurophysiologiques faites à propos d' « hypnose animale » (poule, lapin, cobaye).

A l'étude comportementale s'ajoute l'étude physiologique de la fréquence du rythme cardiaque, qui diminue dans le sommeil et devient irrégulière dans le sommeil paradoxal ; de la température centrale et surtout des activités électriques cérébrales (EEG et stéréo-EEG, activités unitaires) et des réactions aux stimuli (potentiels évoqués).

Au cours de l'évolution des êtres vivants, les créatures à sang froid (poïkilothermes) présentent une température variable selon l'environnement (poissons, tortues, serpents, lézards, crocodiles...). Ces reptiles actuels présentent comportementalement des stades de repos divers et d'éveil bref sans qu'il soit reconnu d'apparition de phases de sommeil paradoxal semblables à celles des oiseaux et des mammifères, sur la base non seulement d'observations mais aussi des critères électrophysiologiques et biologiques mesurés.

Toutefois, cette opinion est discutée et contredite par Meddis [5] et Walker et Berger [8]. Ces chercheurs considèrent que l'activité électrique cérébrale de ces reptiles est plus proche d'un sommeil paradoxal ancestral lié à la non-régulation thermique du milieu interne. Ils considèrent au cours de la phylogenèse que des grands sauriens préhistoriques de l'ère secondaire (ptérosaures) ont évolué, les oiseaux (et les dinosaures) auraient alors conquis progressivement, comme les mammifères, leur indépendance thermique par rapport au milieu, en devenant des animaux à sang chaud (homéothermes). Le sommeil paradoxal serait alors devenu vestigial chez les oiseaux et les mammifères évolués (marsupiaux et mammifères placentaires), tandis qu'il représenterait une « économie d'énergie » chez les reptiles à sang froid. Cet argument n'est pas sans intérêt car Allison *et al.* [9] ont montré en 1972 qu'un mammifère primitif à bec corné, l'échidné (fouisseur et insectivore) vivant en Australie, cousin de l'ornithorynque (monotrèmes), pondant des œufs, n'avait pas de sommeil paradoxal contrairement aux oiseaux et aux autres mammifères. Or la température de l'échidné d'Australie est normalement de 30 °C, sept degrés plus bas que chez l'homme et chez un mammifère type (qui est en « sommeil calme » lors de l'hibernation).

Or, le « sommeil agité* » occupe 58 % du temps de sommeil total à la naissance chez le nouveau-né humain. Agé de 6 semaines à 2 mois, le nouveau-né présente bientôt des tracés EEG caractéristiques du sommeil paradoxal. A 2 ans d'âge, le sommeil paradoxal n'est plus que de 29 % du temps de sommeil total, de 24 % à partir de 8 ans où il reste remarquablement constant jusqu'à 60 ans. Si le sommeil paradoxal a vite diminué, c'est au profit du sommeil calme* qui s'installe de nuit progressivement en même temps que l'homéothermie s'acquiert et que les périodes d'éveil vont apparaître de plus en plus pendant le jour.

Roffwarg (1966 [10]) a proposé que le sommeil paradoxal, à cause de l'activation importante des neurones pendant ce stade de « sommeil activé », favoriserait la maturation du système nerveux central par des stimuli d'origine interne. Cette hypothèse ontogénétique du rôle activateur du sommeil paradoxal chez le fœtus et chez le nouveau-né va dans le sens de l'hypothèse ultérieure de Jouvet de la (re)programmation génétique. Alors, le système nerveux central s'organise et réalise, met en place des circuits nerveux spécifiques des différents schémas moteurs, sous l'influence d'un génome codé dans le « langage » des activités électriques (activités phasiques des « pointes PGO : ponto-géniculo-occipitales ») du sommeil paradoxal. Comme le remarque alors Garma [11] à propos du « rêve néo-natal » :

> « L'activité onirique dépend peut-être, à cette période d'activations centrales, de stimulations internes et ne nécessite pas, comme lors du rêve de l'adulte, la mise en place d'une séparation d'avec le monde extérieur. Ce n'est que plus tard que s'établira la distinction progressive entre la réalité synonyme de l'état de veille, et le vécu du rêve néonatal. »

Ce n'est que plus tard aussi que l'enfant s'isolera du milieu extérieur en régulant sa propre température centrale en même temps qu'apparaîtront progressivement les stades du sommeil (I, II, III-IV) différenciés à partir du sommeil calme initial.

Cette évolution des stades d'éveil et de sommeil au cours de la phylogenèse permet encore d'observer l'apparition des fuseaux de sommeil (stade II) chez les insectivores (hérisson), mais pas chez les oiseaux, ni chez l'échidné primitif. La somnolence n'apparaît que plus tardivement encore, phase d'immobilité avec vigilance diffuse (stade I), chez les herbivores dont le sommeil paradoxal est faible (7 %) par rapport aux prédateurs carnivores (25-30 % de la durée totale de sommeil), au chimpanzé et à l'homme. C'est seulement, enfin, chez les primates que s'observent les figures EEG des complexes K du stade II de sommeil.

Il existe cependant de *grandes variations des stades de sommeil selon les espèces,* qui semblent liées à divers facteurs. La durée totale de sommeil varie de 2,6 heures (cerf) à 19,9 heures (petite chauve-souris brune). L'opossum (19,4 heures), le tatou et le paresseux (18,1 heures) sont de « grands dormeurs » à l'opposé de l'éléphant d'Afrique (3,3 heures), du cheval (2,9 heures) et de la vache (3,9 heures) qui consacrent tout leur temps à se nourrir. La vache ne dort que 4 heures par jour mais somnole (rumine) pendant 8 heures ; elle présente deux fois plus de sommeil paradoxal à l'étable (40 minutes) qu'au pâturage (20 minutes).

Un autre facteur important est le poids de l'animal. Plus un animal est petit, plus il consomme de l'énergie, sa fréquence cardiaque est élevée, son métabolisme intense et son poids cérébral ainsi que son poids corporel sont petits. Ils brûlent tellement d'énergie que leur vie est plus courte et leur cycle de sommeil est plus rapide. Ainsi, une musaraigne, qui vit 2 ans, a un cycle très court de 11 minutes et dort beaucoup cependant : 12,8 heures dont 10,8 heures de sommeil calme pour 2 heures de sommeil paradoxal. Le chat, qui vit 14 ans, a un cycle de 20 minutes, dort 12,4 heures dont 9 heures de sommeil calme et 3,4 heures de sommeil paradoxal. Le gorille est proche de l'homme avec un cycle de 96 minutes pour 8 heures de sommeil total (6,1 heures de sommeil calme et 1,9 heure de sommeil paradoxal). L'éléphant d'Asie présente un long cycle de 124 minutes (lié à son taux bas de métabolisme) et s'il dort peu (3,9 heures avec 2,1 heures en sommeil calme et 1,8 heure en sommeil paradoxal), c'est qu'il doit sans cesse se déplacer dans la brousse pour nourrir son corps exigeant avec de jeunes pousses et des feuilles basses en calories. Si les dauphins semblent dormir d'un seul hémisphère cérébral, présentent-ils des épisodes de sommeil paradoxal ?

L'évolution du sommeil chez l'homme

« Il bouge, il bouge », s'exclame la jeune mère, ravie de sentir en son ventre les mouvements de son enfant. C'est après le 5e mois et jusqu'au 8e mois de gestation qu'il a été possible d'enregistrer les mouvements du fœtus [12]. La méthode d'échographie abdominale utilisée alors est réputée non dangereuse et peut être répétée car elle est inoffensive pour le bébé comme pour la mère. Très tôt les mouvements du fœtus alternent entre des périodes de calme et d'agitation, même lorsque la mère est endormie et qu'elle rêve. Entre 27 et 31 semaines de gestation, le fœtus présente une double périodicité de mouvements : longue de l'ordre de 100 minutes et brève de l'ordre de 40 minutes (calculées par analyse spectrale sur ordinateur à partir des enregistrements recueillis [12]). Est-ce que le sommeil paradoxal de la mère induit celui de l'enfant qui n'est encore, sans doute, qu'un « sommeil agité » ? Est-ce que l'activation « onirique » de l'enfant *in utero* existe ? Est-ce que les stimulations internes qu'elle nécessiterait ne seraient pas celles provenant de sa mère éveillée ou rêvante plutôt que d'un environnement trop extérieur à lui, feutré et assourdi par l'énorme ballon et coussin protecteur au creux duquel l'enfant dort ou bouge périodiquement ? L'état fusionnel de l'enfant et de la mère, dont parlent les psychanalystes, n'apparaît-il pas spontanément *in utero*, comportement instinctivo-moteur du fœtus qui est entièrement pris en charge par sa mère, tant pour son alimentation, sa croissance, que pour sa régulation thermique (jusqu'à sa vessie qui fonctionne dès le 6e mois). Alors la question se pose, en effet, de l'existence d'états comportementaux chez le fœtus [13]. C'est déjà en 1955 qu'Aserinsky et Kleitman [I-15] avaient observé l'organisation cyclique du sommeil du nouveau-né. Les deux états décrits furent le sommeil calme ou régulier, sans mouvements oculaires rapides (sommeil lent*), et le sommeil agité ou irrégulier, avec mouvements oculaires (sommeil rapide).

Il a été constaté *in utero* que *les phases d'agitation apparaissaient correlées avec celles du sommeil paradoxal de la mère.* Laget écrit alors à ce propos [14] :

> « Ceci incite à penser qu'une " influence " maternelle, dont nous ignorons la nature, peut alors atteindre le fœtus, ce qui ne saurait, bien sûr, avoir lieu chez les prématurés. On observe aussi, chez le nouveau-né à terme, que l'organisation circadienne des phases de sommeil et de veille est très peu marquée et, qu'en particulier, les phases de veille ne sont que très incomplètement correlées avec la présence du jour. »

Le *nouveau-né à terme* présente quatre états de vigilance : sommeil calme, sommeil agité, veille calme où le bébé a les yeux ouverts, une activité corporelle réduite et des mouvements oculaires exploratoires de l'environnement, veille agitée où les yeux ouverts s'accompagnent de grands mouvements du corps, d'agitation et de cris [15, 16]. Il existe encore un état de « sommeil transitionnel » qui est fait de passages d'un des quatre stades à l'autre. La description polygraphique de ces états de vigilance chez le nouveau-né est bien connue, de même que l'évolution du sommeil chez l'enfant [17, 18, 19, 20]. La succession des phases de veille (8 % sur 24 heures), calme ou agitée, est réglée par le rythme des biberons, toutes les 4 heures en moyenne. Chaque cycle ayant une durée de 40 à 70 minutes, le sommeil agité est présent de 50 à 60 % (sur 24 heures) contre 15 à 40 % de sommeil calme (au tracé EEG souvent appelé « alternant »).

La plupart du temps, le nourrisson s'éveille lorsqu'il a faim, à intervalles de 2 à 6 heures. Il boit son lait et se rendort en sommeil agité, puis en sommeil lent. Les phases de sommeil agité sont variables (de 5 à 45 minutes, avec EEG « plat » ou « plat-lent ») accompagnées de mouvements des extrémités, de mimiques (sourire, grimace), de bouffées de mouvements oculaires rapides ou de lents mouvements des yeux et d'atonie des muscles du menton. Les phases de sommeil calme sont plus stables dans le temps (20 minutes en moyenne).

Heureusement pour les parents, le sommeil « polyphasique » du nouveau-né, qui s'éveille 7 fois en 24 heures, cesse bientôt. Il ne s'éveille plus alors que rarement la nuit. De 2 à 3 mois il vit des périodes croissantes de veille prolongées, même s'il dort encore 12 heures par jour. Sur la seule base de l'EEG, le tracé de sommeil agité est très peu différent du tracé de veille qui le précède en général. Il faut attendre cet âge avant que ne s'organise l'alternance des phases de sommeil lent et de sommeil paradoxal [20].

Le sommeil du nourrisson se différencie progressivement. *Entre 6 semaines et 3 mois* apparaissent les fuseaux de sommeil* (du stade II) sur les régions rolandiques centrales ainsi que des ondes plus lentes « en dents de scie » qui caractérisent le sommeil agité puis le sommeil paradoxal. Les « pointes vertex » (du stade I) s'observent à 4 ou 5 mois [21]. C'est à cet âge qu'apparaît un tracé rapide et de grande amplitude à l'endormissement (stade I), appelé « hypersynchronie d'endormissement », qui ne disparaît qu'à 3 ou 4 ans. La latence d'apparition du sommeil paradoxal s'allonge aussi avec l'âge. L'organisation des rythmes biologiques sur 24 heures est rarement stabilisée avant la première année (fréquence cardiaque, pression artérielle, fréquence respiratoire, température centrale, volume urinaire excrété, hormones). Cette régulation circadienne (ou nycthémérale) du rythme veille-sommeil pourrait s'effectuer grâce à un mécanisme interne, peut-être génétique, dont les conditions d'environnement et le maintien s'effectuent pendant la première année [22].

C'est lorsque l'enfant va à l'école maternelle que disparaissent les siestes diurnes, *vers l'âge de 4 ans.* Il dort alors 8 à 10 heures par nuit et, lorsqu'il ferme les yeux, l'éveil calme se caractérise sur les aires occipitales par une activité alpha semblable à celle de l'adulte. Les pourcentages sur 24 heures des différentes phases d'éveil et de sommeil restent stables jusqu'à 30 ans [23]. Il y a une baisse de la durée totale de sommeil qui est produite par le recul de l'heure du coucher, tandis que l'heure du lever reste fixe. Le cycle de sommeil de l'enfant de 5 à 10 ans est de 60 à 70 minutes, soit 10 minutes de plus que lors de la première année d'âge. Ce cycle s'élève à 90 minutes à l'âge adulte.

Nous venons de voir comment se construit le sommeil au cours de la croissance, par paliers et avec des caractères particuliers à un âge donné (telle l'hypersynchronie d'endormissement). Il n'en reste pas moins que l'on assiste très rapidement à une stabilisation du sommeil paradoxal qui diminue de moitié, à 2-3 ans, par rapport aux 50-60 % de départ [10], tandis que l'éveil diurne croît aux dépens de la durée totale de sommeil. En ce sens, *l'éveil est une conquête de l'âge adulte qui s'acquiert progressivement pendant l'enfance.* Cependant, l'éveil une fois acquis persiste malgré de graves troubles du sommeil [24]. Le sommeil paradoxal se stabilise dans la petite enfance, après avoir rempli son rôle de maturation rapide du système nerveux central, selon Roffwarg [10] et Jouvet qui, dans son *Essai sur le rêve* [25], écrit :

> « Le taux de sommeil paradoxal apparaît donc comme un indice fonctionnel relativement sûr d'un certain niveau de maturation cérébrale. C'est sans doute au moment où s'effectuent les processus de mise en place du manteau cortical que prédomine le sommeil paradoxal. L'augmentation considérable du sommeil paradoxal *in utero* ou à la naissance nous

oblige donc à admettre que c'est lorsque les facteurs génétiques l'emportent sur les événements épigénétiques que le sommeil paradoxal constitue la presque totalité de l'activité cérébrale... Le sommeil paradoxal représenterait au niveau de l'organisation motrice des comportements innés ce que les événements épigénétiques sont pour la maturation des systèmes sensoriels... »

Alors, Jouvet remarque encore [25] :

« En fait si le rêve constitue l'étape d'organisation des comportements innés, il y a peu de chance que des troubles caractéristiques soient décelés chez l'individu adulte. »

Et il conclut de façon optimiste son essai de 1973 :

« Ainsi la programmation génétique des comportements innés au cours du sommeil paradoxal représenterait l'inconscient des psychanalystes. Un jour peut-être neurophysiologistes et psychanalystes trouveront un langage commun pour interpréter les rêves. »

En vieillissant, le sommeil va aussi se modifier mais de façon moins spectaculaire que dans l'enfance. *De 60 à 70 ans,* le sommeil paradoxal diminue légèrement lors du troisième tiers de la nuit. Le sommeil de nuit est fragmenté d'éveils nocturnes tandis que l'éveil diurne est entrecoupé de périodes de somnolence ou de siestes qui vont croître avec l'âge. L'amplitude EEG des ondes lentes delta va diminuer et le stade IV de sommeil profond va diminuer naturellement, sinon disparaître chez le vieillard. Il faut donc qu'à 70 ans l'on ne s'attende pas à conserver son sommeil de 20 ans et que si le nombre d'éveils nocturnes peut être de 7 à 21 par nuit, soit près de 2 heures d'éveil [26], cela n'entraîne pas une automédication de produits hypnotiques qui ne fera qu'aggraver la situation. Par contre, gérer son sommeil et ses éveils nocturnes est sans doute une éducation progressive qu'il nous est demandé d'acquérir en vieillissant, sans pour cela se croire insomniaque, d'autant que l'on peut être un « petit dormeur », comme nous allons le voir, tout en vivant parfaitement normalement.

*L'horloge biologique de Jouvet et le cycle veille-sommeil**

Le jour et la nuit règlent-ils notre éveil et notre sommeil ? Le plancton monte et descend à la surface des mers chaudes selon l'alternance circadienne de la lumière du soleil, mais les variations de température de l'eau constituent peut-être un autre facteur important. Borbély [27] a cité l'observation de M. de Mairan, présentée en 1729 à Paris, devant l'Académie royale des sciences, montrant que « la sensitive [variété du mimosa] réagit au soleil et au jour : les feuilles et les tiges se rétractent et se ferment au coucher du soleil ». Mais cette plante sensible persiste étonnamment dans son comportement circadien lorsqu'elle est placée dans l'obscurité : « La sensitive sent donc le soleil sans le voir d'aucune manière. » Elle serait peut-être réglée selon une « horloge interne », dirions-nous actuellement, indépendante des luminaires synchronisateurs et jouant alors le rôle précédent de « l'horloge externe ». Les plantes dorment-elles ? Méfions-nous d'un anthropomorphisme à la Bernardin de Saint-Pierre qui fait vite dire que « le melon a des côtes, pour être mangé en famille » ! Cependant, la fleur de tournesol, portée en boutonnière par le dandy Oscar Wilde, suit le soleil dans sa course. Les feuilles de haricot se déploient au soleil et se replient lorsqu'il disparaît. Les insectes ainsi que les mollusques n'échappent pas au rythme (synchronisateur externe) du jour et de la nuit, qu'il s'agisse des mouches diurnes, des mites, des guêpes et des abeilles grégaires... Mais qu'en est-il réellement des horloges internes en ce qui nous concerne ? Voilà une difficile question.

La *figure 15* montre de façon simplifiée le schéma de l'horloge biologique selon Jouvet, où les luminaires du soleil et de la lune sont à remplacer par une pendule (manufacturée par l'homme) si nous sommes réglés par une horloge interne.

Mais où est le ressort ou le quartz de cette horloge

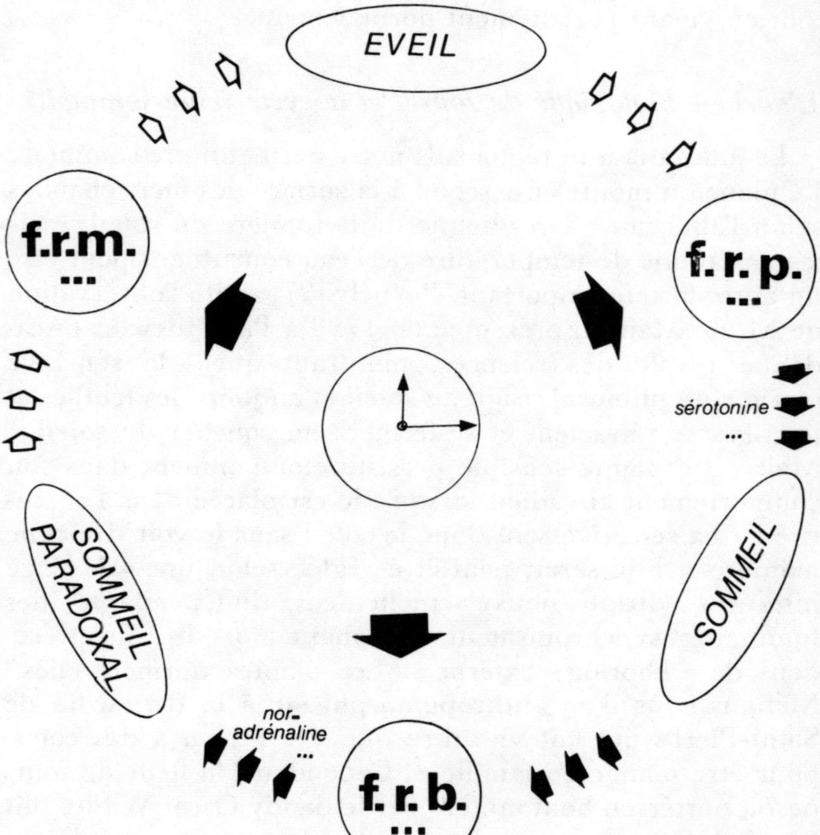

Figure 15 : L'horloge biologique selon Jouvet. Les trois étages des réseaux de la formation réticulée (f.r.) sont seulement indiqués schématiquement (mésencéphale : m. ; pont : p. ; bulbe : b.).

interne qui en commande la marche? Où sont donc les « horloges internes » ? Il y a plusieurs candidats possibles en termes de structures cérébrales. Il y a aussi *plusieurs modèles de rythmicité veille-sommeil* [27]. De même que les neurotransmetteurs et neuromodulateurs du sommeil donnent lieu à des ouvrages collectifs [28], la rythmicité temporelle est un sujet actuel d'édition pour des travaux de recherches récentes [29, 30] qui vont dans le sens des études de chronobiologie.

Chez le rat, il a été trouvé que l'ablation de la glande pinéale (épiphyse) supprime le rythme circadien du sommeil paradoxal alors que celui du sommeil lent persiste. Ce pourrait être lié, indirectement, à une modification du rôle de la mélatonine, hormone sécrétée par la glande pinéale et qui est supposée jouer un rôle dans le sommeil lent. Par contre, un petit noyau situé au croisement des nerfs optiques, le noyau suprachiasmatique hypothalamique, présente toutes les caractéristiques d'un oscillateur interne (12 heures/12 heures). Sa lésion chez le singe [31] entraîne une perte de la rythmicité circadienne de nombreux comportements biologiques (repos-activité, nourriture, prise de boisson), en même temps que de celle du sommeil lent et du sommeil paradoxal. Tout comme certaines cellules pinéales, des cellules de ce noyau sont actives à « la lumière » et d'autres à « l'obscurité », pris comme stimuli extérieurs. La stimulation électrique de ce même noyau donne les mêmes résultats que les effets de la lumière sur les rythmes biologiques. Enfin, l'isolement de ce noyau, lorsqu'il est séparé des afférences et efférences cérébrales, n'abolit pas l'activité unitaire rythmique de ses cellules, ce qui en fait bien un « générateur », une horloge interne (*pace maker* en anglais). Selon le modèle de Kronauer [32], ce noyau suprachiasmatique entraînerait le cycle veille-sommeil et en particulier le sommeil lent (avec la sécrétion de l'hormone dite de croissance ou hormone somatotrope), ainsi que les variations circadiennes de la température de la peau et aussi le taux d'excrétion urinaire du calcium. Un deuxième oscillateur prendrait en charge la rythmicité du sommeil paradoxal, de la température centrale du corps, du cortisol (hormone cortico-surrénale) plasmatique, du volume urinaire et du taux d'excrétion urinaire du potassium. Il se pourrait bien que ce deuxième oscillateur biologique soit situé à proximité du premier dans les régions ventro-médianes ou latérales de l'hypothalamus [33].

Parmi les nombreux autres modèles de rythmicité veille-sommeil [34], citons le modèle d'autorégulation du sommeil de Borbély [35], qui a donné lieu à d'importants développements récents, à des prédictions de temps de sommeil lent et paradoxal, ainsi qu'à des implications pathologiques dans les cas de dépression et de privation de sommeil [36]. Le modèle de Borbely résulte de l'action combinée de deux facteurs : d'abord un processus S accumulatif dépend de la durée de la veille du jour, et se décharge pendant le sommeil. Il correspond à la tendance au sommeil (ou à la profondeur du sommeil). La courbe (de S) monte de jour (tendance croissante au sommeil) et descend pendant la nuit (lorsque le sommeil profond décroît à mesure que la nuit s'écoule). Ce processus S correspondrait aux fluctuations possibles d'une substance hypnogène endogène qui serait fabriquée, pendant la veille, par l'organisme. Cette substance est semblable à celle qui fut postulée par Piéron en 1913 [37], qui émit le premier l'hypothèse d'une toxine du sommeil (l'hypnotoxine) qui, accumulée le jour pendant la veille, serait responsable du besoin de dormir. De nombreuses recherches ont été conduites depuis dans cette voie [27], aux États-Unis, au Japon, en Suisse, en Russie et jusqu'aux récents travaux de Jouvet. Le processus S est un mécanisme en lui-même incapable de maintenir une oscillation de période stable, mais dont les propriétés expliquent par exemple pourquoi des sujets qui ont veillé toute la nuit ne peuvent dormir que peu de temps au cours de la matinée qui suit. Par contre, le deuxième principe du modèle de Borbély est un processus C qui correspond à un rythme circadien qui, lui, serait indépendant de la durée du sommeil ou de la veille qui précède (à l'inverse du processus S). Cet oscillateur C culminerait vers 4 heures du matin, au moment où il est particulièrement difficile de rester éveillé, et serait à son minimum vers 16 heures de l'après-midi. Le processus C pourrait ainsi refléter l'activité de l'horloge interne du noyau suprachiasmatique hypothalamique qui influence aussi bien la vigilance (l'éveil) que le sommeil paradoxal et la température corporelle. En fait, le modèle de Borbély est tel que « la tendance effective au sommeil résulte de la somme des deux processus S et C » et permet d'expliquer [27] qu'il puisse y avoir à la fois une influence des stimuli externes (par S) et de l'horloge interne (par C). Quittons ces recherches basées sur des modèles mathématiques pour revenir à des données plus concrètes, telles que le « rythme ultradien » du cycle de sommeil.

*Le cycle de sommeil**

Le *rythme ultradien du cycle de sommeil* n'est autre que l'intervalle mesuré entre le début d'un épisode de sommeil paradoxal et le début du suivant, au cours de la nuit, chez l'adulte. Ce cycle est d'une durée moyenne de 90 à 100 minutes. Au début du premier cycle, il suit le schéma de la *figure 16*.

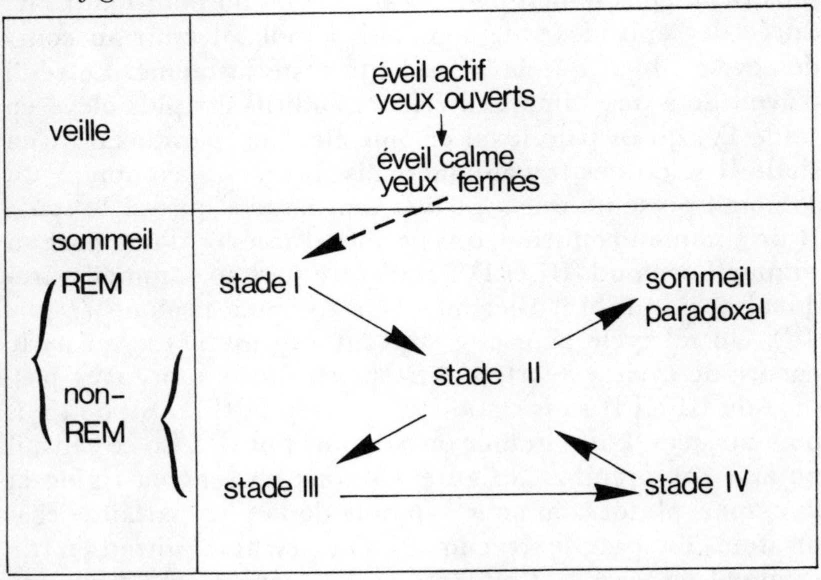

Figure 16 : États de veille et de sommeil. L'organisation temporelle du cycle de sommeil est représentée par des flèches pleines.

Ce schéma est inspiré des travaux de Johnson [38, 39] qui a toujours été préoccupé par la ressemblance (EEG) entre l'état cortical d'éveil actif et celui du sommeil paradoxal (*REM state*, en anglais) ainsi que du stade I. Selon Johnson, il est possible de réunir ensemble le stade I d'entrée dans le sommeil (IA de somnolence, IB de sommeil léger, si l'on mélange la classification de Loomis [I-10], et celle de Rechstchaffen [I-20]), qui s'accompagne souvent d'images dites hypnagogiques, et le stade de sommeil paradoxal qui apparaît en fin de cycle de sommeil. Le sommeil REM (étendu à la somme du stade I et du SP) et le sommeil non-REM (II + III + IV) constituent alors le *cycle de sommeil* qui se répète en moyenne quatre à cinq fois au cours d'une nuit de 7 à 8 heures de sommeil total. *Nous rêvons* donc *4 à 5 fois par nuit et 15 à 20 minutes en moyenne à la fin de chaque cycle de sommeil.* Le premier tiers de la nuit est consacré à l'installation du sommeil en stades I et II surtout, le deuxième tiers est le plus riche en stades III et IV, plus récupérateurs pour le corps, le troisième tiers de la nuit est plus riche en sommeil paradoxal, surtout au petit matin. La durée des épisodes* de sommeil paradoxal croît au cours des cycles, bien que la périodicité reste la même. Le seuil d'éveil lié à des stimuli extérieurs auditifs est plus élevé en stade IV, qu'en paradoxal et plus élevé en paradoxal qu'en stade II selon des travaux japonais. Le cycle « complet » du sommeil présente une « plaque tournante » qui est le stade II de sommeil confirmé, qui permet d'accéder d'une part au sommeil profond (III et IV) et d'autre part au sommeil paradoxal après un bref allégement du sommeil profond *(figure 16).* Un tel cycle peut être souvent « incomplet » (on parle encore de cycle « avorté ») surtout en fin de nuit, avec passage de III en II sans stade IV, ou bien de II en SP ou en I, puis du stade I avec retour en SP, puis I et II... En ce sens, il ne faut pas prendre la figure 16 pour un schéma rigide et fixe, mais plutôt comme le symbole de la plus parfaite organisation temporelle (cyclique) d'un rythme ultradien de sommeil de 90 à 100 minutes, qui se répète plus ou moins imparfaitement au cours d'une nuit.

La « latence* de sommeil » est l'apparition du stade II (avec fuseaux de sommeil et brèves figures de « complexes K » qui apparaissent souvent après des stimulations externes) après l'extinction des lumières et la fermeture des yeux d'un sujet qui est enregistré en polygraphie* de sommeil au laboratoire d'EEG [40]. Elle est en moyenne de 12 minutes (variant entre 2 et 186 minutes) et augmente lorsque les sujets sont enregistrés pour la première fois (118 minutes en moyenne de latence pour « l'effet première nuit »). Le *tableau 6* donne les pourcentages et les valeurs moyennes des temps de chaque stade de veille et de sommeil au cours d'une nuit normale, calculés à partir d'enregistrements de 44 sujets normaux, volontaires sains (28 hommes et 16 femmes) entre 20 et 29 ans d'âge [23].

État	*Pourcentage (%)*	*Quantité (minutes)*
Veille	1	4
I	5,5	24
II	49	213
III	7	30
IV	14.5	63
SP	23	100

Tableau 6 : Valeurs moyennes du cycle de sommeil, chez 44 sujets, de 20 à 29 ans (28 hommes, 16 femmes), d'après Webb et Agnew, 1970 [23], pourcentages calculés en moyenne sur la durée totale de sommeil (434 minutes).

Il émerge de ce tableau que nous passons habituellement la moitié de la nuit en stade II, soit près de 4 heures de sommeil, plus 1 heure et demie en sommeil profond à ondes lentes* (III + IV), et un peu plus en sommeil paradoxal (100 minutes).

Admettons que nous rêvions pendant ces 100 minutes quotidiennes de sommeil paradoxal (ce qui est vrai dans 80 % des cas de réveils provoqués), cela signifie que nous rêvons 25 jours par an, et qu'à 50 ans nous avons rêvé pendant près de 3 ans et demi. A l'âge de 100 ans, nous aurons rêvé près de 7 années entières de notre existence. Étant donné qu'il existe des rêves pendant les autres états de sommeil, mais en plus faible proportion (74 % selon Borbély pour l'état non-REM, [27]), nous sommes bien en dessous du compte.

Il existe des moyens dormeurs qui forment la majeure partie de la population et dorment entre 7 et 9 heures par jour. Aux deux extrémités de la courbe de répartition du temps de sommeil total, calculée sur 1 000 personnes interrogées aux USA, une seule dormirait naturellement moins de 4 heures et 4 autres entre 4 et 5 heures par nuit. A l'opposé de ces « petits dormeurs », il y aurait 16 personnes sur 1 000 qui seraient des « grands dormeurs » et exigeraient plus de 10 heures de sommeil par nuit [27]. Toutefois, d'après cette longue enquête de Kripke citée par Borbély, ceux qui dorment « leur juste mesure », entre 7 et 8 heures par nuit, présenteraient un taux de mortalité plus faible que les petits dormeurs, et plus faible encore que les grands dormeurs [27].

Il n'y a pas que la durée totale de sommeil qui varie chez les individus, mais aussi leur courbe de température centrale qui semble liée aux heures de coucher et de lever. Il y a des « sujets du matin » qui sont des couche-tôt et qui ont tendance, en vacances, à se coucher encore plus tôt et se lever plus tôt aussi. L'endormissement apparaît lorsque la courbe de température centrale descend. Celui-ci s'effectue plus tard chez les « gens du soir » qui sont des couche-tard et accentueront encore cette tendance en restant éveillés plus longtemps et en se levant plus tard en vacances [40].

Un dernier point important concerne les *privations de sommeil* et les décalages d'horaires. Le record américain d'un marathon d'éveil contrôlé scientifiquement est détenu par un jeune Américain de 17 ans qui resta éveillé 11 jours durant et, totalement épuisé, n'eut ensuite besoin que de 2-3 nuits de récupération, dont la première ne dura que 14 heures [41]. Retenons de cela qu'il suffit de 2 à 3 nuits de privation totale de sommeil pour que le besoin impérieux de sommeil se fasse sentir [40]. Des épisodes de « microsommeils » viennent alors faire irruption dans l'éveil forcé, maintenu artificiellement par des stimulations extérieures. Après 48 heures de privation, les sujets paraissent éveillés, mais en fait ils dorment lors des épisodes de microsommeil, où ils perdent toute attention, ils peuvent alors signer n'importe quoi et ne plus s'en souvenir ! Ces « sommeils éclairs » peuvent être sources d'accidents chez les conducteurs harassés en manque de sommeil. De la 96e à la 100e heure de privation, le visage des sujets devient hagard, ils présentent alors des troubles perceptuels. Soumis à d'insistantes questions, ils peuvent alors avouer n'importe quoi ! Des hallucinations spontanées peuvent leur faire voir des blattes ou des fourmis courir sur leur corps. Apparaissent encore des illusions (fausses perceptions d'objets existants) qui se distinguent mal de la réalité environnante et peuvent se présenter en éveil apparent ou pendant l'endormissement qui devient de plus en plus impérieux. Si la privation totale de sommeil chez un individu normal peut entraîner de graves troubles mentaux, cela est mis sur le compte d'une accumulation de substances hypnogènes qui serait responsable des troubles observés. Les chercheurs lyonnais ont suivi pendant plusieurs mois, en 1970, un malade qui ne dormait plus du tout [24], par suite d'une affection très rare (dite « chorée fibrillaire de Morvan »). Ce malade présentait sans doute une dysfonction du système hypnogène (des noyaux du raphé de la formation réticulée pontine) mais qui ne fut pas vérifiée à l'autopsie. Or, ce malade hallucinait régulièrement le soir, pendant une heure (en se prenant pour « un grand chasseur »), sans troubles de l'attention ni de la mémoire. Son insomnie totale, observée sur 4 mois d'évolution de la maladie (le terme d' « agrypnie » fut alors employé), était bien moins dramatique que celle d'individus normaux privés de sommeil pendant quelques jours. Ce malade conserva ses capacités intellectuelles et sa mémoire ne fut pas perturbée. Cela va en faveur des substances hypnogènes hypophysaires, véhiculées de jour par la voie hypothalamique, vers le système hypnogène des noyaux du raphé qui serait alors activé. S'il n'y a plus de système du raphé, l'accumulation toxique des substances induisant le sommeil aurait alors bien moins d'effets.

Il n'en est pas de même de la privation sélective du sommeil paradoxal qui semble avoir beaucoup moins d'effets que la précédente. Borbély a réalisé récemment une telle expérience et constaté, après trois nuits de privation de SP (à chaque fois que le SP apparaissait, le sujet était réveillé), que tout de suite après le réveil le sujet retombait en SP comme si la « pression du sommeil paradoxal » s'était intensifiée [27]. Mais « le rebond de paradoxal » la nuit suivante, après de telles privations de SP, n'apparaît pas dans tous les cas et semble lié à la personnalité du sujet. Il faut retenir que *la privation de sommeil paradoxal (chez l'adulte) ne provoque pas de trouble psychique,* et mettre cela en rapport avec l'hypothèse de Jouvet [25] et celle de Roffwarg [10]. La privation de sommeil paradoxal serait sans doute catastrophique lors de la première année lorsque se met en place « l'organisation motrice des comportements innés », mais cette « période critique » étant passée, la privation de SP empêcherait seulement la reprogrammation de notre individualité génétiquement affirmée dès l'enfance, une sorte « d'écrêtage social » en quelque sorte. C'est ce qu'a exprimé Jouvet, au Collège de France, le 30 janvier 1980, en disant :

> « Le rêve contiendrait en lui la possibilité de " réinjecter ", 100 minutes par nuit, le patrimoine héréditaire qui fait de chacun d'entre nous un individu différent des autres. »

Qu'en est-il enfin des *changements d'horaires* ? La désynchronisation de l'horloge biologique n'est pas la même, lorsque l'on vit encore au temps de Paris et que l'organisme, brusquement transporté en jet à Los Angeles, va être décalé de 9 à 10 heures, à cause des fuseaux horaires télescopés. Une hormone comme la corticostérone plasmatique peut vite s'adapter, mais pas la sérotonine dont la chute (et l'opposition de phase avec la corticostérone) peut entraîner un état dépressif. Le personnel navigant [42] qui effectue trop souvent de tels changements de fuseaux horaires a parfois l'impression d'être au bord des larmes ou de l'excitation sans cause et la labilité émotionnelle peut aller de pair avec des troubles de l'attention. La désynchronisation Est-Ouest peut inverser l'humeur et entraîner un état dépressif grave.

Cela s'est produit lors de voyages « Paris-Los Angeles et Los Angeles-Paris », effectués aller et retour en 72 heures. C'est pourquoi Jouvet voit là un argument en faveur du Concorde qui permet de passer la journée à New York en partant le matin et de revenir coucher le soir dans son lit, en évitant de trop inverser ses propres rythmes biologiques. Odile Benoit écrit encore à ce propos [34] :

> « La prise en considération des impératifs de la biologie circadienne dans l'aménagement des horaires de travail des équipages aériens est indispensable tant pour des raisons de sécurité lors des voyages, que pour minimiser l'incidence à long terme des désynchronisations répétées sur la santé du personnel. »

Le travail de nuit et le *travail en horaires alternants* est aussi très important à étudier dans ses conséquences sur la santé. Odile Benoit [34] recommande de limiter la privation de sommeil pour les postes de nuit et du matin et de ne pas donner à l'organisme le temps de s'ajuster à un horaire différent en accélérant la rotation des horaires de travail (sur 2 à 4 jours). D'autres études sont nécessaires. Le travail nocturne s'accompagne d'un sommeil du matin moins récupérateur et « réparateur » que le sommeil nocturne. Si le travailleur est soumis à des horaires alternants ou à un travail de nuit, on voit apparaître un trouble de l'éveil qui ne peut plus être convenablement maintenu dans la journée. Alors, pour sa santé et plus même pour sa « qualité de vie », il est nécessaire de revenir à d'autres horaires de travail. En effet, « l'histoire de l'homme est celle de la conquête de l'éveil », dit toujours Jouvet, et nous adhérons parfaitement à cette formule lapidaire. Toute menace contre cet éveil chèrement acquis doit entraîner une prompte riposte et une vive parade. Mais dans l'autre sens, puisque le sommeil paradoxal fait les délices de notre première enfance, existe-t-il un rêveur rêvé, dont rêveraient les hommes de laboratoire ?

A la recherche du rêveur rêvé : une expérience de laboratoire

Nous avons enregistré, le 4 décembre 1984, une nuit de sommeil au laboratoire d'EEG quantitative du Centre hospitalier Sainte-Anne, dans des conditions particulières. Notre sujet était une femme de 55 ans, sujet volontaire sain, habituée aux enregistrements EEG dans le laboratoire, qui s'est prêtée volontairement à cette expérience et a été choisie pour deux raisons. Tout d'abord elle présentait une activité alpha de grande amplitude, les yeux fermés en état de repos mental et de relaxation, ce qui permettait de penser qu'elle présenterait de grandes variations d'activité électrique cérébrale pendant son sommeil, ce qui fut vérifié par la suite. Ensuite, elle s'intéressait à ses rêves depuis des années et était capable de s'en rappeler aisément.

Elle arriva le soir à 11 heures au laboratoire et des pastilles d'argent furent placées sur son cuir chevelu, après avoir été remplies de pâte conductrice afin d'assurer un bon contact d'électrodes. Les cupules (de 10 millimètres de diamètre) furent recouvertes d'une petite compresse qui fut collée au collodion sur le scalp. 17 électrodes furent ainsi placées sur la tête et reliées par des fils à la boîte têtière d'entrée du polygraphe d'enregistrement EEG. D'autres électrodes furent placées sur le visage : 3 aux coins externe et interne des yeux (EOG), 2 sur les fossettes du menton (EMG), 1 électrode de terre sur le front, et 1 électrode insérée sur le bord de la narine droite pour enregistrer la respiration. Des électrodes furent encore placées sur le corps pour recueillir le rythme cardiaque (EKG), la respiration abdominale. Enfin les mouvements du matelas furent enregistrés (actogramme) par un capteur placé sous le sommier métallique. Ces signaux électrophysiologiques furent recueillis sur une autre boîte têtière dans la cabine d'enregistrement EEG et analysés en permanence sur un deuxième polygraphe à 8 plumes. Le premier polygraphe (à 16 plumes) fut réservé aux tracés EEG et aux sorties de signaux EEG permettant d'effectuer des analyses en parallèle sur système micro-informatique (Cartovar, Alvar) et sur mini-ordinateurs (Hewlett-Packard, système 1000).

Le sujet fut enregistré une heure plus tard en continu, de minuit à 8 h 15 du matin, grâce à une équipe de trois personnes qui veillèrent au bon fonctionnement des deux polygraphes et des ordinateurs. Il fallut vite recoller une électrode et cela retarda l'endormissement qui demanda 90 minutes à apparaître.

Il fut décidé à l'avance que le sujet serait réveillé au cours de la nuit et qu'il lui serait demandé s'il rêvait et à quoi il rêvait. Trois réveils furent ainsi réalisés en entrant doucement dans la cabine d'enregistrement (isolée phoniquement du laboratoire), en appelant le sujet par son prénom et en lui posant les questions prévues : rêvez-vous, à quoi rêvez-vous ?

Le premier réveil fut effectué à la fin du premier cycle de sommeil de 75 minutes, après 7 minutes de stade I de sommeil léger. Le sujet décrivit un rêve de « trame » et de « chalet de montagne », plutôt abstrait et schématique dans son rappel. Le premier cycle de sommeil fut incomplet, dans la mesure où il ne présentait pas de sommeil paradoxal, peut-être à cause du réveil qui en avait supprimé l'émergence.

Le deuxième cycle de sommeil fut plus long, durant 112 minutes et particulièrement riche en stades III-IV de sommeil profond. Le sujet fut réveillé après 11 minutes de sommeil paradoxal et, questionné, il décrivit un rêve visuel, où « il allait prendre le train à la gare de Lyon, avec une valise dans la main droite ».

Après ce deuxième cycle de sommeil, le troisième cycle de 80 minutes fut aussi un cycle complet. A la fin de ce cycle, le sujet fut réveillé pour la troisième fois après 8 minutes de sommeil paradoxal. Le troisième rêve raconté fut un rêve « actif », où le sujet « téléphonait à la mère d'une de ses amies », en tenant le téléphone de la main droite et en se rappelant le dialogue échangé. Le sujet se rendormit ensuite et passa rapidement en stade I, puis poursuivit la précédente période de sommeil paradoxal en achevant son troisième cycle de sommeil, avant d'aborder les deux derniers cycles incomplets de sa nuit de sommeil (qui furent de 70 minutes en moyenne). Un quatrième réveil eut lieu, intempestif, lorsque la femme de ménage du matin tira la chasse d'eau des toilettes situées au-dessus du laboratoire...

Lorsque l'enregistrement fut terminé, les tracés EEG ainsi que les tracés polygraphiques enregistrés conjointement furent analysés séparément par deux électroencéphalographistes qui établirent l'évolution des différents stades de sommeil au cours de la nuit. Leurs résultats furent rassemblés et présentèrent un bon accord, permettant d'établir la courbe de « l'hypnogramme* de la nuit de sommeil », avec indication par des flèches des réveils successifs. C'est cette courbe qui est représentée sur la *figure 17* (selon la méthode préconisée par le Dr Lairy au Centre hospitalier Sainte-Anne).

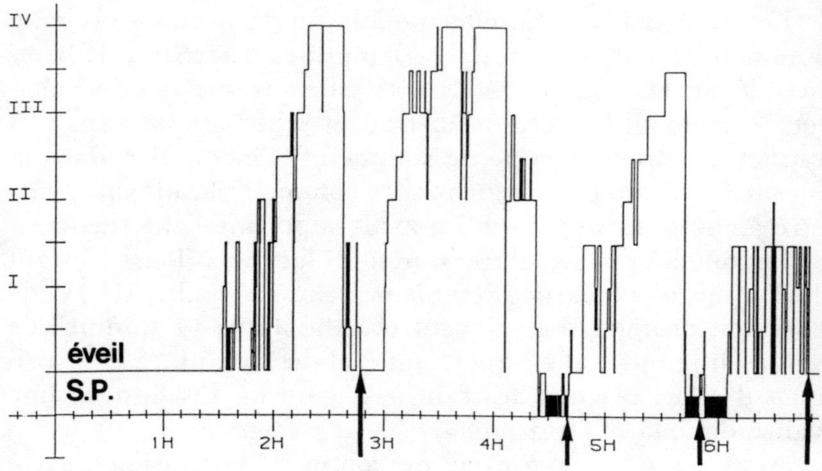

Figure 17 : Hypnogramme d'une nuit de sommeil avec trois réveils provoqués (de minuit à 8 h 15).
Un sujet normal volontaire sain a été réveillé à la fin de chaque cycle de sommeil (flèches). Des récits de rêves ont été rapportés après les trois premiers réveils, le quatrième réveil étant entraîné par un bruit extérieur. Le cinquième cycle de sommeil n'est pas représenté ici.

Le dépouillement page par page des tracés 20 secondes par 20 secondes permit ensuite d'obtenir un résumé des différents stades de sommeil. A partir de l'endormissement initial, l'éveil au cours de la nuit fut de 88 minutes au total (22 %), le stade I de 67 minutes (17 %), le stade II de 81 minutes (21 %), le stade III de 54 minutes (23 %), le stade IV de 59 minutes (15 %) et le stade de sommeil paradoxal de 47 minutes (12 % du temps total de sommeil de 396 minutes, soit 6 heures 36) (*figure 17*).

Ces résultats furent comparés aux normes des premières nuits d'enregistrements de sujets réveillés dans des conditions semblables et avec de mêmes questions, établies dans le Service d'exploration fonctionnelle du système nerveux de l'hôpital de la Salpêtrière (Pr H.-P. Cathala [43]). Les pourcentages de stade I et de sommeil paradoxal furent proches des nôtres. Par contre les sujets enregistrés présentaient 53 % de stade II contre 13 % seulement de stades III et IV, tandis que notre sujet ne présentait que 21 % de stade II de sommeil confirmé contre 28 % de stades III et IV de sommeil profond à ondes lentes. De toute façon, le sommeil non-REM (selon Johnson, II + III + IV) était de 66 % chez les sujets enregistrés à l'hôpital de la Salpêtrière et de 49 % chez notre sujet. Les différences étaient donc l'observation d'un sommeil plus profond (III-IV) chez notre sujet (plus que pour le groupe contrôle) et moins de stade II. Comme notre sujet était habitué aux enregistrements EEG et était par ailleurs professeur de hatha-yoga, très apte à se relaxer aisément, avec un rythme cardiaque et une respiration lents, cela semble expliquer cette différence de qualité de sommeil.

Mais le plus intéressant reste à venir, car nous avons procédé au calcul instantané et à l'analyse spectrale sur ordinateur de 500 périodes EEG (de 6 secondes de tracé en moyenne), qui nous ont permis d'obtenir par la suite et d'éditer 2 000 cartes EEG (après un an de travail de bénédictin). Ce sont ces résultats nouveaux et qui vont faire l'objet d'une publication scientifique détaillée (dans *Neuropsychobiology*) que nous allons présenter ensuite. Nous nous sommes attaché particulièrement à rechercher s'il existait des relations entre les cartes EEG des états de stade I et de sommeil paradoxal, cartes obtenues avant les réveils suivis de récits de rêves. Notre intérêt fut alors de tenter de corréler l'imagerie subjective du vécu des trois rêves racontés avec l'imagerie objective du fonctionnement cérébral, apportée par la cartographie EEG.

RÉSUMÉ DU CHAPITRE IV

En 1931 Hess considère déjà que le problème du sommeil ne peut pas être résolu « en soi », mais « seulement sur la base d'une analyse de toute la structure fonctionnelle de l'organisme ». Cela n'est pas éloigné de l'approche globale holistique préconisée par Jouvet en 1984. Jouvet distingue les « mécanismes permissifs », qui permettent le déclenchement et l'arrêt de la veille et des divers stades de sommeil, des « mécanismes exécutifs » qui en assurent le maintien. Si les mécanismes exécutifs sont assez bien connus, il n'en est pas de même des mécanismes permissifs, qui impliquent des régulations neuro-biochimiques (selon, entre autres, la théorie mono-aminergique de Jouvet). Les neurotransmetteurs de l'éveil seraient essentiellement la dopamine et la noradrénaline, avec aussi l'histamine et l'acétylcholine. Les neurotransmetteurs du sommeil impliqueraient surtout la sérotonine, tandis que l'acétylcholine aurait un rôle très important dans le sommeil paradoxal. Les « stimulants de société » activent le système d'éveil (café, thé, tabac, noix de bétel, etc.) et peuvent être causes d'insomnie. La détection, l'isolement, l'analyse et l'obtention de substances naturelles, fabriquées par l'organisme, qui peuvent être des neuro-hormones ou neuropeptides du sommeil (dont Jouvet pense avoir trouvé une source dans la partie intermédiaire de l'hypophyse), font l'objet de recherches de pointe.

Les états de veille et de sommeil ont été étudiés sur plus de 100 animaux. Les reptiles et animaux à sang froid ne présenteraient pas de sommeil paradoxal, sauf pour Meddis, Walker et Berger. Ces derniers considèrent que le sommeil paradoxal existe et diffère de la veille chez les reptiles, devenant vestigial chez les mammifères à sang chaud et diminuant (en pourcentages de temps de sommeil) à l'âge adulte lorsque ceux-ci maîtrisent leur température corporelle. Le sommeil paradoxal représenterait une économie d'énergie chez les animaux à sang froid. Il n'existe pas chez l'échidné, mammifère australien très primitif, dont la température centrale est très basse par rapport à celle des autres mammifères qui restent en sommeil calme (à ondes lentes) lorsqu'ils hibernent et ne présentent plus alors aucun sommeil paradoxal. La chaleur extérieure augmenterait l'éveil et peut-être le sommeil paradoxal tandis que le froid intense bloquerait le sommeil paradoxal et les rêves, entre des limites de régulation physiologique. Les oiseaux ne présentent que de brèves époques de sommeil paradoxal et un pourcentage faible du temps de sommeil total, proche de celui des mammifères herbivores (7 %) qui passent beaucoup de temps à chercher leur nourriture, lorsqu'ils ne fuient pas devant les prédateurs carnivores qui ont deux fois plus de sommeil paradoxal. Il existe de grandes variations de veille et de sommeil selon les espèces. Ces différences dépendent non seulement de facteurs liés à l'environnement (nourriture, prédation) mais encore du métabolisme central (cycle de sommeil d'autant plus court que le poids est faible et le métabolisme élevé) et des caractéristiques propres à l'espèce.

L'évolution du sommeil chez l'homme au cours de l'ontogenèse résume la phylogenèse. Les mouvements du fœtus s'enregistrent aisément (par échographie abdominale) dès le 5e mois de la grossesse. Il apparaît deux états qui alternent : le sommeil agité et le sommeil calme. Dès le 7e mois, il est possible de détecter une double périodicité des mouvements : brève (40 minutes) et plus longue (100 minutes). Le « sommeil agité » de l'enfant paraît synchrone des périodes de sommeil paradoxal de la mère. Est-ce que les rêves de la mère induisent ceux de l'enfant et quels sont-ils ? Existerait-il alors une « activation onirique » *in utero* ? Le nouveau-né à terme présente quatre états de vigilance : veille calme et veille agitée, sommeil calme et sommeil agité, dont les phases sont réglées par les biberons. Chaque cycle présente une durée de 40 à 70 minutes. Le sommeil agité deviendra le sommeil paradoxal après 6 à 8 semaines pour s'individualiser complètement au cours de la première année. Il est présent de 50 à 60 % à la naissance (sur 24 heures), contre 15 à 40 % de sommeil calme. A 2 ans d'âge, le sommeil paradoxal n'est plus que de 29 % du temps de sommeil total et de 24 % à partir de 8 ans, pourcentage qui reste remarquablement stable jusqu'à 60 ans. Roffwarg a proposé que le sommeil paradoxal stimulerait et favoriserait la maturation du système nerveux central par des stimuli d'origine interne. Cette « hypothèse ontogénétique » du rôle activateur du sommeil paradoxal chez le fœtus et chez le nouveau-né va dans le sens de l'hypothèse de Jouvet qui propose que « le rêve constitue l'étape d'organisation des comportements innés » qui seraient alors « programmés génétiquement ». Entre 2 et 3 ans d'âge, le sommeil paradoxal diminue de moitié de sa valeur initiale à la naissance, tandis que l'éveil diurne croît aux dépens de la durée totale de sommeil. *L'éveil est ainsi une conquête de l'âge adulte qui s'acquiert progressivement pendant l'enfance,* et peut se maintenir ensuite malgré les troubles graves du sommeil qui peuvent parfois (rarement) apparaître. Au « sommeil calme » du fœtus succède le sommeil à ondes lentes, tandis que se différencient progressivement les stades du sommeil (I, II, III, IV).

L'activité alpha d'éveil calme, yeux fermés, n'apparaît que lorsque l'enfant est âgé de 4 ans et va à l'école maternelle tandis que disparaissent les siestes diurnes. Elle restera stable jusqu'à un âge avancé.

De 60 à 70 ans, le sommeil paradoxal diminue légèrement lors du troisième tiers de la nuit. Le sommeil de nuit est alors fragmenté d'éveils nocturnes.

Qu'en est-il de la rythmicité du jour et de la nuit ? Il semble que nous ayons en nous une *horloge biologique,* en plus des synchroniseurs externes du jour et de la nuit. L'ablation de la glande pinéale (chez le rat) supprime le rythme de 24 heures du sommeil paradoxal. Par contre, un petit noyau de cellules de l'hypothalamus, situé au croisement des nerfs optiques issus des deux rétines (le noyau « supra-chiasmatique hypothalamique »), remplirait un rôle d'oscillateur interne, d'horloge interne pour de nombreux rythmes circadiens : repos-activité, nourriture, prise de boisson, cycle veille-sommeil et en particulier celui du sommeil à ondes lentes (avec la production d'hormones de croissance), etc. Il est encore possible qu'un autre oscillateur, à proximité du premier (régions ventro-médianes ou latérales de l'hypothalamus), prenne en charge la rythmicité du sommeil paradoxal, de la température centrale du corps, du cortisol (hormone cortico-surrénale), etc. Ces études suscitent des recherches en chronobiologie et aussi la création de modèles mathématiques de régulation des rythmes veille-sommeil (rythme « circadien » ou nycthéméral de 24 heures) et des rythmes « ultradiens » de sommeil (90 à 100 minutes). Kronauer a proposé un modèle de deux oscillateurs. Borbély a proposé un modèle d'autorégulation du sommeil qui comporterait l'action combinée de deux facteurs, liés à la fois aux stimuli externes et à une horloge biologique interne. Un premier facteur serait un processus qui s'accumulerait durant la durée de veille de jour (entraînant le besoin de sommeil) et se déchargerait pendant le sommeil de nuit. Il pourrait correspondre aux fluctuations possibles d'une substance hypnogène qui serait fabriquée pendant la journée par l'organisme. Le deuxième facteur du modèle de Borbély correspondrait à un rythme circadien (qui pourrait être lié à l'activité du noyau supra-chiasmatique hypothalamique).

Le rythme ultradien du cycle de sommeil est celui dont nous avons initialement parlé (chapitre I) : stades I puis II, III, IV, retour en stade II avant que se déclenche une phase de sommeil paradoxal. Ce cycle dure 90-100 minutes. Il se répète régulièrement au cours d'une nuit, selon des cycles plus ou moins complets. *Nous rêvons environ 100 minutes par nuit au cours des 4 à 5 cycles de sommeil,* soit 25 jours par an, c'est-à-dire que nous avons rêvé près de 3 ans et 6 mois, à l'âge de 50 ans. La plupart des individus dorment entre 7 et 9 heures par jour, mais il existe des « petits » et des « grands dormeurs », tout comme il existe des « sujets du matin » qui sont des « couche-tôt » et des « sujets du soir » qui sont des « couche-tard ». Il suffit de 2 à 3 nuits de privation totale de sommeil pour qu'un besoin impérieux de dormir se fasse sentir, avec l'apparition de micro-sommeils, de sommeils éclairs, d'illusions et d'hallucinations qui augmentent avec la durée de la privation. Par contre la privation sélective du seul sommeil paradoxal ne semble pas entraîner de graves troubles psychiques chez l'adulte. Les vols transcontinentaux qui entraînent d'importants décalages de fuseaux horaires peuvent provoquer une « désynchronisation Est-Ouest » des rythmes biologiques, inverser l'humeur et conduire à des états dépressifs (lors d'un aller et retour rapide Los Angeles-Paris, en 72 heures). Dans le cas d'horaires alternants, il faut limiter, selon Odile Benoit, la privation de sommeil pour les postes de nuit et ne pas donner le temps à l'organisme de s'ajuster à un horaire différent, en accélérant la rotation des horaires de travail.

Enfin, nous avons enregistré en 1984, au laboratoire d'EEG quantitative du Centre hospitalier Sainte-Anne, une nuit de sommeil chez une femme de 55 ans, sujet normal, habituée aux conditions du laboratoire et se souvenant très bien de ses rêves. Elle fut réveillée trois fois en fin des trois premiers cycles de sommeil et raconta alors trois rêves différents après un stade I (1er cycle) et deux phases de sommeil paradoxal (cycles 2 et 3). L'hypnogramme des variations au cours de la nuit fut calculé, mais surtout, 500 cartes EEG furent obtenues au cours des enregistrements dont les résultats font l'objet de la fin du prochain chapitre.

Chapitre V

CARTOGRAPHIE D'UNE NUIT DE SOMMEIL ET DE RÊVE

« La carte n'est pas le territoire. »

A. KORZYBSKI

« Une métaphore est une carte géographique de l'esprit.
L'analogie est la clé de la pensée métaphorique. En fait, notre pensée évolue ainsi ; nous comprenons ce qui nous est étranger par analogie avec ce qui nous est familier.
Quand vous recherchez des idées, un excès de pensée logique peut court-circuiter votre processus créatif. La raison est que la phase embryonnaire est gouvernée par une logique différente que l'on peut qualifier de métaphorique, fantastique, diffuse, elliptique et ambiguë.
L'intelligence est notre aptitude à reconnaître des " modèles " qui ensuite gouvernent notre esprit. »

Roger VON OECH

De l'analyse de l'EEG à la cartographie EEG

C'est D. O. Walter qui, en 1963, a introduit l'*analyse spectrale de Fourier** de l'électroencéphalogramme à partir de programmes d'ordinateurs spécialement mis au point [1]. Cette méthode décompose l'EEG en ses diverses fréquences composantes (*figure 18,* axe horizontal de fréquences), chacune possédant une puissance électrique (*figure 18,* axe vertical en décibels) qui est proportionnelle au carré de l'amplitude EEG.

L'analyse de l'EEG a donné lieu à la publication de plus de 800 articles et de nombreux ouvrages [2, 3, 4, 5, 6] et en particulier à de nombreuses applications en pharmacologie clinique et pharmaco-électroencéphalographie [7]. L'analyse spectrale d'un tracé EEG permet d'obtenir des valeurs numériques, des paramètres tels que la puissance électrique ou l'amplitude moyenne (en valeurs absolues en microvolts ou en valeurs relatives en pourcentages), la fréquence moyenne, etc. Ces paramètres décrivent ainsi numériquement, quantitativement, l'EEG analysé sur la période temporelle choisie (depuis 2 secondes, 6 secondes, jusqu'à 2 minutes 30 ou 5 minutes d'EEG selon le cas), et aussi après décomposition dans des bandes de fréquence caractéristiques (delta, thêta, alpha, bêta 1, bêta 2). Cette quantification d'une période donnée d'enregistrement EEG permet d'effectuer ensuite des analyses statistiques afin de comparer entre elles plusieurs périodes enregistrées successivement

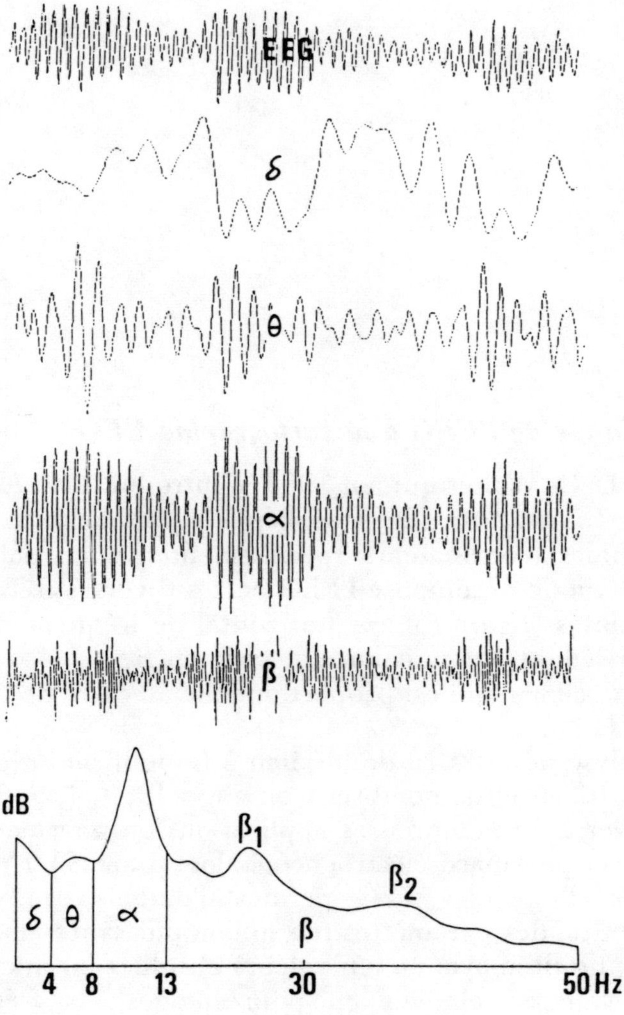

Figure 18 : Analyse spectrale d'un fragment d'EEG d'éveil calme. L'EEG enregistré chez un sujet relaxé, les yeux fermés, donne lieu au calcul du spectre de puissance (en bas de la figure). L'intensité spectrale est définie verticalement en déciBels (dB) en fonction des fréquences (en Hertz : Hz) de l'axe horizontal. L'EEG est décomposable en activités électriques dans des bandes de fréquences qui correspondent à des portions du spectre de puissance (delta, thêta, alpha, bêta).

chez un même sujet (yeux fermés, yeux ouverts, calcul mental, tâche visuo-spatiale, tâches motrices) ou chez un groupe de sujets ou de malades.

Si l'analyse spectrale est effectuée simultanément sur 16 dérivations EEG ou plus, enregistrées en même temps sur le scalp, à partir des valeurs d'analyses spectrales de ces 16 tracés EEG, il est alors possible d'obtenir, par calcul informatisé, des images d'activités électriques cérébrales : des cartes EEG [II-31, 8, 9, 10, 11]. C'est ainsi que la figure 19 présente la position des 16 électrodes d'enregistrement EEG (de A à P), sur le scalp vu du dessus, pour le sujet que nous avons présenté dans le dernier chapitre et qui fut enregistré en contrôle, avant la nuit de sommeil, 5 minutes yeux ouverts, en état d'éveil actif [11] et 5 minutes yeux fermés, en état d'éveil calme.

Pour chaque enregistrement effectué, les valeurs expérimentales des puissances électriques et des amplitudes moyennes (racines carrées des puissances) pour chaque dérivation* d'EEG furent calculées par analyse spectrale [6, 9]. Ces valeurs sont indiquées sur la *figure 19* pour l'exemple de l'enregistrement effectué les yeux fermés. Elles présentent des valeurs différentes pour chaque position d'électrode sauf sur les électrodes centrales (C et G). Le minimum d'amplitude apparaît en temporal gauche (69 microvolts pour l'électrode placée en J) et le maximum d'amplitude en occipital gauche (169 microvolts pour l'électrode placée en A) qui correspond au tracé EEG de la *figure 18* présentant l'activité alpha la plus importante. Précisons que la « référence* » utilisée était la moyenne d'un « montage référentiel » de 16 électrodes enregistrées simultanément (référence dite moyenne commune), cela afin d'obtenir une meilleure définition et précision des cartes EEG [12]. Remarquons alors qu'il existe une différence de 100 microvolts d'amplitude EEG entre le maximum occipital gauche (en A) et en temporal gauche (en J). Si nous décidons de subdiviser cet écart en dix échelons de 10 microvolts chacun, un programme d'ordinateur spécialement élaboré peut permettre à partir de ces 16 valeurs expérimentales (*figure 19*) de tracer des « lignes iso-amplitude » qui délimitent les 10 zones ainsi définies entre le maximum et le minimum d'amplitude

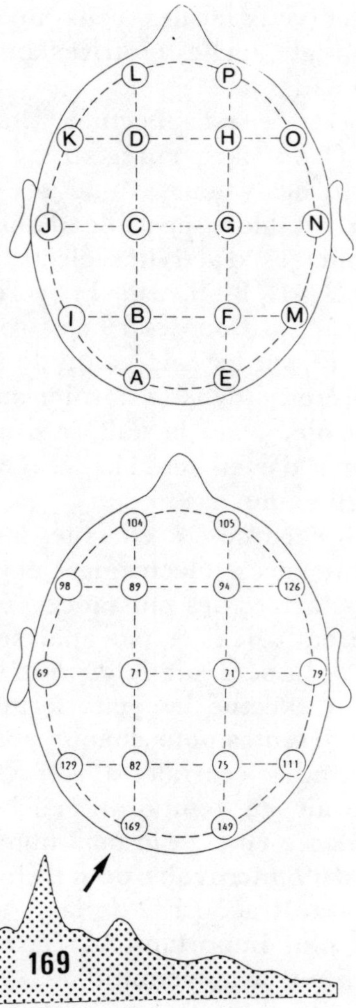

Figure 19 : Valeurs numériques d'amplitudes de l'EEG d'un enregistrement de veille calme, yeux fermés. Le positionnement des électrodes est repéré par des lettres sur le schéma du haut. Après analyse spectrale, les amplitudes moyennes d'un enregistrement de cinq minutes varient entre 169 μV en occipital gauche (A) et 69 μV en temporal gauche (J), le minimum correspond à une aire auditive activée (en J) et le maximum à une aire visuelle (en A) désactivée (rythme alpha occipital les yeux fermés).

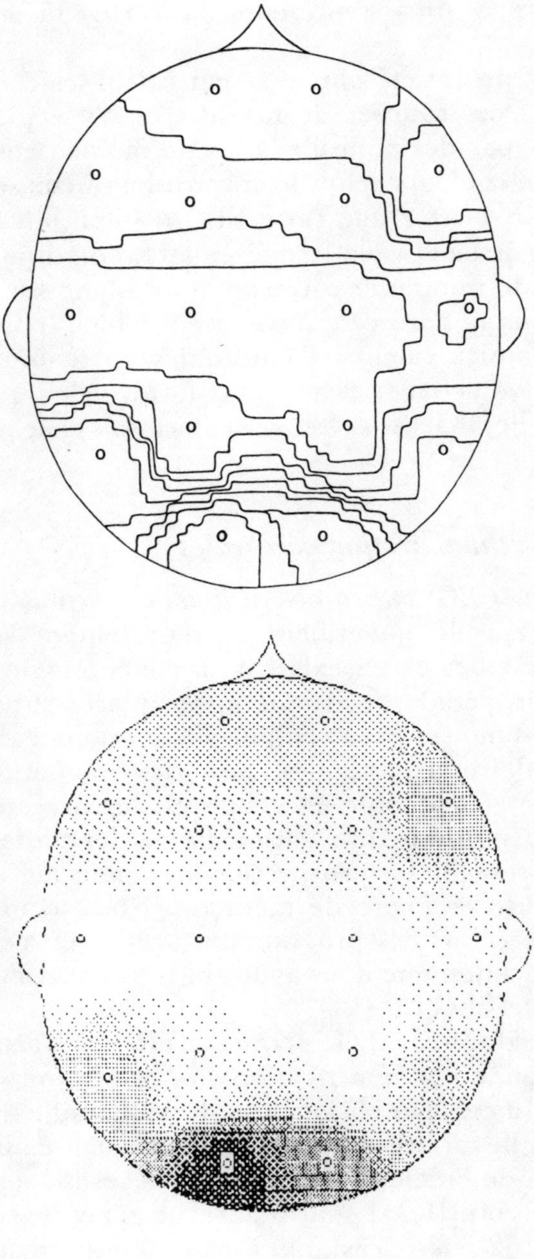

Figure 20 : Courbes de niveaux iso-amplitudes (en haut) et carte EEG d'éveil calme (en bas) obtenues à partir des seize mesures d'amplitudes de la figure précédente.

EEG. C'est ce que représente la carte du haut de la *figure 20.*

Une fois qu'ont été obtenues par calcul (calcul d'interpolation [11]) ces courbes de niveaux, il n'y a plus qu'à les « remplir » par des pointillés plus ou moins denses (ou des gammes de couleurs selon le spectre lumineux, du bleu au rouge) pour obtenir une carte EEG d'amplitudes de l'enregistrement du sujet yeux fermés en attention diffuse. Remarquons que le minimum correspond au blanc sur la carte et le maximum au noir, ce qui correspond bien (pour le blanc) aux plus faibles valeurs d'amplitudes en temporal gauche (aire auditive activée) et aux plus fortes valeurs occipitales (aire visuelle inactivée les yeux fermés) gauche (pour le noir).

Activation et inactivation cérébrales

Les cartes EEG sont caractéristiques des activités électriques spontanées qu'elle quantifient et représentent sous forme imagée. De telles cartes existent en météorologie et en géophysique où l'étude de sismographes placés sur le terrain, tous les 200 mètres par exemple, sur les nœuds d'un réseau perpendiculaire (comme les rues de Manhattan à New York), permet d'obtenir les réponses des diverses couches du sol à l'explosion d'une cartouche de dynamite placée au centre du réseau. La prospection des puits de pétrole au Sahara utilise ce genre de méthode. Nous avons du reste transposé certains des programmes utilisés en géophysique dans l'application que nous avons introduite en France de la cartographie EEG [8, 12].

La cartographie EEG permet d'étudier l'activation et l'inactivation (ou la désactivation, la « relaxation ») des aires corticales du cerveau en fonction de leur traduction électrique EEG à la surface du scalp. Cela est bien établi à partir des travaux de Freeman [13], Nunez [14] et Livanov [15], en particulier (voir [II-31] pour une revue générale sur la question, avec 152 références), qui font suite à la revue de 1972 de Petsche et Shaw [16].

L'activation d'une aire cérébrale se caractérise par une diminution d'amplitude et une augmentation de fréquence de l'EEG de l'aire correspondante. Inversement, l'inactivation d'une aire cérébrale se caractérise par l'augmentation d'amplitude et la diminution de fréquence de l'EEG de l'aire correspondante. Cette observation empirique et expérimentale tout d'abord s'explique maintenant par des « modèles d'EEG » [14] qui tiennent compte des propriétés intégratives des neurones. Ce sont les courants électriques spontanés enregistrés dans l'écorce cérébrale, aux multiples points de contact entre les corps cellulaires des neurones (synapses), qui sont à l'origine de l'EEG. Le cerveau humain est composé de 50 milliards de neurones. La richesse des interconnexions de ces neurones est telle qu'un chiffre de 500 000 milliards de synapses identifiables peut être avancé [II-27]. Or,

> « le cortex cérébral apparaît, au premier stade de son développement, comme composé de colonnes verticales élémentaires, toutes semblables, contenant un nombre défini de neurones (110 cellules nerveuses). Ces neurones migrent et se distribuent en micro-colonnes répétitives de 30 microns de diamètre[17]. »

Toujours selon Paillard [II-27] :

> « Ces microcolonnes se groupent en faisceaux composant des colonnes de 300 microns de diamètre en moyenne, que l'on identifie maintenant dans toutes les aires corticales sensorielles, motrices ou associatives [18] [...] C'est de la combinatoire de ces modules et de leurs interconnexions que résulterait le fonctionnement intégré du néo-cortex. On estime désormais que, pour un cerveau humain de 1 000 cm^3, composant un manteau superficiel de 2 500 microns d'épaisseur et couvrant une surface de 4 000 cm^2, le chiffre de 600 millions de microcolonnes peut être avancé... »
>
> « Ces nouvelles conceptions révolutionnaires de l'organisation cérébrale réactualisent, de façon spectaculaire, une vue néo-localisationniste qui stimule

actuellement les recherches contemporaines en direction à la fois du décryptage de la logique câblée de ces éléments modulaires et de l'identification des opérations fonctionnelles réalisées par ces modules. Elles ouvrent l'espoir d'un accès aux fonctions restées mystérieuses des secteurs associatifs du cortex cérébral et d'une identification des supports nerveux des opérations mentales [19]. »

D'après ces travaux et les hypothèses nombreuses de modularité de l'organisation du néo-cortex [II-21, II-22, II-23, II-27, 17, 18, 19], ainsi que des différents modèles d'EEG qui ont été proposés [20, 21, 22], il semble tout à fait plausible qu'il existe un « comportement global électrophysiologique » d'assemblées modulaires de neurones constituants, qui puisse être objectivé par des activations et désactivations en cartographie EEG. Ainsi, les contributions simultanées de milliers de potentiels électriques qui ne s'additionnent pas seulement, mais s'organisent en activités globales caractéristiques du fonctionnement d'une aire particulière, peuvent être enregistrées à la surface du cerveau, sous forme d'EEG diffusé et recueilli sur le scalp. Nous avons proposé récemment un modèle de modulation radioélectrique d'électroencéphalogramme [6, 23] qui sépare l'éveil calme (modulé en amplitude) de l'éveil actif (modulé en fréquence). Nous avons appliqué ce modèle aux tracés de sommeil paradoxal enregistrés chez le rat [24] et tout dernièrement à des tracés d'activité alpha enregistrés chez l'homme. Tous ces travaux vont dans le sens d'un « langage EEG » des aires cérébrales qui était déjà recherché par Max Dondey à Paris dans les années 1960, à la suite des travaux du Pr Fessard au Collège de France [25].

Du point de vue psycho-physiologique et non plus théorique, les travaux de pionniers comme Grey Walter [I-6], D.O. Walter [1], Jasper [I-9] et Mountcastle [26] ont montré que l'activation cérébrale d'une aire donnée présente des critères électrophysiologiques tout à fait remarquables et caractéristiques (EEG, potentiels évoqués). Les processus d'attention ont été spécialement étudiés depuis Weber et Jung, qui en 1940 définissaient à la fois l'attention focalisée et l'attention diffuse, comparées à deux faisceaux d'une même torche électrique focalisés selon un cône étroit ou un cône large. Jung écrivit en 1941 [27] :

> « La conscience est considérée comme une fonction sélective et restrictive pour limiter l'expérience psychique actuelle parmi les nombreux phénomènes psychiques potentiels qui restent inconscients. L'attention est une aide coordinatrice de la perception consciente et doit être comparée à une source lumineuse ponctuelle qui illumine les détails du champ inconscient et obscur du monde interne et externe. » (Weber et Jung, 1940.)

Ces principes et ces travaux s'illustrent bien à partir des récentes cartographies EEG [28, 29]. Nous avons pu, par exemple, observer chez un groupe de 20 sujets jeunes (10 hommes, 10 femmes) l'activation cérébrale produite par une tâche d'attention visuelle (regarder une reproduction de la *Vénus* de Botticelli [10, 11]), ainsi que par une tâche de calcul mental [II-31] qui augmente la fréquence du rythme alpha sur l'aire temporo-pariétale gauche particulièrement active pendant le calcul mental, en diminuant les amplitudes de l'EEG sur les deux hémisphères (activation diffuse globale).

Mais voyons maintenant comment cette méthode s'applique à l'enregistrement que nous avons effectué d'une nuit de sommeil avec cartographie EEG. Et d'abord les deux situations de veille avant endormissement.

Tracés et cartes de veille calme et de veille active

La *figure 21* présente deux exemples des tracés EEG enregistrés chez notre sujet les yeux fermés, en éveil calme et les yeux ouverts, en éveil actif.

Nous remarquerons sur les aires occipitales (A et E) le rythme alpha important qui se manifeste en éveil calme, sous forme de bouffées d'activité alpha dont la fréquence est autour de 10 cycles par seconde. A l'ouverture des yeux, le rythme alpha disparaît sur les tracés et est remplacé par une

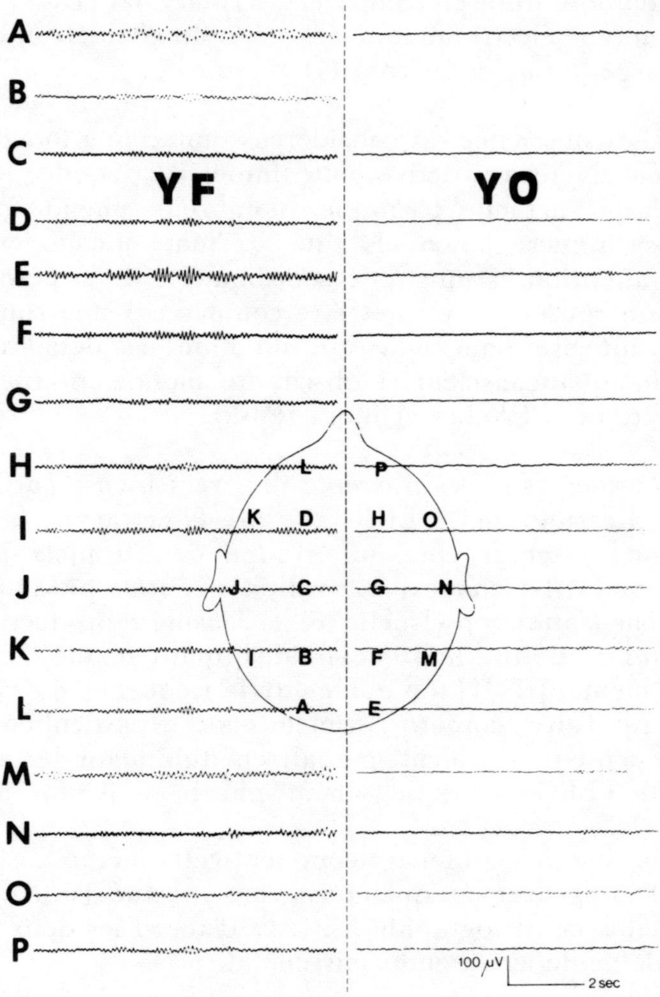

Figure 21 : Exemple de tracés EEG d'éveil calme, yeux fermés (YF) et d'éveil actif, yeux ouverts (YO). Le rythme alpha d'éveil calme occipital dominant sur les aires occipitales (A et E) a disparu visuellement sur les tracés pendant l'éveil actif, bien qu'il persiste mais divisé par un facteur 6 (figure suivante : les aires d'amplitudes les plus élevées [les plus inactives] et les plus faibles [les plus actives] ont été surlignées). (D'après Étévenon et Guillou [V-35].)

activité bêta de fréquences rapides et de faibles amplitudes bien caractéristique. Les cartes EEG correspondantes de ces deux types de tracés sont données en exemple sur la *figure 22.*

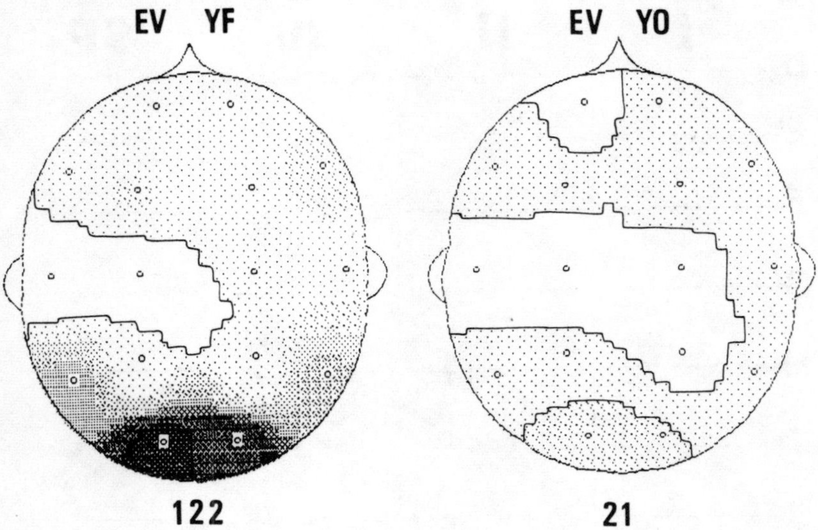

Figure 22 : La carte EEG de l'éveil calme (EV, YF) montre un maximum de 122 µV en occipital gauche et un minimum en temporal gauche. La carte EEG de l'éveil actif (EV, YO) montre une diminution de l'amplitude occipitale qui n'est plus que de 21 µV (activation cérébrale à l'ouverture des yeux avec disparition de l'activité alpha). (D'après Étévenon et Guillou [V-35].)

Ces deux cartes d'amplitudes EEG montrent deux zones « blanches » activées qui restent les mêmes dans les deux situations. L'aire temporo-centrale gauche est en effet la plus faible en amplitude EEG. Elle correspond à une activation auditive, car la porte de la cabine EEG avait été ouverte et le sujet entendait de loin le bruit du laboratoire d'enregistrement. Dans la situation de veille calme, le rythme alpha culmine (à 122 microvolts en occipital gauche) et est six fois plus faible (21 microvolts) sur cette même région, après l'ouverture des yeux.

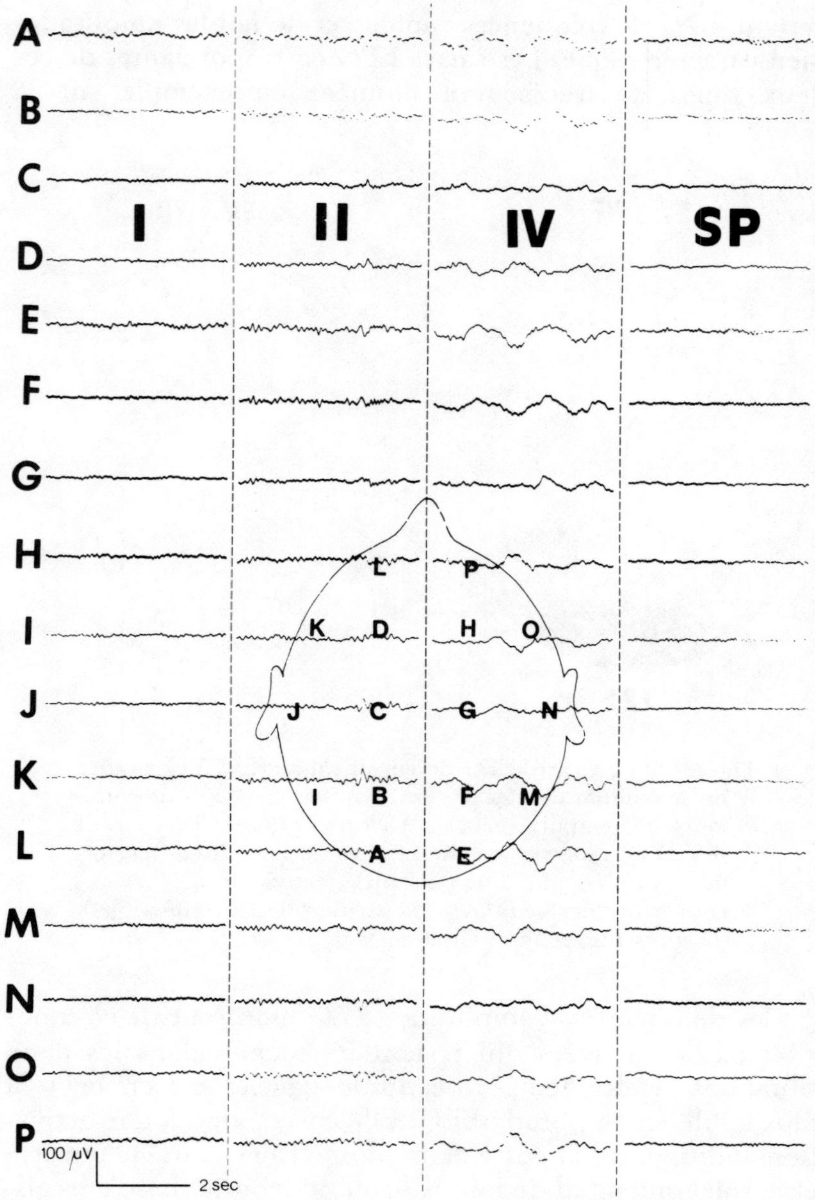

Figure 23 : Exemple de tracés des principaux stades de sommeil. Au stade I d'endormissement et de sommeil léger succède le stade II de sommeil confirmé puis les stades III et IV de sommeil profond. Le sommeil paradoxal (SP) apparaît en fin de cycle de sommeil après un bref retour au stade II. (D'après Étévenon et Guillou [V-35].)

Tracés et cartes des stades de sommeil

Nous présentons tout d'abord des exemples de tracés enregistrés sur 16 dérivations EEG au cours de la nuit de sommeil.

Sur la *figure 23* on voit combien le stade I de sommeil léger et le stade de sommeil paradoxal (SP) ressemblent au stade d'éveil actif, les yeux ouverts (*figure 21*). On voit aussi l'augmentation des amplitudes en stade II et les figures EEG particulières du stade II (fuseaux et brefs complexes K).

Les ondes lentes du stade IV sont très caractéristiques du sommeil profond. Il y a très peu de références publiées sur des enregistrements de nuit de sommeil effectués avec 16 dérivations EEG. Cela n'est pas surprenant, puisqu'il faut pour cela deux polygraphes d'enregistrements, le personnel adéquat et un travail ultérieur très important. Mary Brazier a publié en 1949 une étude à propos d'enregistrements de 9 dérivations EEG, effectués pendant le sommeil [I-11]. Il a fallu attendre 32 ans avant que Findji *et al.* étudient la distribution topographique sur le scalp des ondes lentes et leur maturation selon l'âge, chez 27 sujets [30]. Seulement, cette dernière étude a demandé des années de labeur avant de donner naissance à une publication. Enfin, c'est en 1982 que Buchsbaum *et al.* [31] ont publié la première étude de cartographie pendant le sommeil, à partir d'enregistrements de 16 dérivations EEG, lors d'une sieste diurne imposée à 4 sujets, de midi à 6 heures du soir.

Mary Brazier avait la première montré que les fuseaux de sommeil du stade II sont observés près du vertex, au sommet du crâne [I-11, 32]. Findji *et al.* [30] ont montré que l'amplitude des ondes lentes delta diminue avec l'âge (avec un « montage référentiel » semblable à celui que nous avons utilisé dans la présente étude). Ils ont encore constaté que, selon la référence choisie, les résultats diffèrent et c'est le cas en ce qui concerne les premières cartes de sommeil publiées par Buchsbaum [31] (qui utilise une référence d'électrode placée sur les oreilles et non un montage référentiel). Ce dernier a observé des activités d'ondes lentes plus importantes au vertex* pour les stades de sommeil lent [II, III,

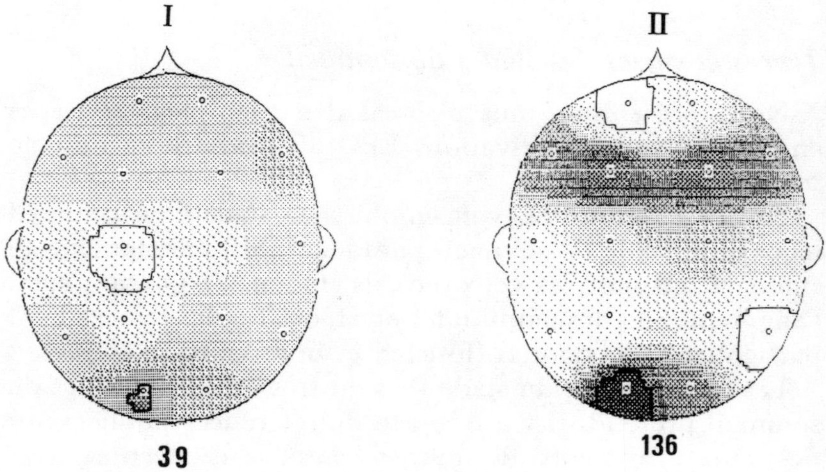

Figure 24 : Carte EEG d'amplitude du stade I (avant le premier récit de rêve) qui montre de faibles amplitudes sur l'aire temporo-centrale gauche (activation) et carte EEG d'amplitude du stade II qui montre sur les régions prémotrices frontales les amplitudes élevées des fuseaux de sommeil. (D'après Étévenon et Guillou [V-35].)

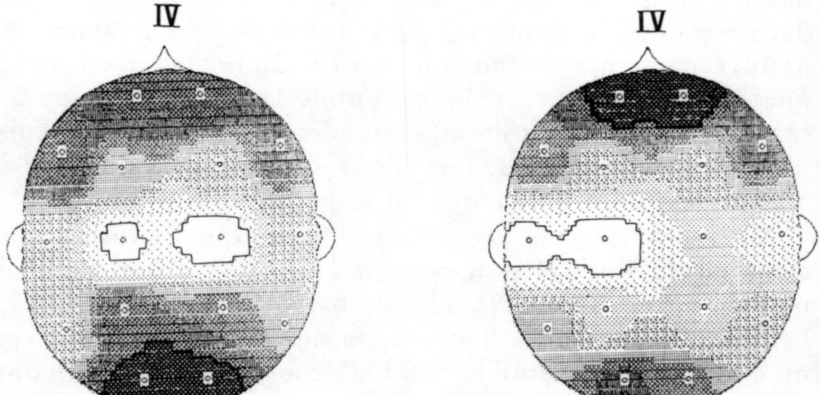

Figure 25 : Cartes EEG de deux séquences successives de sommeil profond en stade IV. Les grandes amplitudes oscillent entre les régions occipitales (à gauche) et les régions frontales (à droite). (D'après Étévenon et Guillou [V-35].)

IV] tandis que Findji et nos propres travaux [33, 34, 35], rapportés ici, vont dans le sens d'ondes lentes plus importantes en frontal et occipital pour les stades III et IV de sommeil. La *figure 24* donne des exemples de cartes EEG recueillies pendant les stades I, II de sommeil chez notre sujet.

Le stade I est faible en activité électrique, avec une amplitude maximale (de 39 microvolts) en occipital gauche. Il existe toujours une activation temporo-centrale gauche, avec une aire centrale gauche de faible amplitude. Cette carte fut enregistrée avant le premier réveil du sujet suivi d'un récit de rêve flou de « trame » et de « chalet de montagne ».

La carte du stade II est typique des « fuseaux de sommeil » et des figures EEG dites « complexes K » (ces figures ressemblent à un K sur les tracés EEG) qui ont deux localisations particulières d'amplitudes élevées : en occipital postérieur (136 microvolts à gauche sur notre exemple), et sur les régions frontales des aires prémotrices (qui correspondent à des préprogrammes moteurs et des anticipations de mouvements). Nous nous sommes aperçu que ces cartes EEG caractérisaient topographiquement le stade II.

La *figure 25* donne l'exemple des cartes EEG de deux tracés successifs, de 6 secondes d'EEG chacun, séparés par un intervalle de 20 secondes (une page de tracé EEG) de stade IV de sommeil à ondes lentes. Ce qui apparaît sur cette figure, outre les valeurs, très importantes, des amplitudes en occipital (190 microvolts) ou en frontal (230 microvolts), c'est qu'en un laps de temps très bref de 20 secondes, le cerveau varie topographiquement. En effet, pendant le sommeil profond en stade IV, il existe une alternance rapide d'ondes lentes qui oscillent et basculent des aires occipitales vers les régions frontales pour revenir ensuite aux aires occipitales aussi rapidement.

Enfin la *figure 26* nous montre deux exemples de cartes EEG d'amplitudes (toujours calculées à partir de 6 secondes de tracés) obtenues en stades de sommeil paradoxal, avant le deuxième réveil (SP 1) et le troisième réveil (SP 2). Nous remarquerons tout d'abord les faibles valeurs des amplitudes maximales en occipital gauche par rapport aux cartes types des stades non-REM (II, IV) précédents (62 microvolts pour SP 1 et 38 microvolts pour SP 2). La carte SP1 fut enregistrée avant le récit de rêve de « la gare de Lyon » et présente trois territoires cérébraux « activés » de (faibles amplitudes) : en temporal gauche (bruits de gare ?) et en central gauche (région rolandique gauche : aire de projection de la main droite, main qui tenait la valise dans le rêve ?) enfin en pariétal droit (vision en rêve de la gare, activant une région postérieure droite liée à l'imagerie ?).

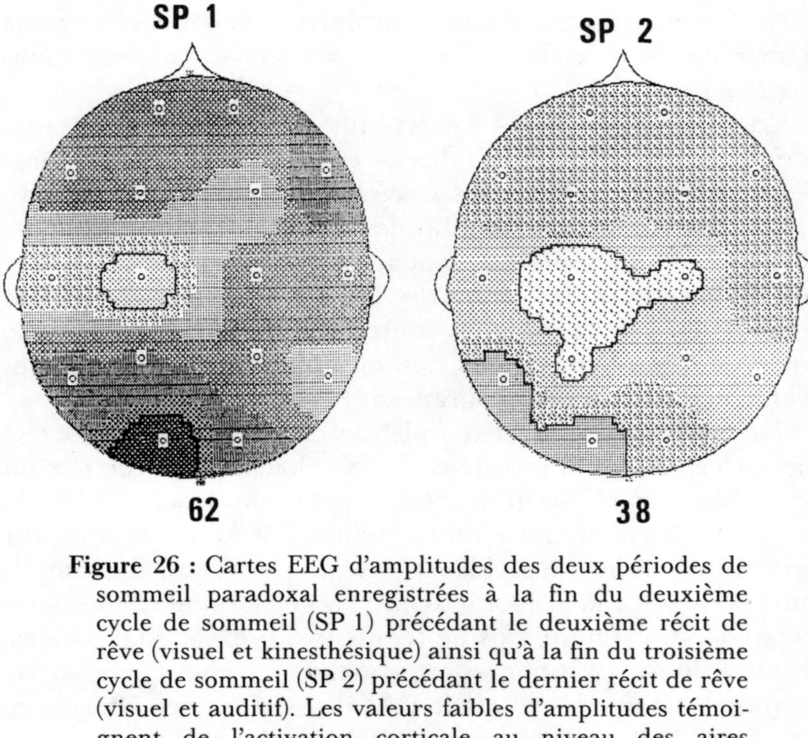

Figure 26 : Cartes EEG d'amplitudes des deux périodes de sommeil paradoxal enregistrées à la fin du deuxième cycle de sommeil (SP 1) précédant le deuxième récit de rêve (visuel et kinesthésique) ainsi qu'à la fin du troisième cycle de sommeil (SP 2) précédant le dernier récit de rêve (visuel et auditif). Les valeurs faibles d'amplitudes témoignent de l'activation corticale au niveau des aires visuelles, sensori-motrices et auditives. (D'après Étévenon et Guillou [V-35].)

La deuxième carte SP 2 qui fut obtenue avant le troisième réveil précédant le récit du « rêve du téléphone » montre une activation plus grande que la carte SP 1 avec une diminution d'amplitudes de l'EEG (38 microvolts pour la valeur, la plus forte en occipito-pariétal gauche). Les valeurs les plus « activées » sont en centro-pariétal gauche (aire de projection de la main droite, tenant le téléphone, et aire de la compréhension de la parole, dite aire de Wernicke).

Il ressort de ces exemples que la cartographie EEG permet d'explorer le fonctionnement du cerveau pendant la veille ou le sommeil. L'expérience rapportée ici doit bien sûr être validée par d'autres chercheurs et dans d'autres laboratoires. Cependant, l'exemple présenté constitue une « étude longitudinale » effectuée chez un même sujet qui avait été enregistré une dizaine de fois au laboratoire sur près de dix ans. Elle n'est donc valable que parce qu'elle représente en elle-même la possibilité d'être validée statistiquement [34, 35]. Dans l'état actuel de cette recherche pilote, il n'est pas possible d'établir définitivement une quelconque relation de cause à effet entre aire activée et modalité sensorielle du récit de rêve... mais la voie est ouverte.

Un continuum entre l'éveil et le sommeil

En effet, 500 cartes ont été recueillies et quantifiées en temps réel sur système micro-informatique (Cartovar, Alvar) puis traitées ensuite sur mini-ordinateur (Hewlett Packard Analyseur de Fourier et système 1000) pour analyses statistiques ultérieures, avant de pouvoir filmer une *cartographie EEG dynamique* de cartes successives en couleurs visualisées sur ordinateur [33]. Nous avons tout d'abord édité les 500 cartes repérées selon les différents stades de sommeil, puis choisi entre 10 à 30 cartes types pour chaque stade de sommeil (I, II, III, IV, SP) et les deux stades de veille (YO, YF). Nous avons ainsi retenu 136 cartes au total qui ont été éditées différemment pour les amplitudes de l'EEG (non filtré entre 0 et 30 Hz) et celles des activités lentes delta et thêta (entre 0 et 8 Hz), alpha (entre 8 et 12 Hz), bêta (entre 12 et 30 Hz). Nous avons tout d'abord vérifié et publié [34, 35] que les amplitudes de l'EEG (entre 0 et 30 Hz) dont nous venons de donner des exemples de cartes types étaient corrélées aux amplitudes de l'alpha pour l'éveil calme (YF), et à celles du bêta pour les stades d'éveil actif (YO) et aussi les stades I, ainsi que de sommeil paradoxal, corrélées enfin aux amplitudes du delta pour le sommeil non-REM (II, III,

IV). A partir de ces résultats nous avons cherché les moyennes (et dispersions statistiques autour de ces moyennes) des valeurs maximales de l'EEG, selon chacun des six états de veille et de sommeil. Les résultats sont exprimés sur la *figure 27.*

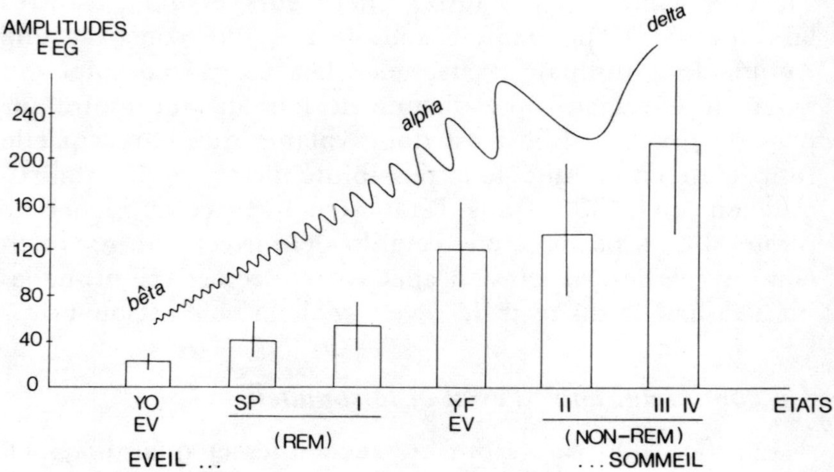

Figure 27 : Classement des états de veille et de sommeil selon les amplitudes croissantes de l'EEG (valeurs de l'aire occipitale calculées d'après les cartes EEG moyennes de chaque état). Le sommeil paradoxal (SP) et le stade I (« éveil interne ») sont encadrés par l'éveil actif (EV, YO) et l'éveil calme (EV, YF). En diagonale est représentée la forme de l'EEG qui varie de l'activation (éveil) à l'inactivation (sommeil) caractérisée par les grandes ondes lentes des stades III et IV. (D'après Étévenon et Guillou [V-35].)

Les amplitudes de l'EEG (occipital) croissent régulièrement selon les états de veille et de sommeil, dans l'ordre suivant : éveil actif (YO, EV), SP, I, éveil calme (YF, EV), II, III et IV. Les valeurs des amplitudes moyennes des cartes EEG correspondantes sont celles de l'aire occipitale gauche, qui présente chez notre sujet la plus grande « relaxation » quel que soit l'état de vigilance considéré. Ce graphique confirme les précédents travaux de Johnson [36, 37] qui a étudié particulièrement (par analyse spectrale comme nous l'avons fait) l'EEG de sujets « petit alpha » ou « grand alpha » pendant l'éveil et pendant les différents états de sommeil. Johnson *et al.,* en 1967, n'avaient pas situé la place des amplitudes EEG (calculées entre 0,2 et 20 Hz) de l'éveil actif par rapport aux autres stades, ce que nous avons fait, montrant bien que le stade I et le stade SP sont encadrés par les deux états d'éveil (YO, YF). Le stade d'éveil calme, yeux fermés, permet d'aller vers le sommeil (stade II) par l'endormissement (stade I) qui s'accompagne souvent d'images fugaces hypnagogiques [38]. Nous retrouverons encore mieux cette différenciation sur notre prochain graphique.

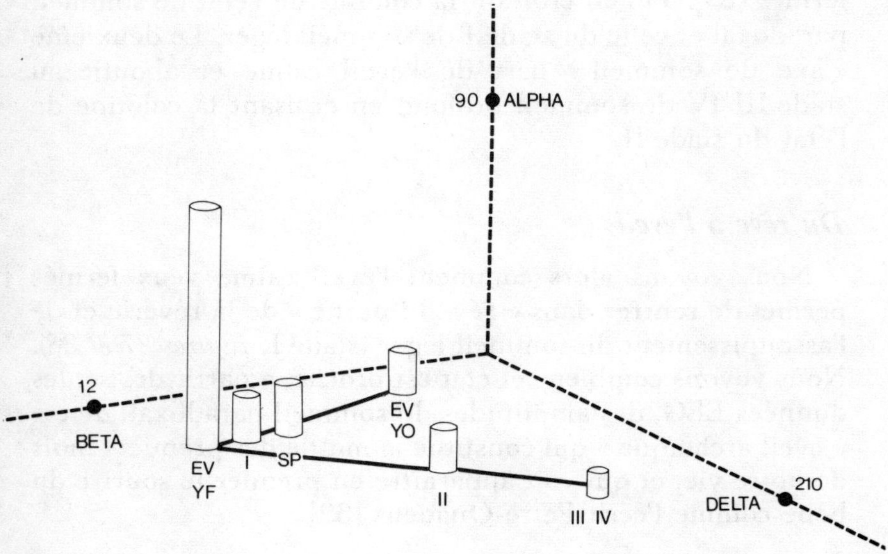

Figure 28 : Analyse en trois dimensions (perspective cavalière, selon les valeurs d'amplitudes moyennes des activités occipitales alpha, bêta, delta) des deux états de veille (EV, YO ; EV, YF) et des quatre états de sommeil (I, SP, II, III et IV). L'éveil calme, yeux fermés, est le pivot d'un axe de vigilance et d'un axe de sommeil. (D'après Étévenon et Guillou [V-35].)

Une analyse à trois dimensions

La *figure 28* représente une perspective cavalière à trois dimensions, selon des axes perpendiculaires entre eux : valeurs moyennes maximales des amplitudes des activités alpha, bêta et delta, pour les six états de vigilance étudiés au cours de la nuit de sommeil chez notre sujet. Ces amplitudes moyennes de l'EEG d'un état donné sont représentées par une colonne, positionnée sur le graphique selon les trois coordonnées calculées (alpha, bêta, delta). Deux axes se dégagent. Un premier « axe de vigilance » qui part de l'éveil actif, yeux ouverts (EV, YO) et aboutit à l'éveil calme, yeux fermés (EV, YF) en croisant la colonne de l'état de sommeil paradoxal et celle du stade I de sommeil léger. Le deuxième « axe de sommeil » part de l'éveil calme et aboutit au stade III-IV de sommeil profond en croisant la colonne de l'état du stade II.

Du rêve à l'éveil

Nous voyons alors comment l'éveil calme yeux fermés permet de rentrer dans « l'éveil interne » de la rêverie et de l'assoupissement du sommeil léger (stade I, *figures 27 et 28*). Nous voyons combien cet état est proche, à partir des seules données EEG, des amplitudes du sommeil paradoxal, de cet « éveil archaïque » qui constitue la moitié des premiers mois de notre vie, et qui voit apparaître en premier le sourire du bébé comme l'écrit Petre-Quadens [39] :

> « L'apparition du stade " d ", ou phase paradoxal du sommeil, se fait soit spontanément, soit à la suite d'une stimulation quelconque.
> Il peut aussi s'amorcer en plein état de veille. L'enfant présente subitement des menus et fréquents mouvements oculaires survenant en salves et une mimique faciale riche en expressions variées. La respiration devient rapide et irrégulière. C'est dans cette phase que nous voyons pour la première fois apparaître le sourire. »

Les premiers qui ont décrit le sourire lors du sommeil paradoxal chez l'enfant sont Tcheng et Laroche en 1965 [40] qui ont observé un nouveau-né pendant les deux premiers mois de sa vie, sans arrêt, 24 heures sur 24. Ce sourire est présent dès la naissance, bien avant qu'il puisse être induit à l'état d'éveil par le visage de la mère. Sur 52 sourires observés chez des nouveau-nés à terme par Petre-Quadens, « aucun n'a été observé dans une phase autre que celle où chez l'adulte on a décrit le rêve ». C'est alors que cet auteur pose une question importante [39] :

> « Il est remarquable que l'induction du sourire à l'état de veille par l'image de la mère, vers l'âge de un mois, coïncide avec la réduction du sommeil paradoxal.
> Par conséquent, il n'est pas exclu que les phénomènes plastiques, dont on admet qu'ils sont le support des phénomènes hallucinatoires, font, au cours de la différenciation de la phase paradoxale et du stade " a " (stade d'endormissement avant sommeil calme), progressivement irruption dans la veille. »

Nous retrouvons ici, en écho, la question de Johnson [IV-39] :

> « Il est actuellement admis que le rêve n'est pas la cause du sommeil REM mais est-il possible que l'activité mentale complexe qui apparaît pendant cet état ne soit pas due aux caractéristiques de quasi-éveil du système nerveux pendant le REM ? »

Johnson reformule son hypothèse dans la phrase suivante qui provoque la réflexion :

> « Des efforts ont été faits pour rechercher si les 90-100 minutes du cycle REM continuaient pendant la période de veille (Globus, 1966 [41]; Othmer *et al.,* 1969 [42]). Peut-être une question plus intrigante serait : Comment se fait-il que l'éveil interrompt régulièrement notre sommeil ? »

En réalité, cette question de l'émergence du paradoxal dans l'éveil ou de l'immersion de l'éveil dans le sommeil, qui apparaîtrait alors comme du paradoxal, est un problème qui n'est pas toujours résolu. Kripke et Sonnenschein ont en 1978 publié un article à propos d'un rythme biologique des fantasmes diurnes [43]. Dans cette étude, les imaginations, la rêverie, les fantasmes les plus intenses étaient associés avec un rythme alpha continu et un minimum de mouvements oculaires, c'est-à-dire avec l'« éveil calme » dont nous venons de parler, selon une imagerie interne qui se manifesterait périodiquement (16 cycles par jour) toutes les 100 minutes.

Le problème se déplaçait alors : le cycle de sommeil de nuit devenait-il de jour un cycle d'éveil calme, les yeux ouverts ? Nos fantasmes diurnes ne seraient-ils que des résurgences de nos rêves périodiques de nuit ?

J'ai rencontré Kripke en 1984 au Congrès mondial de biologie psychiatrique de Philadelphie, et je lui ai demandé s'il avait progressé dans sa recherche. Il m'a dit que la situation était plus complexe maintenant qu'il y a neuf ans, lors de son premier article [43], car le cycle de 90-100 minutes est sans doute généré par un système de multi-oscillateurs où les divers facteurs comportementaux, physiologiques et hormonaux jouent un rôle adaptatif de l'individu en société, au sein de son environnement. L'observation initiale de Kripke, d'images hypnagogiques qui apparaissent toutes les 90 minutes environ, était sans doute liée aux conditions expérimentales du petit groupe de sujets étudiés. Actuellement, ce rythme de 90-100 minutes a été observé pour l'occurrence du rêve, la vitesse d'écoulement de l'urine, les illusions visuelles, les mouvements de l'estomac, etc. [44], sans que l'on puisse considérer qu'il existe un dénominateur commun entre ces rythmes de même périodicité [41]. Il a aussi été trouvé un cycle d'alternance de l'activité électrique cérébrale entre les deux hémisphères, cycle encore remis en question dernièrement par Kripke [45]. Disons nettement qu'actuellement on ne sait pas qui est le premier : du rêve ou de l'éveil, de la fantaisie ou de l'attention. N'est-ce pas plutôt alors un retour au problème de « l'œuf et de la poule » ? Une amie à Boston en 1965 m'avait répondu que cette question était strictement « un problème d'oiseaux » (oiseux sans doute).

Cependant, est-ce qu'un retour vers l'électro-physiologie des structures sous-corticales ne serait pas susceptible d'éclairer notre lanterne et de décider qui rêve et qui est éveillé ? Une importante publication de Bancaud, Talairach et Bordas-Ferrer fut faite à ce propos en 1968 [46]. Ces pionniers et promoteurs (au Centre hospitalier Sainte-Anne) de la stéréo-encéphalographie ont enregistré « 120 tracés de sommeil chez 70 sujets porteurs d'électrodes à demeure, laissées en place pendant 10 à 15 jours » chez des malades épileptiques dont il s'agissait d'étudier les crises, par cette investigation tri-dimensionnelle du fonctionnement électrique cérébral, et ensuite d'orienter, de guider le geste du neuro-chirurgien, à même de décider ou non de l'intervention opératoire. Pendant la phase (stade IA) d'endormissement, il apparaît des fuseaux de sommeil dans le système limbique (dans une structure de l'hippocampe dite de la « corne d'Ammon ») et cela s'accentue en (stade IB de) sommeil léger. Des « pointes » rapides apparaissent avec des bouffées de fuseaux de sommeil en stade II dans le système limbique, mais aussi dans un noyau d'afférences visuelles du thalamus (le « pulvinar »). Les stades III et IV présentent sur le cortex des grandes ondes lentes delta, mais il apparaît aussi dans les structures limbiques un rythme proche de l'alpha (7-8 cycles par seconde), alors que disparaissent les fuseaux. Enfin, « le sommeil paradoxal se distingue très nettement de la phase IV, mais surtout des premières phases du sommeil » [46]. Les ondes lentes du stade IV sont remplacées dans le système limbique par une activité rapide avec « survenue d'oscillations rythmiques dont la fréquence et la morphologie sont, chez l'homme, très caractéristiques de ce stade de sommeil ». Il apparaît donc, pendant le sommeil paradoxal, « une activité rapide à divers étages cortico-sous-corticaux, alors que la corne d'Ammon devient le siège d'oscillations rythmiques lentes de 6 à 7 cycles par seconde ». Or nous avons analysé les trois états de veille, de sommeil lent et de sommeil paradoxal chez le rat, à partir d'enregistrements analogues effectués au niveau du cortex et du système limbique (hippocampes droit et gauche). Nous avons procédé à des analyses sur ordinateur (méthode dite de « régression spectrale ») afin de rechercher quelle région déclenchait l'éveil (5 Hz de fréquence particulière), le sommeil à ondes lentes (0,5 Hz) et le sommeil paradoxal (8 Hz). Nous avons trouvé que l'éveil actif chez le rat était d'origine corticale et non limbique, mais que l'activité des ondes lentes persistait, bien que très atténuée, en éveil et en paradoxal. Par contre, nous avons montré un état tout à fait particulier du fonctionnement cérébral pendant le sommeil paradoxal de l'animal : la très grande intensité du rythme thêta (autour de 8 Hz) s'observe sur les quatre électrodes enregistrées (deux cortex visuels occipitaux et deux hippocampes dans le système limbique) et peut s'expliquer par un « système résonnant de quatre voies bouclées sur elles-mêmes et présentant de multiples relations entre elles » [6, 24]. Ce qui signifierait pendant le sommeil paradoxal un éveil limbique très important, propagé au cortex avec entraînement et persistance de cette rythmicité entre le cortex et le système limbique. Nous n'avons pas enregistré les structures profondes du tronc cérébral et nous ne pouvons qu'émettre l'hypothèse du déclenchement de cette « activité électrique synchrone » qui engage système limbique et cortex, à partir sans doute d'un déclenchement (rhombencéphalique) de la formation réticulée bulbo-pontine pendant le sommeil paradoxal. Remarquons cependant que ce rythme EEG « thêta limbique » chez le rat a été retrouvé chez l'homme pendant le sommeil paradoxal par Bancaud et coll. [46] ce qui irait bien dans le sens de l'hypothèse d'une maturation du système limbique chez le nouveau-né, avec les mimiques de sourire et un clavier d'émotions initiales [III-5, 39, 40], avant même que ne mature le néo-cortex et les aires d'intégration polysensorielles.

C'est en ce sens que nous achèverons cette mise au point, par une dernière citation de Snyder [47] qui a proposé pour le sommeil paradoxal un rôle de « sentinelle » de l'éveil. Snyder a observé chez l'opossum un pourcentage de 20 % de sommeil paradoxal, ce qui est semblable au taux nocturne observé chez l'homme. Ce taux élevé est en faveur d'une fonction de « guet » du sommeil paradoxal, qui prépare l'organisme à des réveils périodiques (de « guet »), afin que les épisodes de sommeil paradoxal ne mettent pas l'organisme en plus grand péril. Ainsi, l'opossum pourrait en rêve réagir contre un ennemi imaginaire et [47] :

> « Il apparaît logique que l'activation préparatoire du cerveau au cours du sommeil prenne la forme d'une réalité hallucinatoire identique à celle que l'animal est susceptible de rencontrer dans sa vie éveillée. »

Enfin, dans sa conclusion, Snyder [47] réunit (en quelque sorte) les hypothèses opposées de Meddis [IV-3, IV-4, IV-5] et Walker [IV-8] d'une part, et de Roffwarg [IV-10] et Jouvet d'autre part [IV-25], en ces termes qui laissent rêveur :

> « Bien que la perception soit, chez un nouveau-né ou chez l'opossum, vraisemblablement tout à fait différente de la nôtre, il n'y a pas lieu a priori de nier qu'un même degré de conscience perceptive puisse se produire pendant le sommeil. Même si cet état de conscience perceptive doit, au milieu du sommeil, être plus ou moins complexe, organisé, intégré, avec d'autres fonctions du cerveau à divers stades de développement, sans doute l'essence de l'être, en tant que phénomène biologique, n'a pas forcément de connexions avec d'autres fonctions mentales en dehors de l'activation perceptive. Cette conception du rêve, en tant qu'état essentiel de perception hallucinatoire, irait au-devant de la question de savoir quand elle a commencé dans l'histoire ontogénétique et phylogénétique. Exactement comme cela doit commencer dans l'existence intra-utérine de chaque individu, on peut prétendre qu'il remonte à l'apparition progressive de la phase PMO, à l'époque reculée des reptiles ou à l'histoire des premiers mammifères pour se développer et se transformer au cours de l'évolution du système nerveux central. »

RÉSUMÉ DU CHAPITRE V

L'analyse mathématique de l'EEG a bénéficié de l'avènement des ordinateurs comme des programmes informatiques. Le baron Fourier, à l'époque de Napoléon, trouva une méthode (dite des séries de Fourier) pour analyser les mouvements des cordes vibrantes, méthode basée sur une décomposition en ondes sinusoïdales pures (appelées « harmoniques »). Un faisceau de lumière blanche, décomposé par un prisme optique en un spectre coloré, transforme le faisceau initial en une somme d'ondes monochromatiques (d'une seule couleur chacune, de fréquence unique). Chacune des vibrations lumineuses composantes possède alors une intensité donnée. Il est possible de mesurer l'intensité lumineuse pour chaque rayonnement du spectre coloré, et d'obtenir ainsi la « courbe d'intensité spectrale » du faisceau de lumière blanche. Norbert Wiener, le père de la cybernétique, généralisa l'application de l'analyse harmonique de Fourier aux signaux aléatoires (du type « bruit »). Cela permit d'appliquer cette méthode d'« analyse harmonique généralisée » à toutes sortes de signaux et en particulier à l'électro-encéphalogramme. Mais il fallut attendre 1963 avant que D. O. Walter, aux États-Unis, utilise un programme informatique d'*analyse spectrale de l'EEG* * pour que celle-ci puisse être réalisée rapidement et devienne ensuite la méthode la plus couramment appliquée. L'EEG est un signal électrique complexe qui évolue au cours du temps. L'analyse spectrale le transforme en un « spectre de puissance » dont la surface est égale à la puissance électrique du signal EEG (pour la durée d'analyse choisie). Ce « spectre » fournit encore « l'intensité spectrale » de l'EEG analysé, en fonction de ses diverses composantes de fréquences (ou bandes de fréquence). De là, il est possible de calculer des amplitudes moyennes et des fréquences moyennes de l'EEG, pour toutes les fréquences composantes ou selon les bandes de fréquences utilisées en électroencéphalographie (delta, alpha, bêta). L'analyse spectacle de l'EEG peut être effectuée sur un seul signal EEG ou sur plusieurs EEG enregistrés simultanément. A partir de 16 EEG enregistrés simultanément, l'analyse spectrale permet d'obtenir des mesures qui permettront ensuite d'établir des *cartes EEG* *. L'intérêt de cette méthode est la possibilité d'étudier plusieurs enregistrements successifs chez un même sujet, ou encore des groupes homogènes de sujets (ou de malades) enregistrés dans les mêmes conditions. Les mesures effectuées permettent d'obtenir des calculs de moyennes, de dispersions, et d'appliquer des statistiques pour valider les différences observées dans les diverses comparaisons effectuées. L'obtention d'une carte EEG s'effectue par détermination de « courbes de niveaux » entre le maximum et le minimum d'une série de valeurs expérimentales. Ces « courbes de niveaux » (obtenues par interpolation) sont ensuite imagées par des surfaces différentes, faites de « gammes de gris » (entre le « blanc » pour le minimum et le « noir » pour le maximum) ou par des couleurs (qui suivent le spectre coloré : du rouge pour le minimum au bleu pour le maximum d'amplitudes).

Les cartes EEG sont caractéristiques des activités électriques spontanées qu'elles quantifient et représentent sous forme imagée. Elles permettent d'étudier les activations et inactivations cérébrales locales, les « éveils » et les « sommeils », d'une aire corticale, ou d'une autre. L'activation cérébrale se caractérise par une diminution d'amplitude et une augmentation de fréquence de l'EEG de l'aire correspondante, sur la carte EEG. Inversement, l'inactivation d'une aire cérébrale se caractérise par l'augmentation d'amplitude et la diminution de fréquence de l'EEG de l'aire inactivée. Des « modèles d'EEG » permettent d'expliciter de telles hypothèses, fondées au départ sur des observations expérimentales. L'EEG serait l'expression d'un « comportement global électrophysiologique ». Ces travaux vont dans le sens d'un « langage EEG » des aires cérébrales, qui « communiqueraient » l'une avec l'autre par modulation d'amplitude ou modulation de fréquence, comme nous l'avons proposé. L'éveil calme (yeux fermés) serait modulé en amplitude et l'éveil actif (yeux ouverts) modulé en fréquence. L'attention focalisée et l'attention diffuse ont été comparées à deux faisceaux d'une même torche électrique, faisceaux focalisés selon un cône étroit et un cône large, et dont le balayage pourrait être rapide ou lent. Cette métaphore s'illustre bien, à partir de cartographies EEG. Nous donnons comme exemple les cartographies d'un sujet que nous avons enregistré au cours d'une nuit de sommeil.

Les cartes EEG de l'éveil actif ressemblent à celles du stade I et du sommeil paradoxal. Elles sont très faibles en amplitudes et quatre fois plus faibles que les valeurs de l'éveil calme. Les cartes du stade II de sommeil montrent des amplitudes élevées sur les aires prémotrices frontales (fuseaux de sommeil) et sur les aires occipitales. Les cartes du sommeil profond (stade III et IV) montrent des maxima d'amplitudes de l'EEG qui oscillent rapidement entre les aires frontales et les aires occipitales. Les 500 cartes qui furent obtenues peuvent être moyennées entre elles, stade par stade, et comparées statistiquement pour les valeurs les plus élevées des aires postérieures occipitales. Les cartes EEG du stade I obtenues avant le premier récit de rêve, et celle des deux stades de sommeil paradoxal, avant les 2e et 3e récits de rêves, ont été spécialement étudiées. Il semble que les modalités sensorielles activées et décrites dans les récits de rêves (audition, vision, tact) correspondent peut-être aux « activités locales » observées sur les cartes EEG correspondantes, qui précèdent les réveils.

Enfin, nous avons montré qu'*il existe une continuité de l'EEG, de l'éveil au sommeil.* Les valeurs d'amplitudes (de l'aire occipitale) croissent selon l'ordre suivant : éveil actif, sommeil paradoxal, I, éveil calme, II, III et IV. Notre hypothèse d'éveil interne (pour SP et I) semble validée, puisque ces stades de « sommeil actif » sont encadrés par les deux stades d'éveil « externe » (actif et calme). Les six états de veille et de sommeil peuvent encore être classés selon un graphique tridimensionnel (alpha, bêta, delta). L'éveil calme, yeux fermés, semble le pivot d'un angle constitué d'un axe de vigilance (éveil actif, SP, I, éveil calme) et d'un « axe de sommeil » (éveil calme, II, III et IV).

Cela permet de présenter une discussion où la question est posée (depuis les premiers travaux de Johnson et Kripke) de savoir si l'éveil peut faire irruption périodiquement dans la nuit de sommeil, ou inversement, si le sommeil paradoxal et le stade I (REM) peuvent surgir périodiquement dans la journée et être alors sources de fantasmes, de rêveries, d'inattention... Quel est le premier : le rêve ou l'éveil ? Est-ce que la réponse à ces questions ne nous serait pas donnée par l'étude des structures sous-corticales ? Il apparaît, en effet, pendant le sommeil paradoxal, une activité rythmique du système limbique très particulière. Serait-ce un « éveil limbique » mis en jeu par les structures profondes du cerveau reptilien (locus coeruleus de la formation réticulée bulbo-pontine) qui « activent » le sommeil paradoxal ? Cela irait dans le sens de l'hypothèse de Snyder qui propose un « rôle de sentinelle » au sommeil paradoxal, qui aurait alors une fonction de « guet » préparant l'organisme à des réveils périodiques. Il se pourrait donc que le sommeil paradoxal (et le rêve) permette une activité de conscience perceptive, un « état essentiel de perception hallucinatoire » qui pourrait commencer dans l'utérus, avec les premiers mouvements du bébé en sommeil activé, mais en fait, remonterait bien avant, jusqu'à l'époque reculée des reptiles à sang froid qui sont nos très lointains ancêtres.

Chapitre VI

INSOMNIE, NARCOLEPSIE, PATHOLOGIE NEUROLOGIQUE DU SOMMEIL

« Je suis convaincu que nous avons à considérer la conscience comme quelque chose qui peut exister dans l'éveil et le sommeil : et que l'on peut être éveillé et n'être pas conscient, et être endormi et conscient. »

N. KLEITMAN

« Le rêve est la seule expérience sans risque grâce à laquelle on puisse échapper à la morne servitude du temps et de l'espace. »

W. DEMENT, *Dormir, rêver*

« A nouveau, tout est possible. Le " sans forme ", le " tout " peut arriver. Si l'on demeure dans la rêverie. L'activité rêverie. La rêverie toujours à recommencer. Le recueillement dans la rêverie. »

H. MICHAUX, *Façons d'endormi, Façons d'éveillé*

« S'évertuer à trouver derrière les images qui se montrent, les images qui se cachent, aller à la racine même de la force imageante. »

G. BACHELARD

Armés des chapitres précédents où ont été exposés ce que sont le sommeil et le rêve par rapport à l'éveil chez un sujet normal, nous pouvons maintenant aborder dans les prochains chapitres la pathologie des états de vigilance en général, et en particulier celle du sommeil et du rêve. Cela reprend de précédents ouvrages généraux écrits par des spécialistes du sommeil [1, 2] et des médecins [3], ainsi que des livres plus spécialement consacrés aux cauchemars et aux rêves [4, 5, 6] dont le dernier livre de Hartmann [7], professeur de psychiatrie et directeur du laboratoire de recherche sur le sommeil, à Boston, qui fait le point sur la question et apporte de nouvelles perspectives.

Le *sommeil à ondes lentes* est supposé avoir un rôle spécial dans la restauration des tissus du corps [8]. L'hormone de croissance et les processus cellulaires de restauration sont favorisés par le sommeil lent tandis que sont au plus bas les processus de dégradation, la pression artérielle, la consommation d'oxygène (métabolisme oxydatif global), autant que la réponse comportementale et électrophysiologique à un stimulus auditif. Le sommeil lent apparaît donc, bien plus qu'un passif état de repos, une sorte d' « éveil des cellules du corps » qui se réparent alors des fatigues de la veille et de leurs intenses dépenses énergétiques. La synthèse protéique et l'énergie cellulaire (ATP) sont augmentées tandis que les hormones corticostéroïdes qui stimulent le catabolisme, la dégradation des protéines utilisées, présentent leurs taux les plus faibles. Les rythmes hormonaux et le sommeil font l'objet d'études nombreuses (voir l'article de Van Couter dans le livre édité par Odile Benoit [III-29]). C'est ainsi que la prolactine et la testostérone, hormones qui président à l'anabolisme, phase de restauration du métabolisme liée aux phénomènes d'assimilation, présentent des taux plus élevés pendant le sommeil que pendant l'éveil. Cela signifie encore que des perturbations endocriniennes liées au métabolisme retentiront sur le sommeil : l'obésité et son contraire l'anorexie, par exemple.

Nous avons vu par contre que le *sommeil paradoxal* exige de l'organisme une grande dépense d'énergie. Cet éveil archaïque, qui est le premier éveil (le « sommeil agité ») que connaisse l'enfant *in utero* puis nouveau-né, préside sans doute à la maturation du système nerveux. Ce « sommeil actif » s'accompagne chez le rat d'une intense augmentation du débit sanguin cérébral et de la consommation de glucose cérébral, au niveau du cortex, mais aussi et surtout dans l'hippocampe (du système limbique) et dans le système extra-pyramidal où le glucose est plus consommé pendant le sommeil paradoxal que pendant l'éveil (récents travaux non encore publiés de Carlyle Smith). Cette « activation » cérébrale liée au sommeil paradoxal s'observe aussi à partir de l'étude des conditionnements. Au récent Congrès des neurosciences (Bordeaux, avril 1986), Bloch et coll. (Paris-XI et CNRS, Gif-sur-Yvette) ont montré qu'un conditionnement peut être établi dans le sommeil paradoxal mais non dans le sommeil lent. Ce conditionnement pendant le sommeil paradoxal serait encore transmis jusqu'à l'éveil ultérieur. En complément de cette étude, Gottesmann et coll. [9] ont montré (à cette même réunion) qu'un conditionnement peut se transposer depuis l'éveil jusqu'au sommeil paradoxal. Le traitement de l'information persiste au cours de l'activation, de « l'éveil interne » du sommeil paradoxal, bien qu'il puisse être différent de celui de la veille [9].

Ces résultats neurophysiologiques montrent à quel point le sommeil paradoxal et l'éveil sont proches l'un de l'autre. Pendant la veille les yeux ouverts, une grande partie des informations en provenance de l'environnement provient des voies visuelles. Les yeux fermés, l'éveil s'accompagne d'une diminution de l'activité de certaines fonctions corticales qui sont essentielles dans le maintien d'une relation efficace avec l'environnement. La perte de ces informations produit des changements dans la perception et l'intégration du monde extérieur par le sujet [9]. En stade II, « chaque stimulus serait traité comme s'il était présenté pour la première fois ». Cela implique une baisse de la mémorisation en sommeil [II, III, IV], moindre en sommeil paradoxal puisque qu'il n'y a plus alors de rappel de l'information qui n'est plus stockée [9]. Les articles publiés sur les seuils de stimulations externes susceptibles de réveiller le dormeur en sommeil lent et en paradoxal ne sont pas contradictoires. En effet, des stimuli significatifs (voix de la mère enregistrée sur magnétophone et émise à bas niveau) peuvent très bien réveiller en sommeil paradoxal et non en sommeil lent, les bruits sans signification ne réveillant pas du tout. Le sommeil paradoxal, pour apparaître, nécessite l'arrêt des systèmes qui permettent l'éveil ou le sommeil lent, et aussi selon Jouvet (1984, [II-58]) la présence d'un facteur hypnogène particulier synthétisé dans le lobe intermédiaire de l'hypophyse puis transmis *via* l'hypothalamus jusqu'au tronc cérébral.

Sastre et Jouvet ont montré en 1979 l'existence de « comportements oniriques » chez le chat, après lésions du locus coeruleus (alpha) de la formation réticulée bulbo-pontine qui commande l'atonie musculaire du sommeil paradoxal [10]. Les chats présentent alors « des comportements moteurs stéréotypés au cours du sommeil paradoxal », du type peur, rage, fuite, agression, qui peuvent apparaître comme des simulations, des apprentissages, des répétitions de futures situations réelles. Le somnambulisme chez l'homme, comme certains automatismes moteurs, ou des états de transe provoqués ne seraient-ils pas proches de l'expérience mettant en évidence de tels comportements oniriques, qui d'ordinaire ne « passent pas à l'acte » du fait de l'atonie musculaire pendant le sommeil paradoxal ?

Adam a remarqué que l'augmentation de la durée totale de sommeil paradoxal était corrélée avec la prise de poids chez des patients anorexiques en amélioration [11].

Lorsqu'ils rechutaient, l'amaigrissement extrême des anorexiques refusant de se nourrir allait de pair avec une diminution de sommeil paradoxal, avec des changements du volume et de la texture du cerveau qui se réduisait comme une éponge qui sèche (visible au scanographe en tomodensitométrie axiale), et avec un arrêt du cycle menstruel. La durée du sommeil paradoxal paraît liée au métabolisme global de l'organisme et à sa récupération. Les obèses dorment plus que les gens minces [12] et la durée moyenne d'un cycle de sommeil varie entre 80 et 120 minutes proportionnellement au pourcentage de déviation par rapport au poids théorique (— 10 % pour les gens maigres et + 30 % pour les obèses). Il faut donc s'attendre à ce que des troubles du sommeil et du rêve s'observent dans ces deux cas limites.

Comme le rythme veille-sommeil n'est pas éloigné du rythme d'activité et de repos, nous retrouverons encore ce facteur parmi les troubles du sommeil et de l'éveil car l'attention diffuse et/ou l'attention focalisée seront alors impliquées. Nous n'avons pratiquement pas évoqué jusqu'à présent les troubles de l'attention, si ce n'est pour parler de situations d'hyper- ou d'hypo-vigilance. Il faudrait un chapitre au moins à ce propos et cela serait encore insuffisant. A Bordeaux, en 1986, Mme Rougeul-Buser (Paris-VI et CNRS) a présenté les résultats de ses recherches sur « les mécanismes intracérébraux de l'attention ». Elle considère que les rythmes rapides bêta d'attention focalisée seraient sous-tendus par un système exécutif en boucle, impliquant une interaction entre le thalamus et le cortex. Là encore, il existerait un système permissif de contrôle dont le déclenchement serait lié à des fibres nerveuses issues de la « substance noire » (structure cérébrale profonde située entre l'hypothalamus et le mésencéphale). Or ces fibres sont « dopaminergiques » et la dopamine est un neurotransmetteur important dans l'éveil comportemental. En 1972 [III-31], nous avons lésé ces fibres chez le rat et observé l'allongement du cycle veille-sommeil, en même temps qu'une apathie, une « rigidité », une « catalepsie » (maintien de postures imposées) de l'animal dont la dopanine cérébrale avait chuté de près de 80 % (dans le système extrapyramidal) après lésion bilatérale du pied de la substance noire. Mme Rougeul-Buser, sur la base de ses travaux neurophysiologiques, distingue un système d'attention focalisée et d'inattention, d'un système de détente et d'attention diffuse. En clinique, l'hypervigilance focalisée s'observe en particulier chez des malades obsessionnels qui vivent, selon Esquirol, une « concentration de l'âme sur une seule idée ». Par contre, l'hypervigilance diffuse s'observe parfois chez l'enfant qui bouge tout le temps, qui ne reste pas en place un seul instant. L'enfant « hyperkinétique », hyperactif, est comme « un oiseau aux aguets » qui volette sans se poser, il ne fixe nulle part son attention.

Nous retrouverons encore ces troubles de l'attention lorsque nous parlerons plus loin des démences et de la confusion mentale. Retenons ici que l'anxiété, le stress, l'angoisse vont évidemment perturber l'éveil et de là le sommeil. Quant au sommeil paradoxal et aux récits de rêves dont les souvenirs sont rappelés ultérieurement en état d'éveil, ne peut-on voir là un « transfert d'informations » du sommeil paradoxal vers l'éveil ? Mais avant d'aller plus loin, qu'en est-il donc actuellement de ce rappel des rêves ?

Souvenirs de rêves

Foulkes dans *La Psychologie du sommeil* [13] rapporte en 1967 que les sujets réveillés de nuit, hors sommeil paradoxal, se rappellent qu'ils ont rêvé dans 35 à 70 % des cas, le pourcentage étant accru (85-95 %) selon les premières expériences de Dement et Kleitman dix ans auparavant [I-16]. Ces résultats sont à mettre en relation avec des enquêtes plus générales. Fluchaire [14] rapporte une enquête de la SOFRES en avril 1982, qui sur 1 000 personnes interrogées et en réponse à la question « Est-ce que vous rêvez ? » a donné les résultats suivants : 33 % rêvent « très souvent », 38 % « de temps à autre », 18 % « rarement », 9 % « jamais ou presque » et 2 % ne savent pas. Cela est proche des résultats de Moffitt au Canada [15] qui chez 634 sujets a obtenu 12 % de sujets qui rêvent et s'en souviennent « chaque matin », 27 % « souvent » dans la semaine (2 à 5 fois), 29 % « quelquefois » (1 à 4 rêves par mois) et 11 % « jamais ». Moffitt étudia ensuite deux sous-groupes de sujets classés selon qu'ils se souvenaient bien ou mal de leurs rêves et qui furent enregistrés en polygraphie de sommeil avant et après réveils en stade II, en stade IV et en sommeil paradoxal. Les récits de rêves furent plus nombreux certes après sommeil paradoxal qu'après stade II ou IV, mais plus nombreux aussi chez les sujets plus aptes à se rappeler leurs rêves que chez les sujets moins capables de s'en souvenir. Il apparaît par exemple que ceux qui se rappellent bien sont plus alertes, plus vigiles et plus relaxés après réveil provoqué, que ceux qui se rappellent mal leurs rêves. Pour Cathala à Paris [IV-43] qui réveille aussi ses dormeurs, au laboratoire d'EEG du Service d'exploration fonctionnelle de l'hôpital de la Salpêtrière, des sujets réveillés après stade II de sommeil ou après sommeil paradoxal déclarent parfois : « Je dormais sans rêver. » D'autres déclarent encore : « Je rêvais et ne me souviens pas de quoi. » Certains disent encore : « Je ne dormais pas mais pensais à quelque chose. » Il s'agit de ce que Cathala appelle alors un « rêve abstrait ». Pour Foulkes [13], ces rêves « pensées » seraient obtenus après 20 % de réveils en sommeil (non-REM) et 5 % seulement après sommeil paradoxal. Le sommeil paradoxal reste l'état le plus riche en descriptions de rêves vivants, à multiples modalités sensorielles (visuels, auditifs, rarement olfactifs, gustatifs, schémas moteurs, verbalisation, [IV-43]). Il y a aussi (selon Cathala) des rêves sommaires qui ressemblent à des titres de narrations de texte d'école primaire, seul le titre subsiste mais ne peut être suivi d'aucun récit, ni d'aucune image remémorée. D'où le *tableau 7* suivant publié par Cathala [IV-43] en 1982 à partir de l'étude de 81 sujets adultes.

Alors le rêve, « quel que soit le type d'activité mentale au cours du sommeil, est un vécu devenu plus ou moins clairement conscient et exprimé au réveil dans une forme le plus souvent verbale » [IV-43]. Roger Broughton, chercheur canadien, spécialiste du sommeil et du rêve [16] a montré avec Gastaut en 1964 [17] puis en 1968 [18] qu'il existait souvent un état de confusion accompagné d'amnésie rétrograde, après des réveils obtenus immédiatement à la suite d'épisodes d'ondes lentes de stades III et IV. Cela est confirmé par notre observation d'ondes lentes frontales et

	Éveil en sommeil paradoxal	*Éveil en sommeil lent*
Aucun souvenir de rêve	17 %	50 %
Souvenir d'avoir rêvé mais récit impossible	20 %	33 %
Récit de rêve (sommaire)	63 %	17 %

Tableau 7 (Cathala [IV-43]).

occipitales pendant les stades III et IV de sommeil, sur les cartographies EEG toutes les 10 ou 20 secondes. Broughton suggère que *l'activité mentale pendant le sommeil peut être plus ou moins continue,* et que la perte du souvenir de cette activité peut être un effet du réveil lui-même aussi bien que l'amnésie rétrograde du souvenir d'activité mentale précédant le réveil. Après avoir précisé ces points, nous pouvons maintenant aborder les troubles du sommeil et de l'éveil. Ils ont souvent été considérés selon deux concepts complémentaires : l'insomnie et l'hypersomnie.

Insomnies et hypersomnies

L'*insomnie** est selon Oswald [III-36] « un manque relatif de sommeil dont le malade se plaint », ne dépendant ni de la volonté du malade ni des conditions de l'environnement. En ce sens « pathologique », un « petit dormeur » qui ne dort que 3-4 heures par nuit sans se plaindre n'est en aucune manière un « insomniaque ». En revanche, l'insomniaque se plaindra de mettre trop longtemps à s'endormir, de se réveiller de nuit fréquemment et d'avoir du mal à se réendormir, ou de se réveiller trop tôt au petit matin. D'autres insomniaques ont « mal dormi » d'un sommeil non récupérateur ou même déclarent ne pas avoir dormi du tout, alors qu'un enregistrement polygraphique du sommeil indique un sommeil normal. L'insomniaque chronique se plaint d'un sommeil trop court et dort souvent pour récupérer pendant la journée, lors de siestes s'il peut se le permettre, en flashes ou épisodes de micro-sommeil qui peuvent être encore vécus comme des moments d'inattention, de rêverie, de fatigue (« coups de pompe »).

La « qualité du sommeil » est subjective. Elle peut être « qualifiée » par des questionnaires spécialement élaborés. Elle est rarement quantifiable par des enregistrements en laboratoire EEG dans des « cliniques de sommeil spécialisées » et a fortiori par analyse quantitative de l'EEG (analyse spectrale, cartographie EEG). Cependant, certains malades restent « conscients qu'ils ne dorment pas », en stade I d'endormissement et même en stade II de sommeil, contrairement à la normale et déclarent ensuite avoir mal dormi. Le rythme alpha de l'éveil calme, yeux fermés, peut encore persister pendant le sommeil (sommeil dit alors « alpha-delta »). Mais l'insomnie peut être produite par différentes causes et par hyperactivité du système d'éveil tout d'abord. C'est le cas typique de l'insomnie liée à l'abus des stimulants centraux (amphétamines, cocaïne, stimulants anorexigènes, caféine et produits semblables, vitamine B12 et vitamine C, hallucinogènes tels que LSD, mescaline, psilocybine). Cela s'observe encore en psychiatrie dans les états maniaques où les malades sont agités, parlent tout le temps, ne dorment pas, maigrissent... Cette insomnie par diminution du temps de sommeil au profit de l'éveil est liée encore à une anxiété qui s'exprime de diverses façons : tension, agitation, hypervigilance, crises d'angoisse. Certains rituels d'endormissement sont alors nécessaires. L'anxiété provoque souvent un retard à l'endormissement et des difficultés à se rendormir après réveil nocturne spontané. Un état dépressif entraîne souvent des réveils matinaux précoces avec rumination et « idées noires ». Des troubles psychosomatiques et organiques peuvent encore conduire à des insomnies de ce type : « brûlures » d'estomac, apnées du sommeil (arrêts respiratoires brefs) avec parfois le sentiment d'étouffer. L'abus de produits hypnotiques par automédication peut encore nuire au sommeil et entraîner une insomnie qui nécessite une réduction de traitement pouvant aller jusqu'au sevrage. Parfois l'insomnie provient encore d'irrégularités du cycle veille-sommeil (en retard ou en avance de phase, plus long ou plus court que 24 heures) qui doivent être détectées par un spécialiste des troubles du sommeil et peuvent alors être traitées spécifiquement (chronothérapie, photothérapie, thérapeutique adaptée). Un brutal sevrage d'hypnotiques, de médicaments anxiolytiques, d'alcool ou d'antihistaminiques peut précipiter des insomnies de sevrage. Si un traitement doit être prescrit, il doit être adapté à chaque cas par un médecin spécialiste du sommeil. Il convient alors de trouver la dose minimum efficace pour l'installation et le maintien d'un sommeil nocturne confortable, sans effet résiduel dans la journée. A cause de cette difficulté d'ajustement thérapeutique d'une utilisation chronique des hypnotiques chez l'insomniaque « psychologique », il est souvent préférable de faire face à l'insomnie, de la combattre autrement et d'en éradiquer la cause, si possible, en utilisant une approche psychothérapique des techniques corporelles diverses (danse et musculation ou sport intensif, hatha-yoga, relaxation, acupuncture, etc.) [19, 20].

Beaucoup plus rares heureusement sont les insomnies essentielles, par défaut du système de sommeil [21]. Dans certains cas, l'observation d'absence persistante de sommeil (« asomnie », « agrypnie » selon les termes de l'école de Lyon) s'accompagne de la perte du besoin de sommeil. Ce fut le cas d'un malade suivi par Fisher-Perroudon [IV-24, 22] pendant six mois. Ce malade vit son état s'améliorer grâce à l'administration à fortes doses du précurseur immédiat de la sérotonine (le « 5-hydroxytryptophane » ou 5-HTP), permettant de rétablir le sommeil à ondes lentes par libération de la sérotonine, neurotransmetteur actif sur les neurones des noyaux du raphé* de la formation réticulée pontine. Selon la « théorie sérotoninergique du sommeil » de Jouvet, la sérotonine libérée provoquait le sommeil à ondes lentes par inhibition du système d'éveil comportemental (dont le neuro-transmetteur serait la dopamine, augmentée après traitement par la L-DOPA et bloquée après traitement neuroleptique) et du système d'éveil global diffus dont les neuro-transmetteurs seraient la noradrénaline et l'acétylcholine. Or, il est apparu que la sérotonine était aussi augmentée pendant l'éveil. Cette apparente contradiction a amené Jouvet (1984, [II-58]) à proposer dernièrement une nouvelle conception. Les neurones à la fois noradrénergiques et dopaminergiques qui sont actifs pendant l'éveil, en même temps que les neurones sérotoninergiques, « contribuent à la biosynthèse, probablement au niveau de l'hypothalamus, des facteurs hypnogènes responsables du sommeil lent et du sommeil paradoxal ». Ce sont ces facteurs hypnogènes encore inconnus, dont le rôle « restaurateur » de l'organisme est supposé, qui accompagneraient la décharge d'hormone de croissance pendant le sommeil à ondes lentes [II-58]. A l'appui de cette hypothèse, Jouvet vient de montrer (au 15e congrès du CINP, décembre 1986), à Porto Rico, qu'une très faible injection du précurseur de la sérotonine (L-5 HTP) dans l'aire préoptique de l'hypothalamus supprimait l'insomnie produite expérimentalement (après administration de PCPA), avec augmentation tardive de sommeil lent et surtout de sommeil paradoxal.

L'opposé de l'insomnie est l'*hypersomnie**. Un premier type d'hypersomnie est possible : l'*hypo-éveil* avec apparition dans la journée de stades I et II sans apparition de sommeil paradoxal qui est réduit de nuit. Deux formes d'hypersomnies ont reçu le nom de syndromes particuliers, chacun défini par une réunion de symptômes précis. Le *syndrome de Kleine-Levin-Critchley* apparaît chez l'adolescent et le jeune adulte. Le malade est irrésistiblement poussé à dormir plus de 18 heures par jour. Il se réveille brièvement dans la journée pour se laver et manger avec une faim dévorante. Cependant il demeure « engourdi, incohérent dans ses paroles, parfois confus, agité, bâillant beaucoup et ayant quelquefois des hallucinations » [III, 36]. Le malade a froid au début de l'attaque de sommeil impérieux et peut avoir une petite fièvre autour de 38 °C. Il peut encore présenter des comportements anormaux accompagnant sa boulimie, telles que des pulsions sexuelles, qui peuvent être suivies de dépression, avec dépréciation de soi. Quelques cas apparaissent après un état de grippe. L'attaque dure de quelques jours à quelques semaines et évolue spontanément vers l'amélioration et la disparition de l'hypersomnie.

La *maladie de Pickwick* tire son nom du héros d'aventures amusantes, obèse et gros dormeur, inventé par Dickens en 1837. C'est une forme clinique du *syndrome de dyspnée-dyssomnie* qui associe apnées centrales et obstructives (dont nous reparlerons) et mauvais sommeil de nuit entrecoupé d'éveils répétés et avec une récupération diurne accompagnée de somnolence ainsi que d'accès impérieux d'épisodes de sommeil lent. Cette maladie associe souvent l'obésité, l'hypersomnolence à un syndrome cardio-respiratoire (hypoventilation des alvéoles pulmonaires et « cœur pulmonaire chronique »). Les arrêts respiratoires du syndrome d'apnée du sommeil dépassent 30 apnées par nuit (allant jusqu'à 500 apnées parfois) et durent 10 secondes chaque fois (voir l'article de Kurtz sur « Sommeil et ventilation » dans le livre édité par O. Benoit 1984, [IV-34]). Ces apnées s'observent encore parfois chez le nourrisson, sources alors d'insomnie, elles furent incriminées parfois dans ce qui a été appelé « la mort subite du nourrisson ». Il existe des composantes génétiques ainsi que des facteurs de risques détectables permettant de prendre des précautions et de prévoir un traitement spécial (caféine) pour minimiser les risques détectés.

Narcolepsie *

L'*hypersomnie en sommeil paradoxal* a été décrite par Gélineau en 1880 [23] à partir d'une observation d'un malade qui s'endormait en poussant sa charrette ; s'il s'y attelait et se concentrait sur son effort de traction, il était alors capable de résister à l'attaque de sommeil. L'apparition brutale de l'intrusion d'épisodes de sommeil paradoxal dans la veille, ou en tout début de nuit, s'accompagne de l'atonie * musculaire propre au sommeil paradoxal qui fait que le sujet narcoleptique peut aussi être atteint de cataplexie * (sans forcément perte de conscience) allant de la simple chute en avant de la tête qui tombe, ou de la mâchoire inférieure qui bée, jusqu'à l'effondrement total du corps au sol [24]. Gélineau a montré la brutalité de ces attaques d'endormissement. Des enregistrements polygraphiques ultérieurs ont précisé le trouble du sommeil paradoxal caractérisant ces brefs accès qui durent de quelques secondes à une demi-heure et peuvent être précédés, mais plus souvent suivis de sommeil classique. Ces accès narcoleptiques s'accompagnent encore de « paralysie du sommeil* » où le sujet couché est sidéré sur place et, s'il se réveille alors, peut continuer de vivre malgré lui un « rêve éveillé » qui accompagne le plus souvent le vécu subjectif (désagréable en général) des crises. L'accès de sommeil de jour se déclenche souvent sous l'influence de distractions ou d'émotions qui empêchent les sujets de se maintenir éveillés. Des *hallucinations hypnagogiques* peuvent alors apparaître, plutôt le matin et en fin d'après-midi [25, 26], souvent accompagnées de sentiments d'irréalité et d'insécurité qui peuvent conduire à de véritables cauchemars. Cette hypovigilance diurne, qui s'accompagne souvent d'éveils nocturnes et d'insomnie, peut handicaper la vie sociale des sujets. La maladie apparaît souvent tôt, entre 10 et 20 ans. Le traitement consiste parfois à administrer des stimulants du système d'éveil déficient, les thérapies corporelles, une bonne psychothérapie et une hygiène de vie sont aussi très efficaces. Les brusques attaques de caractère irrépressible en font une hypersomnie « d'allure paroxystique » qui est très caractéristique. Passouant [25] a comparé le sommeil du narcoleptique à l'organisation polyphasique immature du sommeil du nourrisson, comme si le rythme ultradien de 90 minutes du sommeil paradoxal nocturne émergeait pendant le jour au lieu d'être inhibé par la vigilance diurne acquise chez l'adulte. Pour Oswald [III-36], certains narcoleptiques peuvent être considérés « tout simplement comme des cas extrêmes d'une distribution biologique normale, par rapport au niveau de base de la vigilance ». Leur niveau de base se situerait alors au niveau du stade I de l'endormissement. Ils peuvent s'endormir lors d'activités monotones, rythmiques, en mangeant, au volant d'une voiture, en dansant, ou bien pendant les rapports sexuels et surtout après l'orgasme, ainsi que dans des situations d'attente, chez le dentiste par exemple [III-36]. La sensation de faiblesse, avec perte du tonus musculaire qui accompagne la cataplexie, peut encore être vécue consciemment, le sujet se voyant tomber « comme une marionnette dont tous les fils ont disparu ». Nous rencontrons là, avec la paralysie du sommeil où la conscience du sujet peut persister, un « état dissocié » entre EEG, comportement et vécu intérieur. Soumettant des malades narcoleptiques à un test de vigilance auditive durant une heure, Valley et Broughton [27] ont montré par enregistrements EEG que les narcoleptiques fluctuent continuellement entre la veille, le stade d'endormissement I A (alpha lent et diffus), le stade I B de sommeil léger (thêta) allant parfois jusqu'au stade II. Les narcoleptiques ont une riche vie imaginaire, ils vivent des « éveils internes » bien plus que les sujets normaux qui sont plus éveillés. Cathala, qui a étudié le sommeil de nuit de 16 malades narcoleptiques [28], rapporte que dans 41 % des cas ils s'endorment d'emblée en sommeil paradoxal et, après réveils provoqués, se rendorment dans 52 % des cas en sommeil paradoxal. Leur imagerie visuelle semble plus riche que chez des sujets normaux enregistrés en contrôle. Les narcoleptiques rapportent plus de récits précis de rêves après réveils en sommeil lent que les normaux. A la suite d'un symposium à Montpellier en 1975 [24], la narcolepsie fut considérée essentiellement comme un trouble du sommeil paradoxal [29]. Broughton [30] considère actuellement la narcolepsie-cataplexie comme un trouble de la régulation des biorythmes du cycle de sommeil (REM/Non-REM*) qui se caractérise par l'existence d'éléments dissociés : atonie musculaire pendant l'éveil (paralysie du sommeil, cataplexie) et le sommeil lent, conscience subjective d'éveil pendant le sommeil (en stades I et II), « double conscience » d'imagerie onirique et de l'environnement (sans qu'il s'agisse de « rêve lucide »), perte de la rythmicité du cycle veille-sommeil au profit d'une résurgence du cycle ultradien de sommeil dans la journée et d'éveils récurrents pendant la nuit, etc. Cela implique de poursuivre les recherches vers une approche des mécanismes génétiques, neurobiochimiques, neurophysiologiques, qui contribuent à l'intégration, au maintien et à l'organisation temporelle des rythmes d'éveil et de sommeil paradoxal (REM). Selon le mot de Jackson :

> « Notre science ne progresse que dans la mesure où progresse la science du sommeil et des rêves. »

Très récemment, des études immunologiques ont permis de découvrir un « marqueur biologique » (l'antigène DR 2) de la narcolepsie et de confirmer la base génétique de cette maladie. Une Association française de narcolepsie-cataplexie a été créée à Montpellier (BP nº 1, Assas, 34820 Teyran). Enfin, Jouvet et coll. ont montré que de nouveaux médicaments (Olmifon, Modafinil) guériraient les attaques de narcolepsie-cataplexie, sans toucher au sommeil.

Troubles neurologiques, sommeil et rêve

L'*hallucination* est une perception sans objet. Un sujet halluciné « éprouve une modification de ses rapports avec le monde extérieur, en l'absence des stimuli adéquats » (Morel, 1947, [31]). Nous venons de voir que des hallucinations hypnagogiques intenses sont présentes chez des narcoleptiques. Les hallucinations visuelles s'observent en neurologie au cours de l'intoxication alcoolique et dans les crises de « delirium tremens » qui peuvent être déclenchées par un brutal sevrage d'alcool. C'est en 1881 que Lasègue écrit un article célèbre intitulé « Le délire alcoolique n'est pas un délire mais un rêve ». Régis crée ensuite le terme d'« onirisme » en 1894 (rappelle Henri Ey) qui, après avoir parlé des « hallucinations oniriques des dégénérés », assimilera ensuite l'onirisme de l'état confusionnel au délire observé pendant les crises de somnambulisme et les « états seconds hystériques » [32, 33].

La *confusion mentale chez le sujet âgé* peut être considérée comme un trouble global des processus cognitifs, avec désorientation temporo-spatiale, délire onirique et obnubilation de la conscience. La *démence,* elle aussi, peut être considérée comme un trouble global des processus cognitifs mais sans obnubilation de la conscience. Elle apparaît progressivement, lentement, à l'inverse de la confusion mentale qui surgit puis disparaît brusquement. Les déments (maladie d'Alzheimer, démence sénile, démence vasculaire cérébrale) conservent une attention non spécifique au début, mais leur attention sélective est perturbée, avant que leur destructuration ne s'aggrave. L'attention spécifique ne peut se maintenir dans l'exécution d'une tâche précise, telle une communication suivie avec un interlocuteur. Dans l'aggravation progressive de la perte de vigilance chez l'homme (comas), l'éveil spontané est possible au départ avant qu'apparaisse « l'obnubilation de la conscience » puis l'éveil provoqué reste encore possible, enfin seule persiste la réaction à la douleur dans « l'état de stupeur ». L'onirisme qui nous intéresse ici, l'accès onirique, le délire onirique sont liés aux concepts plus généraux de confusion mentale et d'état confusionnel, de démence, d'état second, d'état crépusculaire, de baisse de vigilance, qui relèvent d'abord de la clinique neurologique et aussi de la clinique psychiatrique. La démence, initialement déficit de l'attention sélective (avec atteinte de la mémoire), peut s'associer encore à une confusion mentale avec troubles de la vigilance globale et onirisme.

D'autres déficits neurologiques affectent le sommeil et son vécu subjectif. Des aveugles de naissance rêvent d'expériences imaginaires non visuelles tandis que des aveugles tardifs après 5 à 7 ans d'âge continuent d'avoir des rêves visuels [34]. Qu'en est-il des patients porteurs de *lésions cérébrales*? De grands paralysés rapportent des rêves à composantes kinesthésiques après l'accident initial, qui diminuent ensuite au cours du temps. L'actrice Patricia Neal est devenue temporairement aphasique après un accident vasculaire cérébral et ne se rappela plus de ses rêves ensuite, malgré le retour de la parole, tant intérieure que verbalisée. Est-ce que le rêve est un récit intérieur mis en bandes dessinées ? Cathala et Laffont [35] ont montré que des lésions du cortex pariétal réduisent la production de l'activité onirique et appauvrissent les comptes rendus de rêves, plus que des lésions frontales. Une étude des rêves de trois malades à encéphale dédoublé, après coupure longitudinale du corps calleux, a montré que ces malades opérés pour épilepsie grave étaient capables de se rappeler et de décrire leurs rêves. Cela implique que les rêves décrits furent élaborés dans l'hémisphère gauche, sinon le transfert nécessité par le récit verbal des rêves eût été impossible [34]. Le malade narcoleptique présente parfois des phases de « comportements automatiques » qui se rapprochent des « crises psychomotrices de l'épileptique ». Nous en reparlerons à propos du somnambulisme. Les « absences », les pertes de conscience pendant l'éveil, observées en même temps que les « décharges d'orages électriques » pendant des crises d'épilepsie généralisées, peuvent interrompre le cours d'un rêve lorsque les mêmes décharges de « pointes-ondes » apparaissent pendant le sommeil paradoxal. Selon des observations de Gastaut [17], de Passouant [24] ou de Niedermeyer [34], la relation entre rêve et épilepsie nocturne est toujours un sujet de recherche ouvert en cours d'investigation.

Comme les états toxiques médicamenteux (dont nous reparlerons encore), l'onirisme peut aussi s'observer lors d'*états infectieux* (hallucinations des états fébriles chez l'enfant, malaria, syphilis et son état terminal de paralysie générale). Tissot nous a rappelé qu'il existe « des états hallucinatoires chez des patients atteints de tétanos, curarisés et en respiration assistée dans le poumon d'acier ». Il y a dans ce dernier cas non seulement le tétanos qui intervient comme agent infectieux mais aussi la privation sensorielle extrême, réalisée par la curarisation qui paralyse totalement le corps ventilé passivement par le « poumon d'acier ». Des hallucinations auxquelles le sujet ne croit pas, appelées alors des « hallucinoses », peuvent être observées dans diverses pathologies neurologiques qui ont été décrites par J. Lhermitte. Après lésions du tronc cérébral*, généralement mésencéphaliques, des images* étranges viennent se projeter devant le sujet qui s'endort et les regarde comme s'il était au cinéma. Cette « hallucinose » (appelée encore « pédonculaire » par Lhermitte, car observée après lésion vasculaire des « pédoncules cérébraux », situés dans la partie haute du mésencéphale [36]) est génératrice de scénarios nouveaux, de scènes lilliputiennes, bizarres, qui se retrouvent dans des rêves étonnants et fantastiques. Cette créativité « onirique » est à l'opposé des récentes observations de Trillet et coll. [37] qui ont observé chez des malades présentant des lésions du thalamus (médian droit) un état de conscience très particulier avec fabulations de visages et de lieux anciennement connus. Ces réactualisations de souvenirs anciens, qui venaient prendre la place de l'environnement hospitalier et des visages du personnel soignant, rappellent que la plupart des rêves dont nous pouvons nous souvenir présentent un caractère banal, pas du tout étrange, créatif et artistique. Ces études du vécu onirique, des hallucinations, des hallucinoses et des illusions, de malades neurologiques, doivent pouvoir éclairer la genèse des rêves des sujets normaux [38]. Ainsi, le delirium aigu est observé non seulement après sevrage d'alcool, mais encore après sevrage de barbituriques, d'anti-dépresseurs, d'anxiolytiques parfois, et de drogues morphiniques (héroïne, opium), avec son cortège d'onirisme, d'hallucinations, de confusion mentale, d'états « dissociés » de conscience [39]. Le delirium est considéré par Lipowski [40] comme essentiellement un désordre des rythmes veille-sommeil. Mais en dehors des autres « troubles organiques » du sommeil que nous allons énumérer ensuite, il nous reste à voir les troubles du sommeil les plus connus du grand public : somnambulisme, terreurs nocturnes et cauchemars.

RÉSUMÉ DU CHAPITRE VI

Le *sommeil à ondes lentes* est un état actif qui permet la restauration des cellules de l'organisme. La synthèse des protéines s'effectue alors, l'énergie cellulaire augmente ainsi que les taux d'hormones liées aux phénomènes d'assimilation et de récupération du métabolisme. Au contraire, l'activation cérébrale pendant le *sommeil paradoxal* est intense et s'accompagne de consommation de glucose, de débit sanguin cérébral, aussi élevés sinon plus, dans certaines régions (système limbique, système extrapyramidal) que pendant l'éveil. De récentes expériences électrophysiologiques ont montré qu'un conditionnement ne peut être établi pendant le sommeil à ondes lentes. Par contre, un conditionnement effectué pendant le sommeil paradoxal peut être transmis jusqu'à l'éveil ultérieur. Un conditionnement réalisé pendant l'éveil peut aussi être transposé jusqu'au sommeil paradoxal ultérieur. Bien que l'éveil et l'éveil archaïque que représente le sommeil paradoxal soient proches, ce dernier ne peut apparaître qu'à l'arrêt des systèmes qui permettent l'éveil et le sommeil lent. L'atonie musculaire, présente pendant le sommeil paradoxal, inhibe des comportements oniriques qui nous évitent le passage à l'acte de nos rêves. La durée du sommeil paradoxal diminue chez des malades anorexiques très amaigris et augmente avec la reprise de poids. La durée totale du sommeil augmente aussi avec le poids, les obèses dormant plus que des gens minces. L'activité et le repos, l'attention diffuse et l'attention focalisée, qui sont nécessaires pour effectuer des tâches précises, jouent encore sur l'éveil et le sommeil. Un système d'*éveil comportemental,* dont le neurotransmetteur serait la dopamine, agirait en parallèle et de concert avec le système d'éveil global (dont les neurotransmetteurs seraient la noradrénaline, l'histamine et l'acétylcholine). Qu'il apparaisse un dysfonctionnement de ces systèmes, les rythmes veille-sommeil et leurs états vont alors être perturbés. Le rêve, raconté après un réveil nocturne ou une somnolence diurne, peut être considéré comme un transfert d'informations d'un stade de sommeil jusqu'à l'éveil ultérieur. Toute perturbation de l'un de ces deux états, comme de la mémoire et du rappel du souvenir nécessaire au transfert, sera ressentie dans le rappel de l'activité mentale onirique.

Les souvenirs de rêves sont mieux rappelés après sommeil paradoxal (80 %) que sommeil lent (35-70 %) mais ils n'en existent pas moins dans tous les stades de sommeil. Sur 1 000 personnes interrogées, un tiers se souviennent très bien de leurs rêves et 10 % ne s'en souviennent jamais. Ceux qui s'en souviennent sont plus alertes, plus vigiles et plus relaxés au réveil que ceux qui ne s'en souviennent pas. Les rêves sensoriels et perceptuels s'observent plus après sommeil paradoxal et les rêves abstraits après sommeil lent. Le rêve apparaît alors comme toute activité mentale au cours du sommeil, vécu subjectif plus ou moins clairement conscient, qui est rapporté au réveil sous une forme la plupart du temps verbale. Broughton suggère que l'activité mentale pendant le sommeil peut être plus ou moins continue et que la perte éventuelle de souvenir peut être due au réveil lui-même et à l'amnésie qui peut suivre le réveil.

L'*insomnie* est de différents types. Il peut s'agir d'un manque relatif de sommeil, dont le malade se plaint et qui met en cause la qualité de la nuit, la façon dont le sommeil est perçu et vécu subjectivement. Certains insomniaques peuvent ainsi garder une certaine conscience d'être éveillés de nuit, bien que leur EEG soit en stade I d'endormissement et même en stade II de sommeil. L'insomnie est souvent liée à une *hyperactivité du système d'éveil* qui peut entraîner un endormissement tardif (anxiété), des réveils nocturnes fréquents, ou un réveil matinal précoce (état dépressif). L'abus de stimulants (café, thé, Coca-Cola, vitamines B12, C, etc.) retarde le sommeil, tout comme l'excitation spontanée au cours des états maniaques. Des troubles psychosomatiques peuvent s'accompagner d'insomnies de ce type. L'abus d'hypnotiques par automédication peut aussi nuire au sommeil et nécessiter un changement de traitement pouvant passer par un sevrage progressif qui doit être conduit par un médecin spécialiste du sommeil. L'utilisation judicieuse de thérapies corporelles, de techniques de relaxation, de psychothérapie peut améliorer une insomnie rebelle. En aucun cas un « petit dormeur » qui ne dort habituellement que 3 à 5 heures par nuit ne doit être considéré comme un insomniaque. Heureusement, les insomnies dites essentielles, par défaut du système de sommeil, sont beaucoup plus rares.

Rares aussi sont les *hypersomnies par hypo-éveil,* et les « attaques de sommeil » (syndrome de Kleine-Levin ; maladie de Pickwick encore appelée syndrome de dyspnée-dyssomnie). Plus fréquemment observée est l'hypersomnie en sommeil paradoxal, encore appelée *narcolepsie* * (syndrome de Gélineau). Le narcoleptique est sujet à de brusques attaques d'endormissement durant la journée, qui durent chacune de quelques secondes à une demi-heure. Pendant ces attaques, le sujet se retrouve vite en sommeil paradoxal et peut vivre alors des hallucinations hypnagogiques ou des rêves qui vont surgir brusquement. Comme le sommeil paradoxal s'accompagne de perte brutale du tonus musculaire, les accès de narcolepsie sont souvent accompagnés de « cataplexie » qui fait que le malade « pique du nez », allant parfois jusqu'à une complète chute du corps au sol, sans forcément perte de conscience. Si le sujet est allongé, il peut encore présenter une « paralysie du sommeil », où son hypotonie musculaire importante le paralyse, tandis qu'il peut alors vivre un « rêve éveillé » généralement vécu désagréablement. Ces accès imprévus peuvent être déclenchés de jour par des inattentions, des situations d'attente ou monotones, des émotions fortes. La narcolepsie s'observe tôt (entre 10 et 20 ans) et s'accompagne d'insomnie avec réveils fréquents. La narcolepsie est considérée comme un trouble de l'organisation temporelle des rythmes de sommeil. Cette fluctuation rapide entre veille et endormissement augmente l'imagerie visuelle des narcoleptiques qui vivent plus d'« éveils internes » que des sujets normaux. La base génétique de la narcolepsie a été récemment démontrée par des études immunologiques. Une Association française de narcolepsie-cataplexie vient d'être créée. De nouveaux traitements sont apparus, qui préviennent les attaques de narcolepsie-cataplexie sans toucher au sommeil.

La *pathologie neurologique* entraîne souvent des troubles associés de l'éveil et du sommeil. Des hallucinations visuelles s'observent au cours d'états d'intoxications aiguës, ou de crises de delirium déclenchées lors d'un sevrage brutal d'alcool. L'onirisme accompagne souvent les états confusionnels et les délires. La baisse de vigilance croissante passe de l'éveil spontané à l'éveil provoqué qui reste possible dans les états de confusion avec obnubilation de la conscience, éveil provoqué qui disparaît dans les états de stupeur où ne persiste que la réaction à la douleur. La confusion mentale est, chez le sujet âgé, un trouble de l'attention qui s'accompagne de désorientation dans le temps et dans l'espace, de délire onirique et d'obnubilation de la conscience. Des déments qui présentent des troubles de l'attention sélective peuvent être encore confus et vivre alors des états oniriques.

Des déficits neurologiques peuvent entraîner des déficits analogues du vécu onirique. Qu'en est-il du rêve de malades aphasiques, qui ne parlent plus après un accident vasculaire cérébral ? Il semble qu'ils ne se souviennent plus d'aucun rêve ou que leur imagerie onirique soit affaiblie, ce qui va dans le sens de Freud qui proposa en 1900 que le rêve puisse être un récit intérieur mis en images. Des lésions du cortex pariétal diminuent la production onirique et appauvrissent les comptes rendus de rêves. L'onirisme s'observe encore dans les états infectieux ou de privation sensorielle (états fébriles de l'enfant, malaria, syphilis, tétanos). Enfin, des lésions cérébrales sous-corticales peuvent entraîner une fantasmagorie, un cinéma intérieur étrange, auquel le malade assiste sans y croire (« l'hallucinose pédonculaire » décrite par Lhermitte, liée à un accident vasculaire de la partie haute du tronc cérébral). Par contre des lésions cérébrales du thalamus s'accompagnent de transformations de la réalité. Le malade revoit alors des lieux qu'il a connus, des visages qui lui sont familiers, qui prennent la place de sa chambre d'hôpital et transforment aussi les visages du personnel soignant. Ces derniers troubles oniriques ne sont pas sans rappeler que les rêves étranges et fantastiques sont à séparer de la plupart des rêves dont nous nous souvenons et dont le caractère banal se rapproche plus de notre réalité quotidienne et des souvenirs de lieux et de visages qui nous sont familiers.

Chapitre VII

ÉNURÉSIE, SOMNAMBULISME, TERREURS NOCTURNES ET CAUCHEMARS

« Qu'est-ce que les hommes désirent vivement et ne connaissent pas quand ils l'ont : le sommeil. »

Léonard DE VINCI

« L'énurésie, le somnambulisme et les cauchemars apparaissent pendant des états confusionnels de l'éveil et non dans le sommeil onirique. »

Roger L. BROUGHTON

« Les cauchemars ont souvent un contenu exempt de toute déformation, un contenu pour ainsi dire échappé à la censure. Le cauchemar est souvent la réalisation non voilée d'un désir (...) désir refoulé, repoussé ! L'angoisse, qui accompagne cette réalisation, prend la place de la censure. »

FREUD, *Introduction à la psychanalyse*

Les troubles comportementaux du sommeil

Il existe un certain nombre de troubles comportementaux pendant le sommeil. Ceux-ci ont été recensés dans une récente revue de Billard [1]. Parmi les entraves à la qualité du sommeil, nous avons déjà parlé des « apnées du sommeil » qui toucheraient 1 à 3 % de la population [2]. Les *apnées obstructives* bloquent l'entrée de l'air au niveau de la bouche et des fosses nasales. Les *apnées centrales ou diaphragmatiques* entraînent l'arrêt des mouvements respiratoires. Elles sont considérées comme pathologiques lorsqu'elles durent plus de 5 secondes et se manifestent la nuit, plus de 5 fois par heure. Le syndrome d'apnées au cours du sommeil touche l'homme de la cinquantaine qui ronfle bruyamment de nuit entre des arrêts respiratoires qui le rendent agité et le réveillent dans son sommeil. Il somnole après les repas et devient nerveux, négligé. S'il présente alors des difficultés de vie professionnelle, celles-ci peuvent se compliquer d'un état dépressif. L'évolution varie et peut s'associer ou non à une pathologie cardio-vasculaire qui fait toute la gravité du syndrome. Le *ronflement* qui peut s'associer aux apnées provient d'une vibration du voile du palais. Il apparaît souvent lorsque le dormeur est couché sur le dos, lors d'un relâchement de la base de langue qui vient appuyer sur le fond de la gorge (surtout en stade de sommeil lent). Chez un sujet obèse (15 % seulement du syndrome d'apnées du sommeil correspondent à une maladie de Pickwick), un régime amaigrissant est mis en jeu. Des traitements médicamenteux d'appoint peuvent être institués. Pour supprimer les apnées, il reste encore le recours à des méthodes mécaniques et aussi à des méthodes chirurgicales qui vont corriger une déviation de cloison nasale, enlever des amygdales trop grosses, augmenter un orifice pharyngé trop étroit et réduire un voile du palais trop épais ou modifier l'articulé de la mâchoire en avançant le maxillaire inférieur.

Pour rester dans la sphère buccale, rappelons qu'il est possible de parler en dormant. Cette *somniloquie* naturelle est, la plupart du temps, confuse et incompréhensible. En stade de sommeil lent, elle serait proche des « rêves-pensées » (III-36). Réveillé, le dormeur ne se souvient plus de ce qu'il a dit. Il peut encore grincer des dents durant la nuit. Cette mastication anormale, sans prise de nourriture (médicalement appelée *bruxisme*), peut aller jusqu'à attaquer les dents elles-mêmes, allant jusqu'à les diminuer en hauteur, limer l'émail et être cause de fatigue, de tension musculaire et même de douleur. Il est possible de lutter contre cela par une prothèse amovible qui surélève la dentition en péril et limite les dégâts. Le sujet peut encore sucer l'embout d'un porte-cigarette.

L'endormissement s'accompagne parfois de simples *secousses musculaires,* du corps entier ou des membres inférieurs qui se détendent brutalement. Ces mouvements violents sont souvent oubliés lorsque l'endormissement s'approfondit et que le sommeil s'installe. Ils peuvent cependant réveiller le sujet assoupi, comme son conjoint proche. Lorsque ces secousses se répètent toutes les trente secondes environ, ce « myoclonus nocturne » peut être alors cause d'insomnie rebelle. Ces mouvements brusques sont différents du *syndrome des jambes sans repos* où une « impatience » des membres allongés, des fourmillements poussent le sujet à bouger ses jambes sans arrêt. Des mouvements périodiques de flexion et redressement du pied et même de la jambe peuvent encore apparaître à l'endormissement. Ils font pointer puis redresser parfois un pied après l'autre, toutes les 15 secondes à une minute. Ces mouvements anormaux dans le sommeil ont été observés chez des malades souffrant d'insuffisance rénale et très fréquemment aussi chez des malades alcooliques [1].

Le sommeil paradoxal s'accompagne d'une dissociation apparente des fonctions des systèmes sympathique et parasympathique. Ce dernier système semble alors responsable de l'érection partielle qui accompagne ce stade de sommeil rapide. Toutefois les érections douloureuses nocturnes sont rarement observées en clinique du sommeil. Ce n'est pas le cas de l'énurésie nocturne (*en ouresis* : uriner dans).

L'énurésie

L'*énurésie* est un trouble de la vigilance du contrôle vésical. Entre 4 et 15 ans, 8 % au moins d'enfants seraient énurétiques, avec deux fois plus de garçons que de filles. Plus âgés, 2 % d'adolescents et 1 % d'adultes sont énurétiques. Le besoin d'uriner dépend du volume d'urine qui s'accumule dans la vessie. La capacité de retenue de l'urine croît avec l'âge. Le besoin d'uriner apparaît lorsque la pression intra-vésicale étire les muscles de la vessie, c'est-à-dire dès l'accumulation d'un volume d'urine de 300 ml chez l'adulte. Au-delà de 500-700 ml, le besoin impérieux et douloureux de miction devient irrésistible. Chez le nouveau-né (100-150 ml de capacité vésicale), la miction s'effectue sitôt qu'un seuil d'étirement au remplissage est atteint. Chez le nourrisson, un arc réflexe s'établit qui déclenche un vidage vésical automatique. A partir d'un an et demi, le contrôle volontaire de la miction et de la défécation apparaît. Lorsque le cycle de veille-sommeil se stabilise chez l'enfant de 3 ans et que son pourcentage de sommeil paradoxal a acquis sa valeur stable minimale (20 %), l'enfant maîtrise en principe l'arrêt et le déclenchement volontaire de sa vessie ; les filles étant en avance sur les garçons pour l'établissement de ce contrôle [3].

Or l'énurétique qui fait « pipi au lit » présente un retard de maturation de sa capacité vésicale par rapport à son âge réel. A la fin d'un premier cycle de sommeil, alors qu'après le sommeil lent devrait se déclencher un épisode de sommeil paradoxal, le sommeil s'allège et peut faire place à un éveil EEG, tandis que persiste un sommeil comportemental.

C'est au cours de cet « état dissocié » que la vessie trop petite et « nerveuse » se déclenche au cours d'un « épisode énurétique », l'EEG étant en stade III, II, I ou même en éveil électroencéphalographique [VI-17, VI-18]. Très peu d'épisodes énurétiques ont été observés par Broughton pendant le sommeil paradoxal. Chez l'adulte, les épisodes énurétiques furent enregistrés pendant un éveil EEG et un sommeil comportemental ne s'accompagnant d'aucun rêve [VI-18], le dormeur se réveillant parfois « dans le vide » après avoir mouillé son lit involontairement sans en avoir conscience.

Broughton [VI-18] a observé des épisodes confusionnels d'éveil à partir de stades antérieurs de sommeil lent. Six symptômes sont alors observés :

— une confusion mentale avec désorientation ;

— un comportement automatique ;

— une relative non-réactivité aux stimuli externes ;

— une réponse pauvre aux efforts provoqués pour entraîner un éveil comportemental (dans le sens d'un contact plein et entier avec l'environnement) ;

— une amnésie rétrograde aux événements (en particulier à l'épisode de somnambulisme, etc.) ;

— seulement un rappel partiel d'une apparence de rêve ou pas du tout [VI,18].

Broughton a supposé que ces six symptômes communs pouvaient être attribués au processus d'éveil lui-même. Lorsque les sujets furent brusquement levés et questionnés, dans 70 % des cas, après sommeil paradoxal, ils devinrent vite lucides et rapportèrent une activité onirique. Par contre, les réveils brusques après sommeil lent provoquèrent les symptômes précédents. L'intensité et la durée de la confusion observée furent plus grandes chez les enfants que chez les adultes et chez les somnambules. Kales en 1966 a confirmé ces résultats. Chez des enfants normaux qui avaient absorbé beaucoup d'eau avant de s'endormir et dont la vessie avait été ainsi intentionnellement pleine rapidement, des éveils en stade IV avec lever immédiat ont entraîné des attaques de somnambulisme expérimental. Les enfants se sont levés puis ont marché jusqu'aux toilettes distantes, ont vidé leur vessie puis sont revenus se coucher.

Tous ont présenté une amnésie lorsqu'ils ont été réveillés après cet épisode. Leur EEG était constamment enregistré en ambulatoire, par un système télémétrique. Pendant ces états confusionnels, l'EEG présentait « un rythme alpha diffus, d'assez grande amplitude, réagissant faiblement ou pas du tout à des stimuli lumineux intenses, ou encore montrant une activité lente delta et une activité bêta, sans fuseaux de sommeil » [VI-18]. Cet état de confusion pendant l'éveil nocturne a été considéré comme « une réponse cérébrale inadéquate », une « désafférentiation fonctionnelle » qui expliquerait les symptômes communs observés dans les trois états de troubles du sommeil : énurésie — somnambulisme — terreurs nocturnes.

Somnambulisme et comportements automatiques

Comme le remarque Pélicier, « le somnambulisme naturel n'est qu'un chapitre limité du cadre plus vaste du somnambulisme provoqué qu'on appellera hypnose » [4]. Le somnambule se lève la nuit pour accomplir inconsciemment une suite d'actes automatiques. Après s'être recouché, il ne se souviendra plus au réveil de son comportement automatique. Les crises de somnambulisme touchent 4 % de la population et 25 % lorsque le père ou la mère ont présenté déjà des crises de somnambulisme. C'est entre 5 et 12 ans d'âge que s'observe le somnambulisme naturel, chez 15 % des enfants, et 7 fois sur 10 chez des garçons ayant des antécédents de parents somnambules [5]. Comme pour la crise énurétique, la crise somnambulique apparaît dans la première partie de la nuit, au cours d'un stade IV de sommeil qui s'allège ensuite et peut présenter un tracé d'éveil alors que le sujet n'est pas conscient [6], éveil que Gastaut a appelé « stade 1E » (stade 1 d'endormissement plus stade E de sommeil selon Loomis, [I-10]). Selon Broughton [VI-18] et Gastaut et Broughton [VI-17], les somnambules peuvent présenter des activités gestuelles complexes alors que persiste une activité lente sur l'EEG. Réveillés exprès pendant un épisode de sommeil lent, les somnambules présenteront un état confusionnel plus intense et plus long que des sujets de contrôle. Ces auteurs remarquent encore que des états confusionnels durant l'éveil peuvent aussi entraîner les même symptômes que ceux observés après réveils en sommeil lent. Ces attaques pendant l'éveil sont de brusques incontinences d'urine liées au stress, des crises d'anxiété avec confusion, un automatisme comportemental, des fugues pouvant être suivies d'amnésie, des épisodes de terreur, de panique, de rage, etc. De tels automatismes peuvent durer quelques minutes, quelques heures et parfois même quelques jours. Ils sont observés dans des états confusionnels épileptiques prolongés [VI-17]. Un fugueur peut prendre le train ou l'avion et se retrouver le lendemain à des milliers de kilomètres de son domicile sans savoir comment il est arrivé là. Parfois des crises de narcolepsie, d'hypersomnie, des séquelles de traumatismes crâniens entraînent de tels automatismes. L'amnésie ultérieure de ces attaques semble liée à l'activité EEG lente qui sous-tend ces éveils confusionnels [7, 8, VI-16, VI-17, VI-18].

Parfois le somnambule, au cours de ses accès, réalise des activités dangereuses pour le sujet déambulant et pour la société. C'est ainsi que Halle décrit 7 défenestrations sur 65 cas de somnambulisme [9]. Toutefois ces défenestrations n'ont donné lieu qu'à un seul grave accident. Les activités peuvent être variées et complexes. En accès somnambulique, un enfant peut très rapidement déménager toute sa chambre sur son balcon, aller régulièrement se coucher avec ses parents, faire de l'équilibre sur la gouttière du toit. Chez l'adulte, les facteurs pathologiques semblent plus importants. Pai [10] a décrit 117 cas de somnambulisme chez des militaires dont 71 furent considérés comme atteints d'anxiété aiguë, 18 d'anxiété chronique, 9 d'hystérie « de dissociation » et 9 d'hystérie « de simulation ». L'instabilité émotionnelle et un récent bouleversement comme la mort d'un parent peuvent être des facteurs favorisant les accès somnambuliques. Podolsky [11] a discuté d'un certain nombre d'homicides commis pendant le somnambulisme [III-36]. Une fille de seize ans rêve de voleurs qui attaquent sa famille. « Elle prit deux revolvers et tira dix coups, tuant son père et son frère âgé de six ans, et blessant sa mère. Le 17 février 1961, un jury anglais dans le Sussex accepta la défense qui invoquait que l'acte avait été commis pendant le sommeil. » Ces « états seconds » avec confusion et « passage à l'acte » sont des sources de problèmes médico-légaux pour l'expert neurologue et psychiatre. Bien que 24 heures d'enregistrements EEG suffisent à éliminer un diagnostic d'épilepsie dans des cas de familles présentant des épilepsies temporales, il est possible de retrouver des antécédents de somnambulisme [5].

Des traitements médicamenteux particuliers peuvent être institués lorsqu'il y a plus de 2 ou 3 crises par semaine, des antécédents familiaux de somnambulisme ou lorsque les crises se prolongent et présentent des risques, lorsqu'elles surviennent en milieu collectif [4]. Lors d'un accès de somnambulisme, il est possible de donner calmement, mais fermement, ordre au somnambule d'aller se recoucher. S'il est agressif, il faut alors le retenir et le réveiller avant qu'il n'exécute une activité dangereuse envers lui-même ou autrui. S'il refuse toute thérapeutique, il faut bloquer portes et fenêtres et s'il y a lieu mettre en sûreté tout objet dangereux [5]. L'accès de somnambulisme peut accompagner une crise d'énurésie et prendre aussi une forme de « somnambulisme-terreur » décrite en 1968 par Broughton puis en 1977 par de Villard et coll. [12] en ces termes :

> « Tantôt la terreur marque le début de l'accès et cesse dès que le sujet se lève, tantôt la terreur accompagne toute la durée de la déambulation : le sujet crie, hurle, pleure, le visage rempli d'effroi et d'anxiété, les yeux grands ouverts, en sueur, il semble vivre un besoin impérieux de fuite, les défenestrations même rares sont deux fois plus fréquentes que dans la forme simple. Au cours de l'accès, les somnambules semblent avoir une force considérable, s'ils sont maintenus, ils se débattent avec des mouvements brusques et brutaux et redoublent de cris » [5].

Terreurs nocturnes et cauchemars

Les terreurs nocturnes* des enfants sont caractéristiques. L'enfant s'assoit brusquement dans son lit et crie. Il appelle à l'aide. Il regarde fixement, les yeux hagards, ouverts et dilatés, quelques horribles créatures imaginaires. Il transpire abondamment et sa respiration est oppressée ; le consoler est alors sans effet immédiat. Après l'attaque de panique nocturne, il ne se souvient plus de ce qui s'est passé [VI-18] ni même des 2-3 minutes au cours desquelles ses parents ont tenté de le consoler et il se rendort. Les palpitations cardiaques et les difficultés respiratoires sont fréquentes. Au Moyen Age, ces attaques étaient interprétées comme provoquées par un démon, qui venait s'asseoir sur la poitrine du dormeur. Un démon masculin appelé incube (du latin *incubus*) tentait de posséder une femme pendant son sommeil. Un démon féminin appelé succube (de *succuba* : concubine) venait de nuit s'unir à l'homme. Le terme latin *incubus* (se coucher sur) est encore utilisé en anglais et scientifiquement dans le sens de « cauchemar ». En français, cauchemar vient d'un vieux mot picard *(quauquemaire)* et signifie qu'un démon, un fantôme *(mare)* vient presser, fouler *(quauquer)* le dormeur. L'on retrouve la même étymologie en anglais *(nightmare)* et en allemand *(Nachtmar)* où le « démon de la nuit » *(night, Nacht)* est l'incube qui assaille le dormeur [VI-18].

La *terreur nocturne de l'enfant* (encore appelée *pavor nocturnus*) et le *cauchemar en sommeil lent* (VI-7], qui s'en rapproche dans sa description, se caractérisent par : oppression respiratoire, paralysie et anxiété aiguë. D'après Jones [VI-4], il s'agit de l'anxiété la plus intense qui puisse être vécue par l'homme. S'il y a rappel d'une activité onirique il s'agit d'une scène pauvre et unique et non d'un scénario : enfermé dans une tombe, des rochers empilés sur la poitrine, en situation d'extrême danger, de mort imminente avec absolue incapacité de fuir et de s'en sortir... Il poursuit sa terreur réveillé, mais souvent en état de « paralysie du sommeil » et d'« ivresse du sommeil » (en allemand *Schlaftrunkenheit*). Cette impuissance à réagir devant cette menace immédiate et des plus angoissantes (« un monstre invisible mais pesant qui vous asphyxie inexorablement ») est bien décrite par Jones dès 1931 : « Il y a quelquefois une période à l'éveil d'un cauchemar pendant laquelle le sujet est éveillé mais ne peut bouger. » Ces crises se déclenchent au début de la nuit et souvent lors du premier cycle de sommeil. Broughton, en éveillant et levant brusquement les dormeurs en sommeil lent, a aussi obtenu de telles terreurs nocturnes [VI-18]. Il pense que les brutales réactions végétatives : fréquence cardiaque qui passe de 60 à 180 (alors que la tension artérielle est au plus bas en stade IV et peut diminer de moitié par rapport à sa valeur diurne), fréquence respiratoire qui augmente et devient irrégulière, diminution de la résistance cutanée peuvent être vécues selon les six symptômes de l'épisode confusionnel de l'éveil brutal entraînant un état dissocié de conscience [VI-18].

Entre 1968 et 1974, Fisher et coll. [13, 14, 15, 16, 17] ont écrit une série d'articles à la suite d'études de cauchemars. Ils ont décrit que les cauchemars pouvaient se manifester de nuit, pratiquement dans tous les états de sommeil : cauchemars hypnagogiques de l'endormissement, souvent observés chez des narcoleptiques ; rares *cauchemars en stade II de sommeil* qui ressemblent aux terreurs nocturnes mais en moins intenses ; cauchemars du sommeil lent qui sont semblables aux terreurs nocturnes et qui diffèrent grandement des cauchemars du sommeil paradoxal qui sont des rêves effroyables et effrayants dont le rêveur se réveille en sursaut mais peut parfaitement se souvenir.

Le *cauchemar du sommeil paradoxal* apparaît tard dans la nuit ou souvent dans la seconde partie de la nuit, à l'inverse des terreurs nocturnes qui ne sont pas des rêves. Hartmann dans son remarquable ouvrage sur les cauchemars [VI-7] remarque que la distinction est aisée à faire à partir d'une seule question : « Est-ce que vos cauchemars sont des rêves ? »

Ceux qui ont des terreurs nocturnes s'écrient : « Non, bien sûr. » Ceux qui font des rêves effrayants, des rêves d'attaques, du style « être frit dans une poêle » disent : « Oui, bien évidemment » (cauchemars du sommeil paradoxal).

Un autre type de cauchemar est intermédiaire et peut-être à part : ceux qui arrivent en stade II de sommeil et correspondent souvent à des *cauchemars post-traumatiques,* rêves effrayants qui reviennent régulièrement et constituent la réactualisation de traumatismes passés. Barrois raconte le cas d'un soldat en 1914-1918, qui avait combattu à Verdun et a présenté ensuite, depuis 1918, des cauchemars de bataille jusqu'à sa mort, dans sa 90e année [18]. Il s'agit là de névroses traumatiques et de psychopathologie de la guerre, qui donne lieu à « une sorte de persécution interne », de « traumatisme renouvelé lui-même » et parfois vécu avec un « sentiment persécutoire externe diffus, souvent confondu à la légère avec des réactions phobiques d'évitement généralisées » [18]. Et Barrois d'écrire à ce sujet :

> « Le cauchemar répétitif est le type du ratage du rêve dans sa fonction de second Moi, qui échange avec le Moi vigile des représentants pulsionnels, dans une sorte de jeux de miroir et d'amortissements successifs. Dans le cauchemar, dans la terreur nocturne, il semble que le Moi du rêve avait besoin d'urgence de passer la main au Moi vigile devant un état de véritable indigestion psychique. C'est dans ces moments que les sujets présentant des névroses traumatiques traversent une phase intermédiaire, plus ou moins longue, d'indistinction rêve-veille, dont la teinte psychotique peut être très franche » [18].

Les cauchemars post-traumatiques s'observent en effet pendant un EEG de stade II, mais aussi de sommeil paradoxal où le sujet revit alors la scène d'horreur traumatisante qu'il a réellement vécue (ou qu'il va transposer, condenser, déplacer dans son rêve répétitif « enkysté » qui reviendra le hanter de nuit). Le cauchemar post-traumatique survient à la suite d'événements atroces et exceptionnels : mort brutale imprévue, maladie chronique et souffrance associées, conflits divers intenses (familiaux, conjugaux, professionnels). Parmi les agressions physiques qui peuvent être la cause de tels cauchemars, les scènes de violence dont les actualités audiovisuelles rendent si bien compte : tremblement de terre, ouragan, naufrage, prise d'otages, agression, rapt, viol, torture, déportation et scènes de guerre.

Pour Kales *et al.* [19], les cauchemars permettraient

l'expression des conflits insuffisamment exprimés pendant la veille. Comme il existe peu de manifestations somato-végétatives pendant le sommeil paradoxal, Fisher [14] suggère qu'un mécanisme physiologique modulerait l'anxiété et supprimerait la réponse physiologique [20]. Cependant, lorsque l'anxiété est suffisamment importante, alors une réaction somatique pourrait entraîner l'éveil. Broughton considère [VI-18] qu'un conflit psychique vécu la veille avec anxiété pourrait abaisser le seuil d'éveil du stade IV de sommeil lent et faciliter ainsi la survenue des terreurs nocturnes. A l'inverse, Fisher considère que ces terreurs nocturnes ne visent pas à maîtriser l'anxiété mais révèlent l'incapacité du sujet à la contrôler. Broughton suppose une sorte de « principe d'incertitude biologique » entre sommeil et éveil, dont l'amnésie du réveil serait le témoin. En sommeil lent, le risque du souvenir ultérieur est moindre qu'en sommeil paradoxal. Broughton suppose [VI-18] que des barrières protectrices peuvent être alors levées, permettant l'expression brute de conflits émotionnels qui seraient autrement et ailleurs réprimés. L'expression de tels conflits aigus entraînerait alors des attaques de terreurs nocturnes ou de cauchemars du sommeil lent avec une sorte de protection de l'amnésie de l'éveil ultérieur. La confusion elle-même, de quelque nature qu'elle soit (intoxication par drogue, épilepsie, traumatisme crânien, delirium), libère des automatismes du comportement, où l'organisme régresse et manifeste une activité moins consciente et plus simple, en bloquant l'adaptation et la réceptivité aux stimulations externes et surtout visuelles. Ces états confusionnels (souvent suivis d'amnésie lacunaire) ne sont pas ensuite remémorés par la conscience vigile, la conscience lucide et claire de l'éveil habituel. Un conflit aigu subconscient peut entraîner des manifestations viscérales et somatiques qui vont produire un éveil en état de panique (le dieu Pan en Grèce effrayait, troublait les esprits en les conduisant à une fureur sacrée et incontrôlable). Ces seules manifestations végétatives extrêmes (tachycardie, troubles respiratoires, paralysie du sommeil) même sans vécu subjectif intérieur conflictuel, ou en présence d'un « vide psychologique », peuvent produire un réveil en panique, où le dormeur agressé dans son corps nocturne est comme en état de transe et tente de retrouver le vrai refuge du corps dans un éveil normal qu'il n'atteint pas tout de suite.

Chaque adulte peut se souvenir (ou non) d'avoir vécu un ou deux cauchemars par an. Ils diminuent avec l'âge, de même que les terreurs nocturnes, troubles de l'éveil, s'observent dans la proportion de 1 à 3 % chez des enfants de 5 à 12 ans d'après Kales. Un « éveil effrayé » avec cris peut apparaître dès l'âge d'un an et constituer un cauchemar préverbal et peut-être une terreur nocturne préverbale. Ce qui se développe ensuite, selon Hartmann, peut être simplement lié à la capacité ultérieure de décrire, de définir, de conceptualiser, de verbaliser le cauchemar. En conséquence, il semble qu'il apparaisse normalement un plus grand nombre de cauchemars rapportés avant l'âge de 5 ans, et entre 14 et 15 ans lors de la puberté [VI-7]. Chacun d'entre nous peut occasionnellement dans sa vie vivre de telles expériences désagréables. A l'occasion d'une forte fièvre, d'anxiété, de conflit, de traumatisme qui se réactualise. Des malades schizophrènes ou déprimés ont souvent des cauchemars. Les schizophrènes à délire activé hallucinent de jour. Les déprimés dorment mal, rêvent beaucoup avec des cauchemars entrecoupés d'éveils en sursaut. Des traitements médicamenteux peuvent parfois faciliter ou diminuer l'apparition de cauchemars.

Ceux qui vivent des rêves-cauchemars ont des « frontières ouvertes »

Enfin Hartmann [VI-7] vient de montrer, au terme d'une longue recherche, que les sujets normaux qui ont fréquemment des cauchemars diffèrent des rêveurs qui présentent des rêves intenses et vivides, et diffèrent encore de ceux qui ont des rêves ordinaires et banals. Il voit ainsi le cauchemar (du sommeil paradoxal) comme un rêve extraordinaire d'une très forte intensité émotionnelle associé à une expérience si désagréable qu'elle entraîne un réveil en catastrophe. Le groupe de sujets qui font aisément l'expérience de tels cauchemars est plus proche d'une pathologie schizophrénique que d'une névrose ordinaire. Mais ce qui caractérise surtout ce groupe c'est son « ouverture » et sa « non-défense », par rapport aux autres sujets qui ont développé des défenses et des protections, des « cuirasses », et sont donc moins vulnérables dans la vie. Hartmann a développé un questionnaire détaillé de 146 questions, qui explore un concept de « frontières multiples ». Ces frontières peuvent être fines ou perméables ou au contraire épaisses et imperméables. Le questionnaire de Hartmann porte sur 12 catégories de frontières différentes qui font l'objet du *tableau 8* suivant :

1. Éveil, rêve, sommeil
2. Expériences inhabituelles (métamorphoses)
3. Pensées, émotions, humeurs
4. Enfance, adolescence, adulte
5. Relations interpersonnelles (homme, femme)
6. Sensibilité (« sens » différents, séparés ou non)
7. Netteté, exactitude, précision
8. Perspectives et lignes, habillement
9. Opinions et idées reçues (enfance, clichés)
10. Organisations
11. Peuples, nations, groupes
12. Beauté, vérité (expériences mystiques)

Tableau 8 : Principales catégories du questionnaire de Hartmann précisant la qualité (fines ou épaisses) des « frontières » d'un sujet (exposé lors de la conférence d'Ottawa, de l'Association For Study Of Dreams, 1986).

L'ego se développe à la frontière de l'individu et du monde. Hartmann a étudié 38 sujets ayant des cauchemars au moins une fois par semaine, 12 sujets ayant des rêves intenses et vivants et 12 sujets ne se rappelant pas leurs rêves. Les sujets du premier groupe étaient pourchassés par des monstres, torturés par des nazis, poignardés sous l'eau et leur sang coulait. Les cauchemars étaient vécus par eux, sauf deux femmes qui rêvèrent que leurs enfants étaient attaqués. Ils étaient artistes, éducateurs, instructeurs en thérapies corporelles... Les cauchemars exprimés étaient des rêves anxieux du type sommeil paradoxal, l'*anxiété* pouvant être conceptualisée comme une « peur sans objet ». Ce groupe ne ressemblait pas aux sujets présentant des terreurs nocturnes.

Les sujets qui cauchemardent fréquemment n'ont pas une tendance agressive ou une hostilité marquée dans la vie, mais sont plutôt des personnes dont les « frontières » sont « fines, ouvertes, perméables, poreuses » et qui « laissent passer » fréquemment leurs peurs et leurs colères, qui deviennent alors plus vivantes et effroyables que pour la plupart d'entre nous. Ces personnes sont « vulnérables » depuis l'enfance sans doute et ont souvent vécu une suite de traumatismes mineurs. Ces individus sont « sensibles » et présentent définitivement des tendances et des énergies artistiques et créatives. Cela ne signifie pas cependant que toutes les personnes créatives doivent faire l'expérience de cauchemars fréquents. A l'inverse, les sujets de contrôle qui ne se rappelaient pas leurs rêves (et n'ont jamais de cauchemars) présentent des frontières « rigides ». Pour Hartmann, le concept de « frontières fines et perméables » convient parfaitement au travail créatif qui consiste à explorer de nouvelles voies, à voir les choses simultanément de points de vues différents, d'être sensible aussi bien au monde intérieur qu'au monde extérieur. Cette ouverture, cette sensibilité a une plus grande vulnérabilité face à une certaine « folie », peut-être liée à des « états dissociés » de conscience, comme la schizophrénie et son cortège d'hallucinations, visuelles mais surtout auditives et somesthésiques, ou d'état de dépersonnalisation dans la forme déficitaire. Cette fragilité, lorsqu'elle s'exprime sur le plan vital-émotionnel, s'ouvre encore à l'excitation-dépression propre au caractère cyclothymique qui est petit cousin de la psychose maniaco-dépressive.

Comme toute exploration, toute aventure, présente des risques mais aussi des avantages et des promesses, les sujets qui ont de tels cauchemars devraient aussi, selon nous, avoir des rêves d'expériences gratifiantes, merveilleuses, extraordinaires. Si ce n'est pas le cas, ils en ont la possibilité et peuvent la développer. En d'autres termes, ils peuvent changer leurs cauchemars en aventures dont ils sont les héros vainqueurs et non les victimes paralysées et impuissantes.

Changer les cauchemars en expériences positives

Un cauchemar post-traumatique répétitif peut être réduit par une faible et directe altération d'un détail du cauchemar. C'est ainsi qu'un jeune fermier avait subi des fractures multiples après être passé sous un tracteur. Un an après l'accident, il le revit deux à trois fois par semaine sous forme de cauchemar récurrent. Il lui fut demandé de décrire dans le détail ce cauchemar et de choisir quelque chose de non signifiant et d'émotionnellement neutre qu'il pourrait modifier. Il choisit de changer la couleur du hangar métallique [21]. A partir de cette décision, il revécut ce cauchemar et en devint « lucide » dix jours plus tard [22]. Lorsqu'il tenta de modifier la couleur du hangar, il se retrouva immédiatement dans un autre rêve très agréable où il « dansait avec sa femme dans une boîte de nuit ». Revu deux semaines après, le jeune fermier redormait normalement et se sentait reposé ; le cauchemar post-traumatique, modifié et stoppé, ne s'était plus manifesté.

Patricia Garfield a récemment étudié les rêves et les cauchemars des enfants [VI-6]. Elle donne aux parents un guide pratique pour rendre les enfants actifs au lieu de subir passivement et avec effroi leurs terreurs nocturnes et cauchemars. Voici ces sept conseils :

1) Apprendre à votre enfant à faire face au danger et à le conquérir dans ses rêves.

2) Apprendre à votre enfant à appeler des « amis de rêve » au secours lorsque c'est nécessaire pendant le rêve.

3) Lui raconter des histoires qui peuvent servir de modèle pour une confrontation victorieuse. Ainsi, dans « Alice au pays des merveilles », lorsque la reine de cœur menace de lui couper la tête, Alice la remet à sa place : « Vous n'êtes rien d'autre qu'un paquet de cartes. » Les attaquants s'aplatissent tandis que le rêve prend fin.

4) Apprendre des moyens appropriés et faire des expériences pendant l'éveil qui permettent de faire face aux dangers des rêves. Visiter un poste de police ou une caserne de

pompiers peut ainsi aider à lutter contre des rêves de bandits terrifiants ou d'incendies dévastateurs.

5) Encourager des fins heureuses et des découvertes en rêve. L'expression de la créativité jusqu'alors inhibée peut alors se manifester librement en l'espace de quelques mois. Revivre et réactualiser les cauchemars en leur donnant une fin heureuse est aussi très productif.

6) Rassurer l'enfant par le contact. Après un réveil angoissant de terreur nocturne, l'enfant peut être réconforté par un contact physique rassurant, un verre d'eau, aller aux toilettes, se laver le visage. Cela est important afin qu'il ne retombe pas dans le même cauchemar.

7) Objets rassurants : jouets favoris, livres, musique, etc. Parfois une poupée ou un ours familier dans les bras font que l'enfant se rendort aisément après un cauchemar (P. Garfield, [VI-6]).

Vers une biologie et une pharmacologie du rêve et du cauchemar

La *dopamine* intervient dans l'éveil comportemental et comme l'énurésie, le somnambulisme, les terreurs nocturnes sont considérés comme des troubles du réveil, les substances qui augmentent le taux de dopamine du tronc cérébral doivent aggraver ces états dissociés. C'est ce qu'a montré Hartmann [VI-7] en administrant 500 mg de L-DOPA (précurseur de la dopamine) à la fin de l'épisode de sommeil paradoxal de chacun des deux premiers cycles de sommeil. Un placebo, substance inactive, fut aussi administré de la même manière chez des sujets ayant au moins un cauchemar par semaine. Chaque sujet fut enregistré en EEG et en polygraphie de sommeil et réveillé à la fin de l'épisode de sommeil paradoxal du dernier cycle de sommeil. Malgré le petit nombre de sujets il fut observé que neuf cauchemars eurent lieu en fin de nuit après administration orale de faible dose de L-DOPA, contre trois seulement après placebo [23].

L'*acétylcholine* est encore le neuro-transmetteur impliqué dans l'atonie musculaire qui est produite pendant le sommeil paradoxal, et sans doute dans la cataplexie et la paralysie du sommeil. Or des substances cholinergiques semblables se trouvent dans le tabac (nicotine) et la noix de bétel mâchée dans le Sud-Est asiatique (arécholine de la noix d'arec). Des médicaments proches sont encore utilisés comme traitement d'une maladie neuromusculaire (la myasthésie) et leur administration entraîne des rêves et des cauchemars intenses et prolongés [24]. De même, il a été montré chez l'animal [25] que les substances cholinergiques raccourcissent la durée d'apparition du sommeil paradoxal et augmentent la durée des épisodes de paradoxal. Ces seuls faits peuvent expliquer l'intensité plus grande des rêves et donc de l'émergence des cauchemars (considérés comme des rêves très intenses où le rêveur est passif, statique et subit désespérément une situation désastreuse contre laquelle il ne peut lutter étant effrayé et impuissant).

Inversement, les *substances anticholinergiques* (du type atropine, scopolamine) retardent l'apparition du sommeil paradoxal et le bloquent, comme les antidépresseurs qui sont utilisés pour lutter contre la dépression. Ces produits sont susceptibles de lutter contre les cauchemars du sommeil paradoxal. Toutefois comme ils sont capables d'entraîner encore à dose forte des délires suivis d'amnésie, ils seraient à proscrire dans les terreurs nocturnes.

Toujours selon Hartmann [VI-7] les substances bloquant la dopamine, les *neuroleptiques*, dont les propriétés antipsychotiques en font une médication de choix dans la schizophrénie, entraîneraient une réduction des cauchemars des schizophrènes. Comme il est très difficile d'obtenir au laboratoire d'EEG, et lors d'enregistrements de nuits de sommeil, des récits et des rappels de cauchemars, cela n'est pas l'objet d'une étude contrôlée.

Malgré l'opinion de Jones en 1931 [VI-4], il n'y a pas non plus de certitude quant à l'idée que les cauchemars seraient produits par un trouble digestif ou gastrique, une intoxication alimentaire, une mauvaise digestion, une « crise de foie » ou un « embarras gastrique ». Ce qui est certain par contre, c'est que les cauchemars ne proviennent pas d'une privation d'oxygène au cerveau. L'étude de plusieurs milliers de crises d'apnées du sommeil a montré que, malgré l'hypoxie parfois dangereuse et suivie de réveils, les malades ne rapportaient pas de cauchemars. Les effets secondaires des apnées pouvant être des migraines matinales, de la somnolence diurne et de possibles complications de troubles pulmonaires et cardiaques.

Hartmann postule encore que, contrairement à l'augmentation de dopamine et d'acétylcholine, la diminution des taux de noradrénaline et de sérotonine dans le tronc cérébral peut faciliter les cauchemars. Cela semble plus controversé. Il signale que des substances utilisées pour leurs effets régulateurs cardio-vasculaires (les « bêta-bloqueurs adrénergiques du type propranolol ») et parfois anxiolytiques semblent augmenter les rêves et les cauchemars qui deviennent plus intenses [26]. Par contre la réserpine, premier « neuroleptique » utilisé (avant la chlorpromazine) comme antipsychotique, fut abandonnée à cause de ses effets secondaires. La réserpine épuisait les réserves de dopamine, noradrénaline et sérotonine, en entraînant des rêves intenses et des cauchemars [27] et aussi parfois des épisodes dépressifs. Expérimentalement chez l'animal, une substance (PCPA) qui inhibe la synthèse de sérotonine et entraîne sa diminution progressive entraîne de l'insomnie par blocage temporaire partiel du système du sommeil lent au niveau du raphé du tronc cérébral [28, 29]. Le LSD, hallucinogène, bloqueur puissant de la sérotonine est supposé cependant augmenter le sommeil paradoxal. Le « mal des ardents » ou « feu Saint-Antoine » entraîne, par intoxication liée à un champignon toxique du seigle (l'ergot de seigle), une insomnie grave qui accompagne « la danse de Saint-Gui », forme spasmodique avec troubles psychiques, troubles digestifs et troubles neurologiques graves (appelés « ergotisme ») qui produisent un refroidissement, des fourmillements, des démangeaisons des extrémités qui peuvent aller jusqu'à une artérite périphérique très douloureuse pouvant se compliquer de gangrène [VI-22]. Or cette intoxication est liée à des substances naturelles proches du LSD (l'ergotamine) et aussi à d'autres produits bloqueurs de l'adrénaline périphérique. Des dérivés de ces produits sont actuellement utilisés contre la migraine et comme vaso-dilatateurs et régulateurs du métabolisme et de la circulation cérébrale. Il ne semble pas avoir été rapporté que ces produits actifs puissent faire naître des cauchemars.

Un dernier point important de la biologie du rêve [30] et du cauchemar [VI-7] est celui des traitements médicamenteux prescrits et de leurs sevrages. Les anxiolytiques ou tranquillisants (« benzodiazépines ») sont souvent prescrits comme hypnotiques, à côté des barbituriques plus anciens, et parfois dans les terreurs nocturnes avec plus de succès que dans les cauchemars [20]. Ces produits entraînent parfois de l'amnésie. Donnés chez les insomniaques, ils vont plus ou moins rapidement cesser d'agir, diminuer le sommeil lent profond, diminuer le temps de sommeil total, et augmenter le nombre et la durée des éveils de nuit [31]. Ils sont donc à prescrire avec précaution comme nous l'avons déjà vu et par un spécialiste [32, 33]. Le sevrage de tels médicaments peut entraîner des troubles graves avec « convulsions ou myoclonies, insomnies et cauchemars terrifiants » [31]. Ce rebond d'insomnie peut durer quelques jours. Certains anxiolytiques d'action très rapide (3 heures) peuvent produire le lendemain un rebond d'anxiété qui peut s'accompagner d'agressivité [31, 34]. Gaillard a pu montrer qu'un autre anxiolytique à action plus longue (flunitrazépam) administré au cours d'une étude contrôlée par rapport à un placebo modifiait « les contenus mentaux » en stade paradoxal et en stade II [35], en produisant plus de rêves désagréables, plus d'agressivité verbale et physique et plus de rêves sexuels dans le contenu onirique des rêves [36]. Cet effet n'a pas été observé pendant l'éveil ultérieur. Bien que diminuant le sommeil lent et donc les cauchemars de ce stade, les anxiolytiques pourraient augmenter les cauchemars du sommeil paradoxal. Or d'autres médicaments, puissants inhibiteurs de la synthèse des protéines (chloramphénicol), suppriment le sommeil paradoxal sans rebond ultérieur (Jouvet 1984, [II-58]) et pourraient agir en bloquant la synthèse du facteur (peptidique) responsable du sommeil paradoxal [29]. D'autres substances, inversement, augmentent le sommeil pardoxal [37]. C'est dans ce sens, nous l'avons déjà vu, que Jouvet poursuit en ce moment ses recherches des facteurs naturels du sommeil lent et du sommeil paradoxal. La plupart des médicaments psychotropes actuels (amphétamines, IMAO et antidépresseurs tricycliques) suppriment le sommeil paradoxal et leur arrêt est suivi d'un rebond immédiat ou retardé. Ce rebond est pour Jouvet lié à « la synthèse, la libération et l'accumulation du facteur du sommeil paradoxal » [II-58].

Au bout du compte, « les données qui concernent les médicaments susceptibles de réduire les terreurs nocturnes et cauchemars nous donnent fort peu d'informations », selon Hartmann lui-même [VI-7]. Il est admis qu'il n'y a pas actuellement « un » traitement de ces troubles du sommeil et du rêve.

RÉSUMÉ DU CHAPITRE VII

Les troubles comportementaux du sommeil sont divers. Les *apnées* du sommeil s'accompagnent souvent de *ronflements* bruyants. Parler tout haut intervient plus en sommeil lent qu'en sommeil paradoxal. De simples *secousses musculaires* peuvent apparaître à l'endormissement qui deviennent causes d'insomnie lorsqu'elles se répètent toutes les 30 secondes environ (« myoclonus nocturne »). Il existe encore un « syndrome des jambes sans repos » et des « mouvements périodiques » de flexion et de redressement du pied ou de la jambe qui peuvent encore apparaître à l'endormissement.

Alors que les érections nocturnes douloureuses sont rares, l'*énurésie* (« pipi au lit ») est plus fréquente. La vessie, trop petite et nerveuse, mal contrôlée, se déclenche souvent en début de nuit, pendant un stade de sommeil lent qui s'allège et fait place à un éveil EEG tandis que persiste un sommeil comportemental qui correspond à un état de conscience « dissocié ». Ces crises sont assez semblables aux *accès de somnambulisme* et aux *terreurs nocturnes* et *cauchemars* du sommeil à ondes lentes qui sont essentiellement des troubles du réveil et non des troubles du sommeil. Ces réveils brusques après un épisode de sommeil lent profond entraînent en effet : de la confusion mentale avec désorientation, un comportement automatique, une relative non-réactivité aux stimuli externes, une difficulté de contact avec l'environnement, une amnésie des événements liés au réveil et enfin un rappel partiel d'une apparence de rêve ou pas du tout. Expérimentalement il est possible de provoquer un tel état de trouble de l'éveil, après un réveil brusque pendant un stade de sommeil à ondes lentes, où l'on place rapidement le sujet debout. Cela peut alors provoquer une crise d'énurésie si la vessie est pleine (il existe aussi des incontinences dans la journée liées au stress), un déclenchement de crise de sonambulisme ou une terreur nocturne avec palpitations, oppression respiratoire, cris et panique.

Le somnambulisme naturel peut rentrer dans le cadre plus vaste du somnambulisme provoqué *(hypnose)*, des états de *transe* avec automatismes moteurs. La crise somnambulique intervient aussi en début de nuit et s'observe plus chez l'enfant entre cinq et douze ans. Si les parents ont présenté ces crises, il y a une plus grande chance que les enfants et surtout les garçons en aient aussi. Ces crises peuvent être rapprochées d'autres automatismes déambulatoires tels que les fugues qui peuvent être suivies d'amnésie, de panique ou de rage. Ces éveils avec confusion sont sous-tendus par une activité lente EEG au départ des crises qui paraît liée à l'oubli ultérieur de ce qu'a fait le sujet. Bien que, pendant un accès de somnambulisme, des activités très complexes puissent être accomplies, ces crises peuvent parfois être dangereuses pour le sujet ou pour son entourage et il y a lieu de prendre alors des précautions de sécurité. Il est possible de donner fermement et calmement ordre au somnambule de se recoucher. Avant qu'il ne passe par la fenêtre pour accomplir quelque équilibre dangereux pour lui-même ou s'il devient agressif, il est encore possible de le retenir. Il existe encore des crises de somnambulisme-terreur. En général cet automatisme nocturne disparaît à la puberté. Chez l'adulte d'autres facteurs semblent impliqués (anxiété encore définie comme « peur sans objet », hystérie, etc.).

Les terreurs nocturnes s'observent chez l'enfant et peut-être même dès l'âge d'un an. L'enfant s'assoit brusquement dans son lit, hagard et effaré. Il crie et appelle à l'aide. Il faut un certain temps avant qu'il ne s'apaise. Il ne se souvient généralement pas de ce qui vient de se passer et se rendort souvent de suite. Le cauchemar qui surgit pendant le sommeil lent (en stade IV) ressemble plus chez l'adulte à ces terreurs nocturnes enfantines. Si au réveil et au sortir de cette panique, il y a rappel d'une scène onirique, elle est pauvre, avec un sentiment de frayeur, d'extrême danger, de mort imminente, et d'incapacité totale de bouger, de fuir, de lutter contre l'attaque foudroyante et indéfinissable. La terreur est souvent poursuivie au réveil, accompagnée de paralysie et d'ivresse du sommeil. La triade « énurésie — somnambulisme — terreur nocturne » constitue pour Broughton des troubles de l'éveil qui peuvent même s'observer ensemble.

Le deuxième type de cauchemar s'observe pendant le sommeil paradoxal (et non le sommeil à ondes lentes). Dans ces cas, le rêveur se réveille aussi en sursaut mais avec un complet souvenir du rêve d'attaque effrayante dont le plus souvent il vient d'être victime. Certains sujets présentent un cauchemar par semaine et plus, où ils sont poursuivis par des monstres sanguinaires, torturés par des nazis, poignardés après avoir été noyés... Ces sujets d'après Hartmann présentent un type de caractère particulier. Ils sont particulièrement sensibles et ouverts sur le monde. Leurs « frontières » entre eux-mêmes et leur environnement, entre le rêve et l'éveil, entre le sommeil et le rêve, sont en quelque sorte fines, poreuses, perméables. Hartmann a établi un questionnaire pour préciser la qualité de ces frontières. Ceux qui cauchemardent ainsi aisément sont plus vulnérables mais aussi plus artistes et créatifs, à l'apposé des personnalités rigides et rationnelles qui ne se souviennent pas de leurs rêves et encore moins d'avoir jamais fait un seul cauchemar, dont les frontières entre le moi et le monde sont alors épaisses et résistantes. Il existe encore des cauchemars de l'endormissement (en stade I) que connaissent parfois les sujets atteints de narcolepsie ou d'autre forme d'hypersomnie.

Plus rares sont les cauchemars en stade II de sommeil, qui sont entre les terreurs nocturnes et les cauchemars en stade IV de sommeil lent (trouble de l'éveil et de l'état confusionnel ultérieur) et les cauchemars ou rêves effroyables en sommeil paradoxal. Ces cauchemars du stade II s'observent, ainsi que des cauchemars du sommeil paradoxal, dans les cauchemars post-traumatiques qui sont généralement répétitifs, récurrents et font revivre au sujet un traumatisme réellement vécu (accident, incendie, viol, torture, déportation, deuil, etc.). Ces cauchemars post-traumatiques relèvent souvent de la névrose traumatique et de la psychopathologie de la guerre (les « paras » d'Algérie, les « vétérans » du Viêtnam). Il s'agit alors d'une sorte de persécution interne, de « traumatisme renouvelé sur lui-même » où le cauchemar post-traumatique est comme enkysté et revient hanter régulièrement les nuits. Il est possible d'apprendre au sujet à modifier légèrement un détail de son cauchemar, qui devient ensuite lucide lorsqu'il se reproduit. Une fois modifié, il est fréquent alors qu'il se transforme, disparaisse et ne se manifeste plus.

Pour Hartmann qui a récemment écrit un livre important sur les cauchemars, ceux-ci (sauf en stade IV) seraient des rêves particulièrement intenses accompagnés d'un vécu très désagréable à l'opposé des rêves quotidiens et banals dont on se souvient d'habitude très mal. Pour Patricia Garfield, *il est possible de changer les cauchemars en expériences positives* et elle donne dans son dernier livre consacré aux « rêves d'enfants » une suite de conseils pratiques des plus intéressants.

Existe-t-il actuellement une biologie et une pharmacologie du rêve et du cauchemar ? Pour Hartmann les cauchemars apparaîtraient lorsque certains neuro-transmetteurs cérébraux, actifs sur les neurones en particulier du tronc cérébral, augmenteraient (dopamine, acétylcholine) et que d'autres diminueraient (noradrénaline, sérotonine). Cela peut se produire sous l'effet de certains médicaments et aussi après sevrage de médicaments psychotropes actifs sur le système nerveux. L'hypothèse des cauchemars liés à une mauvaise digestion, une intoxication alimentaire, une « crise de foie » n'est pas démontrée scientifiquement. Par contre le cauchemar n'est pas lié à un manque d'oxygène cérébral. La plupart des produits psychotropes diminuent le sommeil lent et en particulier les hypnotiques dont l'action s'épuise vite et qui peuvent entraîner au sevrage un rebond de sommeil paradoxal avec rêves intenses, sinon cauchemars. Les amphétamines et les antidépresseurs suppriment le sommeil paradoxal pharmacologiquement et leur arrêt produit un rebond immédiat ou retarde le sommeil paradoxal. *Les thérapeutiques médicamenteuses des troubles du sommeil sont délicates à prescrire et toute automédication est à proscrire.* Il n'existe pas actuellement « un » traitement des terreurs nocturnes et des cauchemars.

Chapitre VIII

ÉVEIL, SOMMEIL ET PATHOLOGIE MENTALE

« Est-ce moi ou les autres qui sont fous ? C'est une question assez floue. »

Albert EINSTEIN

« La folie est le rêve de l'homme éveillé. »

MOREAU DE TOURS

« La veille, c'est la création manifestée, l'affirmation par le verbe de la vie dans le jour. Mais le rêve c'est le grand mouvement silencieux de l'âme au long des nuits. »

ARTHUR ADAMOV

Trois voies se présentent, selon Jouvet [1], au chercheur et au rêveur pour le mener vers le rêve : l'approche neurophysiologique, l'approche phylo- et ontogénétique dont nous venons de parler et aussi l'*approche introspective,* par « en dedans », qui conduit à « l'étude des souvenirs de rêves » et à « l'exploration du contenu manifeste ». Jouvet a suivi chacune de ces trois voies, jusqu'à la dernière puisqu'il a publié une étude sur 2 525 de ses rêves qu'il a recueillis entre 1970 et 1978 [1].

Dans cette dernière approche, Jouvet rejoint toute une lignée de chercheurs (souvent français), curieux de leur vie fantasmatique et onirique [2 à 11]. C'est en 1900 qu'apparut le premier livre de Freud, *Die Traumdeutung* [12]. Celui d'Oswald [III-36], plus récent, s'intéresse beaucoup aux états de demi-veille et de demi-sommeil. Pélicier abordera ensuite les relations de la clinique et du sommeil [13, 14, 15]. En 1941, Tournay ose déjà parler à la première personne, dans la *Revue neurologique,* « Sur mes propres visions du sommeil » [16], suivi en 1967 par Fischgold et Safar [17] qui publient leurs propres images hypnagogiques. Nous nous inscrivons personnellement dans ce « sillon psychologique » qui n'est pas celui d'Henri Piéron [IV-37] ni de Kleitman [I-12], mais remonte aux travaux qui viennent d'être cités ainsi qu'à Bergson dans son chapitre sur le rêve [18] et à Bachelard [19]. C'est pourquoi nous avons publié 20 exemples de nos propres rêves, à partir d'un journal de 500 rêves qui en comporte plus de 1 000 actuellement, et que nous leur avons consacré dix chapitres d'un premier essai [20], plus personnel que ce présent ouvrage.

Jouvet, dans son étude longitudinale de 130 de ses rêves, envisage « l'hypothèse que le processus du rêve emploie plusieurs types de mémoires récentes : l'une dénuée de paramètre spatial, qui décroît rapidement, l'autre en relation avec l'environnement qui possède une latence de 7 à 8 jours » [1]. Il termine son article dans l'attente que se constituent des « banques de rêves ». Or, Hélène Renard et Christian Charrière ont réuni, sans moyens et bénévolement, un matériel de 3000 rêves. Les Américains, déjà en 1966, en ont réuni plus de 10000 au cours d'une large enquête [21]. Foulkes s'intéresse de très près au contenu des rêves obtenus lors de réveils au laboratoire d'EEG [22], mais avec une grille d'inspiration psychanalytique qui restreint et oriente peut-être ses résultats. Patricia Garfield [23] possède sans doute le record du journal de rêves puisqu'elle détient plus de 20000 rêves personnels qu'elle a commencé de noter dès l'âge de quinze ans. Devenue psychologue, elle a développé une méthode pour « devenir consciente de ses rêves » et s'en sert en thérapie. Cette recherche sur le « rêve lucide » fait l'objet de travaux scientifiques en Californie et constitue une nouvelle voie d'approche des rêves [24]. Mais c'est à Moreau de Tours, Jackson et Henry Ey que revient le grand mérite d'avoir étudié en parallèle les troubles de l'éveil, du sommeil, les rêves et la pathologie mentale.

Moreau de Tours, Hughlings Jackson et Henri Ey

C'est en 1845 que Moreau de Tours, médecin psychiatre à Bicêtre, après s'être intéressé aux effets hallucinatoires de la datura stramoine, publie *Du hachisch et de l'aliénation mentale. Études psychologiques* [25]. Il parle d'expérience personnelle qui est pour lui « le critérium de la vérité ». Il considère alors que l'« excitation maniaque » est le « fait primordial », le fait psychique à la base du délire, de la folie, de l'aliénation mentale, et que les effets du hachisch, du rêve et du délire ne font qu'un. Curieusement il y a eu peu d'études scientifiques chez l'homme sur les états induits sous hachisch et les altérations de l'EEG. Nous avons rapporté ces études en 1978 [26]. Au préalable, nous avons étudié en 1974 [27], avec l'équipe du professeur Deniker au Centre hospitalier Sainte-Anne, les altérations EEG observées après administration du produit actif du hachisch (THC), chez des sujets volontaires sains (ayant reçu oralement 10 milligrammes de THC). Nous avons alors montré un télescopage d'états de vigilance, où l'éveil, la sédation avec des états de rêverie et de brefs sommeils se succédaient rapidement, ainsi qu'une succession de stade I et de brefs épisodes ressemblant à du sommeil paradoxal. Moreau de Tours reste l'initiateur des soirées littéraires et des « fantasias » du club des Haschischins, où se réunissent à l'Hôtel de Lauzun : Théophile Gautier qui rendra compte des « merveilleuses soirées » dans *La Presse,* Baudelaire qui écrira *Les Paradis artificiels* (1860) et *Du vin et du haschisch* (1851). Dumas et Victor Hugo se joignent aux fêtes, où la confiture de hachisch, l'« extrait gras au beurre », le « dawamesc » sont consommés en joyeuse compagnie, auprès de la belle Mme Sabatier, de peintres et de leurs jolis modèles... Cependant, Moreau de Tours constate que l'intoxication du hachisch est comme la folie et conduit au délire, mais [25] :

> « laisse subsister au milieu des troubles les plus alarmants, la conscience de soi-même, le sentiment intime de son individualité. Car, placé en dehors de ses atteintes, le moi domine et juge les désordres que l'agent perturbateur provoque dans les régions inférieures de l'intelligence. »

Et c'est là toute la question : qu'en est-il de ce « délire », s'il reste cette « conscience de soi-même », alors que le sujet sous les effets du hachisch est excité, « joyeux », puis vit une « dissociation des idées », des « erreurs du temps et de l'espace », suivis du « développement de l'ouïe », sous « influence de la musique », puis d'« idées fixes, convictions délirantes », et enfin d'« illusions, hallucinations ». C'est tout le problème philosophique de cette « conscience de soi-même » qui est posé. Moreau de Tours est réaliste, matérialiste dans son approche. Il s'en tient à « la vie extérieure ou réelle », et alors la vie intérieure, le rêve, n'est plus pour lui que folie, qu'illustrent brillamment les expériences éphémères et illusoires des « paradis artificiels » obtenus grâce au hachisch ! Voilà l'attitude matérialiste, organiciste, qui apparaît en psychiatrie. En 1855, Moreau de Tours affirmera sa proposition : « La folie est le rêve de l'homme éveillé », au cours d'un débat sur les hallucinations, à la Société médico-psychologique [28]. Henri Ey rapporte dans le détail les controverses qui s'ensuivirent [29]. Il cite quatre phrases clés de philosophes, fort proches de la pensée de Moreau de Tours :

> « Il est évident que la cause, qui fait que dans certaines maladies on se trompe, même tout éveillé, est celle qui dans le sommeil produit en nous le rêve » (Aristote).
>
> « L'erreur n'est que le songe d'un homme éveillé : à un certain degré elle devient le délire » (Spinoza).
>
> « Le fou est un dormeur éveillé » (Kant).
>
> « Le rêve est une courte folie et la folie un long rêve » (Schopenhauer).

Henri Ey s'est beaucoup inspiré des thèses d'Hughlings Jackson (30, II-5] auquel il a consacré un ouvrage [31]. Jackson, en 1874, avait fait l'hypothèse que l'hémisphère droit devait participer directement aux processus perceptuels et être responsable de relations plus directes avec le monde extérieur, en ce qui concerne la perception des formes visuelles. Il aura presque fallu cent ans pour que cette intuition remarquable du neurologue anglais, qui combattit le localisationnisme de Broca, fût enfin reconnue et validée. Jackson classifia les mouvements d'après leur degré d'automaticité : la respiration d'abord considérée comme tout à fait automatique, le maintien de la posture ensuite, déjà un peu moins, et enfin la parole volontaire, ne présentant plus guère d'automatisme. Jackson proposait ainsi :

> « Une évolution des centres nerveux du simple vers le complexe, c'est-à-dire des centres inférieurs responsables de mouvements purement automatiques vers les centres supérieurs responsables de mouvements peu automatiques. Il est à remarquer que le terme spencérien d'évolution, qu'utilise Jackson, peut être pris aussi bien dans son sens phylogénétique qu'ontogénétique... Jackson pense ainsi que les centres inférieurs sont organisés dès la naissance, alors que les supérieurs se développent jusque tard dans la vie » [III-13].

S'il en est ainsi :

> « La maladie nerveuse est une dissolution, une régression de l'évolution, un processus à rebours qui ramène le comportement à ses formes les plus automatiques, les plus simples, les plus rigidement organisées » [III-13].

Voici, rappelées par Jeannerod, les deux premières thèses « jacksoniennes » qui sont au centre de la pensée et de la conception « organo-dynamiste » de Henri Ey [29, 32] : la hiérarchie des fonctions psychiques exprimée tout d'abord « comme si un certain ordre se composait, assurant à chaque niveau une intégration des niveaux supérieurs ». Cette première thèse s'oppose à l'hypothèse atomiste et mécaniciste qui ne voit dans la vie psychique qu'une activité d'atomes rassemblés. Pour cette dernière, l'esprit est alors fait de morceaux et de pièces et d'une « juxtaposition » de ces éléments (selon la doctrine de Clérambault qui repose sur une « théorie psychologique atomiste »). La seconde thèse de Jackson est celle de la dissolution des fonctions existantes, dans les états pathologiques, avec la libération des instances sous-jacentes. Ainsi, « la maladie représente une régression du système fonctionnel à un niveau inférieur antécédent et sous-jacent » [29]. Jackson distingue encore des dissolutions globales « uniformes », différentes de dissolutions partielles locales. Enfin, Henri Ey considère de plus un « principe anti-nosographique » comme corollaire de l'hypothèse précédente, qui éloigne la clinique de la notion d'entité anatomo-clinique spécifique, impliquée dans l'action directe d'un processus pathologique. Remarquons encore que pour Jackson, l'état d'altération mentale est conditionné par des troubles des fonctions organiques et spécialement nerveuses, donc sa conception est « organiciste » même si elle n'est pas atomiste mécaniciste.

Cependant, la théorie de Jackson « impliquant l'interdépendance des parties et leur dépendance au tout » est considérée par Jeannerod comme un « néo-dualisme », car si « l'organe nerveux est l'instrument de l'esprit, mais ne le constitue pas, l'esprit et le cerveau sont concomitants ou parallèles ». Henri Ey, à partir des idées de Moreau de Tours et de Jackson, suppose que ce n'est pas la manifestation de l'inconscient qui pourra expliquer les symptômes psychopathologiques, mais les modalités de la désorganisation de l'être conscient [31]. Il développe longuement par la suite la distinction de Jackson entre dissolutions partielles et globales, car pour lui :

> « Le type de dissolution psychiatrique (globale) le plus authentique est le sommeil qui engendre le rêve... »
> « La neurologie a pour objet propre les désintégrations fonctionnelles partielles ou instrumentales, sans modifications substantielles de la vie psychique, tandis que l'autre, la psychiatrie, a pour objet les dissolutions globales des fonctions psychiques supérieures qui altèrent sinon aliènent la vie psychique » [29].

Voici présentée la filiation des idées entre Moreau de Tours, Jackson et Henri Ey qui représente une importante contribution à l'histoire et à l'évolution de la psychiatrie et de ses relations avec les processus hypniques et oniriques. La pensée d'Henri Ey est en particulier importante pour comprendre les derniers articles critiques de Gabrielle Lairy au sujet de rêve et délire [33], de sommeil et dépression [34]. Lairy a décrit la première les « états intermédiaires » de sommeil des malades schizophrènes [35] et publié ensuite un ouvrage sur la psychophysiologie du sommeil et la psychiatrie [36]. Pour elle : l'identité ou la similarité des symptômes délirants et des rêves doit être seulement discutée en considérant le souvenir spontané de rêves après des nuits ininterrompues, et non comme corrélée à une activité mentale pendant le sommeil paradoxal. Le « vide mental » de certains malades psychotiques, même observé pendant un sommeil paradoxal plus riche en activité phasique que chez des sujets de contrôle, suggérerait alors qu'une même activité physiologique peut s'observer avec des corrélats physiologiques différents [33]. Lairy se fait l'avocat d'une observation aiguë, tant clinique que comportementale, psychologique et physiologique des malades. Elle précise sa position à propos de la dépression en écrivant :

> « Saisir la dyssomnie d'un malade déprimé ne permet pas davantage de saisir la dépression, en tant que trouble du fonctionnement psychique, que d'enregistrer le sommeil paradoxal ne permet de saisir le rêve.
> Considérer la — ou les — dépressions comme une — ou des — maladies primairement biologiques, c'est réduire l'appareil psychique à la machinerie cérébrale » [34].

Et Gabrielle Lairy termine son propos dévastateur d'un certain réductionnisme par une formule percutante d'autres auteurs :

> « Il serait certainement utile d'interroger la " folie logique " du biologiste, qui tente au prix de tant de vains efforts de réduire la maladie mentale à une atteinte du système nerveux central. Est-ce pour lui le seul moyen d'échapper à sa dépression, et de maintenir soigneusement encrypté le fantôme qui le hante » [37] ?

N'est-ce pas « comme si » le diable sortait de sa boîte et que le sujet humain, longtemps comprimé et emboîté en

« objets observables d'expériences répétables à merci », ne resurgissait là où on l'attendait le moins ?

La notion jacksonienne de la hiérarchie des fonctions psychiques est encore reprise actuellement à propos du modèle de Parmeggiani [III-34], dans le sens de l'intégration progressive du sommeil paradoxal dans la maturation du sommeil lent et du développement ultérieur de l'éveil à l'environnement chez le nouveau-né qui, entre deux et dix mois, réalise et différencie ses trois états de vigilance. En ce sens, si « le tout est plus grand que la somme des parties », l'éveil est obtenu à partir de la conquête du sommeil lent, lui-même obtenu à partir de la conquête du sommeil paradoxal qui nous vient de l'histoire même des êtres vivants et depuis les reptiles (selon Meddis). Pour Henri Ey c'est « l'être conscient » qui importe, nous dirions l'être éveillé, le sujet. N'est-ce pas aussi la fin du livre de Jeannerod, qui s'intitule pourtant *Le Cerveau machine,* mais une bien mystérieuse machine puisqu'elle recèle un sujet capable de volonté :

> « Ce n'est pas l'environnement qui sollicite le système nerveux, le modèle ou le révèle. C'est au contraire le sujet et son cerveau qui questionnent l'environnement, l'habitent peu à peu et finalement le maîtrisent » [II-13].

Éveil « externe » et éveil « interne » : la loi de Hebb

La *figure 29* représente la loi de Hebb [38] qui caractérise le niveau de performance en fonction du niveau de vigilance. Hebb a constaté que lors d'une tâche particulière à accomplir, il existe un optimum de « niveau de vigilance » qui correspond au maximum de performance de la tâche à réaliser.

La mesure du « niveau de vigilance » peut être un paramètre physiologique : la fréquence des pulsations du cœur, la fréquence de l'EEG (qui augmente lors de l'activation et diminue à l'inactivation), l'amplitude de l'EEG (qui diminue lors de l'activation et augmente à l'inactivation), la vitesse de décharge des potentiels d'action de neurones moteurs impliqués dans la tâche, etc. La mesure de la « performance » est plus de nature psychométrique : vitesse de frappe d'un texte à la machine, surface d'une écriture et vitesse de la plume lors d'une dictée rapide, temps de réaction... Mais ce qui est plus intéressant, c'est que des sujets placés dans des conditions de privation sensorielle, de limitation perceptuelle de leur environnement, chutent en performance et développent rapidement un état d'inconfort

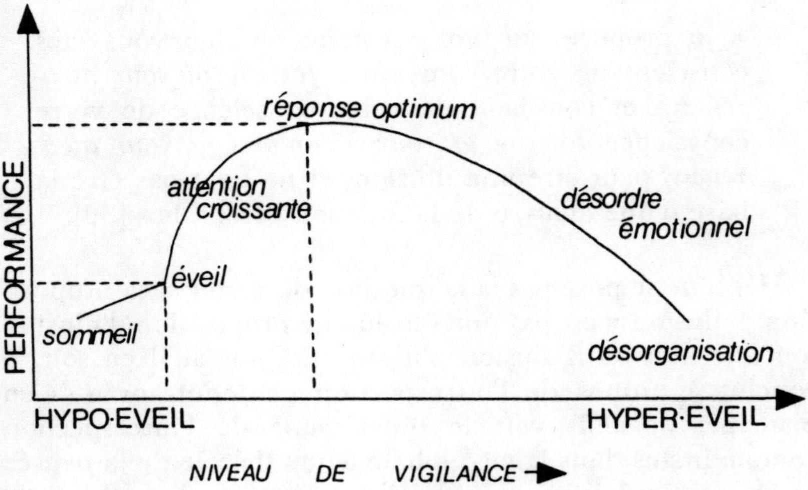

Figure 29 : Loi de Hebb. La réalisation d'une performance est d'autant plus mauvaise que le niveau de vigilance est faible (hypo-éveil : privation sensorielle) ou trop élevé (hyper-éveil qui peut être induit par les effets du LSD). (D'après Hebb, 1958 [VIII-38] ; 1954 [VIII-39].)

intolérable où apparaissent des hallucinations qui semblent compenser l'influx limité d'informations nerveuses. Le même piètre résultat avec baisse, sinon chute de performance, sera obtenu par une trop grande augmentation du niveau de vigilance, auquel le sujet non préparé ne peut faire face : une crise de tachycardie, où le cœur bat la chamade à toute allure, est vécue de façon très angoissante et stoppe généralement toute activité en cours, à l'opposé de l'hypotension orthostatique du matin qui, par syncope vagale, met brutalement par terre le sujet devenu brusquement inconscient jusqu'à ce qu'il rétablisse un peu mieux son équilibre circulatoire.

Hebb a élaboré, en 1954, une longue réflexion sur « le problème de la conscience et de l'introspection » [39] qui nous intéresse. Il considère que l'hypothèse de l'existence de quelque chose appelé conscience est une hypothèse « vénérable », et non une donnée, non directement observable, mais une inférence à partir d'autres faits. Il écrit :

> « Je propose que votre conviction que vous êtes conscient de votre conscience *[aware of your awareness],* et conscient de votre conscience de votre conscience *[aware of your awareness of your awareness]* peut être une illusion, et ne peut pas être la base d'une analyse de la fonction cérébrale » [39].

Hebb ne se pose pas là la question de savoir si sa proposition d'illusion n'est pas une illusion de proposition d'illusion (ou une illusion d'illusion d'illusion). Quoi qu'il en soit, il conclut à propos de l'introspection en montrant qu'« en principe, on doit voir le phénomène de l'introspection comme inclus dans la vie globale d'une théorie de la pensée et de la conscience » [39]. Cette vue, où la « théorie » englobe l' « introspection » et théorise pensée et conscience, le conduit à proposer l'idée suivante :

> « Le cortex et le "système centrencéphalique" du Dr Penfield ne sont pas comme une machine à calculer qui opérerait avec un moteur électrique, au contraire, il doit être démarré et doit travailler constamment avec des entrées variées pendant le jour au moins, s'il doit fonctionner efficacement. L'évidence du comportement émotionnel, d'autre part, suggère fortement que les entrées sensorielles doivent elles aussi être variées — c'est-à-dire, ne doivent pas être trop familières — sinon un " breakdown " émotionnel peut apparaître » [38].

C'est poser d'emblée le problème de l'homéostasie, des

équilibres dynamiques et de la marge de manœuvre entre pas assez ou trop d'informations.

Cette discussion introduit aussi le problème de la désafférentiation expérimentale et clinique [40], de la privation et de la déprivation sensorielle telle que l'a étudiée Lilly dans ses caissons d'isolation sensorielle [41]. Toutefois, Lilly, dans son caisson, avait aussi pris du LSD, puissant hallucinogène inducteur d'hyper-éveil qui le menait vers la droite de la courbe en cloche de Hebb *(figure 29)*. Grâce au caisson, la privation sensorielle le ramenait vers la gauche de cette même courbe, il finissait ainsi par équilibrer son activité mentale dans un état de « lucidité » qui lui était bien personnel et que l'on peut voir comme un exercice dangereux d'équilibre instable entre deux précipices : l'hypo-éveil du caisson et l'hyper-éveil pathologique du LSD.

La « loi de Hebb » a été vérifiée expérimentalement chez l'animal [42]. Des rats ont été stimulés électriquement dans la formation réticulée mésencéphalique et soumis à une tâche à accomplir. Leur performance a chuté pour des niveaux trop élevés de stimulation. Ils ont reçu un neuroleptique, de la chlorpromazine, qui bloque l'activité de la formation réticulée ascendante activatrice. Leur performance a encore chuté par hypo-éveil cette fois. La combinaison simultanée de stimulation et de neuroleptique, bien dosée, a permis de retrouver la performance optimale du départ, sans stimulation et sans neuroleptique. N'est-ce pas non plus une bonne illustration des conséquences d'un excès de médicaments psychotropes : prendre d'abord un hypnotique pour dormir et puis (lorsque, au matin, on a « la gueule de bois »), prendre un psychostimulant pour doper son système d'éveil en hypo-fonctionnement !

Oui, la loi de Hebb s'applique souvent [42], mais parfois hélas, trop souvent. Elle peut encore être traduite en termes de rapport signal/bruit : si l'on veut augmenter l'écoute d'un signal, il est possible d'augmenter son niveau, son intensité ; il est parfois plus simple et moins fatigant de diminuer le bruit ambiant. Si le niveau est trop fort, la performance recherchée risque d'inverser son rendement et de chuter par hyper-stimulation intolérable. Au contraire, si la diminution du bruit est trop inhabituelle, cela devient inquiétant et peut se rapprocher des effets de la privation sensorielle [43].

Proche de ces problèmes, se situe ce que nous avons appelé « l'éveil interne », du stade REM de sommeil (I et sommeil paradoxal), ce qui vient d'être dit concernant plutôt « l'éveil externe » de l'état de veille où le sujet doit « performer » au mieux une tâche qui le relie à son environnement. Pourtant Hebb situe le sommeil dans l'hypo-éveil, mais sans préciser de quel sommeil il s'agit. Or, les recherches d'Hernandez-Péon ont montré [44] que le sommeil paradoxal présentait un « niveau d'excitabilité corticale » supérieur à celui du sommeil lent et de l'éveil. Il est donc plausible de considérer que l'éveil interne du sommeil paradoxal, avec l'éveil limbique qui l'accompagne (entraînant sans doute l'éveil cortical), correspond à un optimum de performance d'une fonction « interne » qui reste encore à découvrir et à préciser, qui pourrait être selon Jouvet le renforcement périodique, 100 minutes par nuit, de l'organisation motrice de nos comportements innés, « de cet ensemble de traits de caractère héréditaires qui constitue la personnalité d'un individu ».

Schizophrénie et images cérébrales pathologiques

Il existe deux grands types de malades schizophrènes : les uns déficitaires (appelés hébéphrènes) et les autres au contraire présentant un délire productif, schizophrènes hallucinés (appelés paranoïdes). Ce serait sans doute trop simple de voir les premiers sur le versant hypo-stimulation de la loi de Hebb, et les seconds sur le versant hyper-stimulation, avec tous deux de mauvaises performances de travail autant que de communications. Cependant, des études récentes (dont les nôtres depuis de nombreuses années avec le professeur Deniker) ont permis de montrer que ces deux types de malades présentaient des tracés EEG perturbés de façons différentes. C'est Goldstein qui a montré le premier, en 1965, l'hypo-variabilité au cours du temps des tracés de malades schizophrènes [45] et cela a été confirmé dans de nombreux laboratoires (dont le nôtre). Plus récemment la cartographie EEG a permis à Duffy d'observer chez des schizophrènes chroniques des ondes lentes frontales, et à Buchsbaum, étudiant des schizophrènes hallucinés, de montrer une activation des aires visuelles occipitales [voir II-31 pour revue générale]. Flor-Henry [II-49] a observé des dysfonctionnements de l'hémisphère gauche chez les schizophrènes et de l'hémisphère droit chez les déprimés, en particulier au niveau temporal [voir aussi II-50]. Ces données ont été encore renforcées par d'autres études, telles que celle d'Ingvar [46] montrant un « syndrome hypo-frontal » chez des schizophrènes déficitaires, qui présentaient une baisse du flux sanguin régional cérébral, spécialement en frontal et sur l'hémisphère gauche. Par cette même méthode, Ingvar a encore montré une baisse plus importante, un hypo-métabolisme cortical chez les déments, qui a été validé par tomographie d'émission et aussi par Duffy en cartographie EEG [47]. Il existe actuellement deux concepts d'une pathologie corticale (et sous-corticale) topographique dans la schizophrénie : le syndrome hypo-frontal chez les malades déficitaires (glucose diminué en consommation, débit sanguin diminué, grandes ondes lentes indiquant une inactivation), et d'autre part un syndrome temporo-pariétal gauche présentant les mêmes caractères (hypométabolisme, débit sanguin diminué, ondes lentes) chez les malades paranoïdes à délire activé.

Cette pathologie mentale, à laquelle correspondent des caractéristiques spatiales corticales qui paraissent corroborées par plusieurs méthodes différentes d'imagerie cérébrale, fait penser à un hypo-fonctionnement cortical qui permettrait aux structures sous-corticales sous-jacentes de venir projeter leurs activités spécifiques, normalement inhibées par le néo-cortex, sur ce cortex devenu non fonctionnel localement. La tendance est grande de franchir allégrement ce pas, d'autant que les crises épileptiques locales corticales s'accompagnent d'un afflux sanguin, d'un très grand métabolisme sur le lieu du foyer épileptique qui irradie et propage son « orage électrique », tandis que l'inverse se produit pendant les périodes entre les crises, dites intercritiques. Gardons-nous bien cependant d'une tentation de néo-localisationnisme, cartographique sinon fonctionnel, et encore plus d'extrapoler du malade à l'homme sain.

Cycle de sommeil perturbé, effets de substances psychotropes et schizophrénie

La *figure 30* représente un schéma simplifié de la veille et du cycle de sommeil.

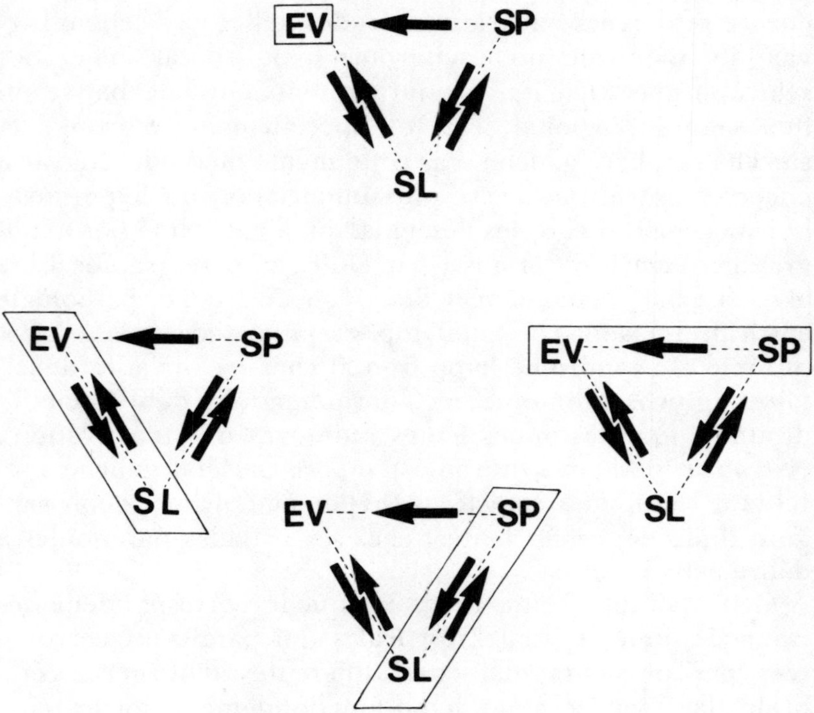

Figure 30 : Schéma simplifié du cycle veille-sommeil normal (en haut) et pathologique (trois derniers dessins, en bas). Éveil : EV, sommeil lent : SL, sommeil paradoxal : SP.

En haut de ce schéma, l'éveil (EV), pris au sens de veille (active ou calme), n'est pas mélangé, ni alternant rapidement avec le sommeil lent ou le sommeil paradoxal. C'est la condition habituelle du sujet « normal ». Or, nous avons constaté, à partir de travaux effectués (chez l'animal et l'homme) et de recoupements de travaux publiés, que les substances atropiniques (antispasmodiques, antiparkinsoniens, scopolamine, atropine, anticholinergiques) mélangeaient des activités EEG de type éveil et des ondes lentes de type sommeil lent, en produisant des états toxiques accompagnés d'agitation avec confusion mentale, des états délirants souvent heureusement suivis d'amnésie. États de dissociation de la conscience, où l'éveil comportemental avec agitation s'accompagne d'une conscience confuse, obnubilée dans certains cas, qui fait que le sujet intoxiqué en oublie parfois de respirer ! Ces états ne sont pas sans rappeler les terreurs nocturnes et les cauchemars du sommeil lent. D'où le schéma de gauche de la *figure 30,* pour cette simultanéité ou cette alternance rapide de deux types de tracés (EV et SL). Or, cela se retrouve dans les « bouffées délirantes aiguës » ou certaines intoxications médicamenteuses (antidépresseurs qui peuvent avoir des propriétés anticholinergiques) ou des drogues délirogènes (Sernyl, Ditran, Kétamine) qui entraînent de très « mauvais voyages ».

Le schéma de droite de la *figure 30* illustre la simultanéité, ou l'alternance rapide de tracés d'éveil et de tracés de sommeil paradoxal (EV et SP), qui peut s'observer après hachisch chez certains sujets [26, 27] et peut-être après certains hallucinogènes qui « cassent la hiérarchie perceptuelle ». Ce type de tracé EEG peut être encore celui de malades schizophrènes paranoïdes à délire activé sinon de cauchemars en stade I ou en sommeil paradoxal. Enfin, les tracés de malades chroniques déficitaires, hébéphrènes, présentent souvent ces états intermédiaires de sommeil qu'a décrits Lairy [35], et qui peuvent ressembler à une simultanéité, ou une alternance rapide de tracés de sommeil lent et de sommeil paradoxal (d'où le schéma du bas de la *figure 30*). Nous avons proposé un tel modèle d'altérations temporelles des trois types de tracés EEG, avec J.-R. Boissier en 1974 [48]. Ce n'est pas sans rappeler le modèle d'alternances des trois états de veille, sommeil lent, sommeil paradoxal, de Parmeggiani [III-32, III-34], qu'il faudrait coupler avec les études topographiques précédentes, pour apporter plus d'éléments de connaissance aux diagnostics, aux thérapeutiques et aux pronostics de la schizophrénie.

Enfin, après avoir abordé rapidement dans cette dernière partie la pathologie mentale, par comparaison avec l'activité dite « normale » d'une population de contrôle, n'oublions pas qu'il y a peut-être des êtres de talent, des « créateurs » qui constituent sans doute l'aile marchante de l'évolution de nos sociétés, et peut-être le contrepoids positif de la lourde partie négative des troubles mentaux et neurologiques. Fort peu de recherches leur ont été consacrées en biologie cérébrale. Parmi ces créateurs, il y a des peintres, des sculpteurs, des musiciens, pourquoi pas des « sages » et d'autres êtres encore plus « tranquilles » parce qu'ils ne font pas parler d'eux et que personne ne les connaît. D'après leurs récits personnels, leur conscience du sommeil et des rêves est bien différente de la nôtre [20]. Jean-Didier Vincent termine son livre sur *la Biologie des passions* par un chapitre qu'il intitule « Le sourire au pied de l'échelle » [II-57]. Or, ce titre est celui d'une histoire de la mort d'un clown, qu'écrivit Henry Miller en 1953 :

> « Cette fois encore, il ferma les paupières, pour mieux plonger dans les ténèbres. Il resta ainsi un long moment, respirant doucement, paisiblement, reposant aux assises de son être. Quand enfin il rouvrit les yeux, ce fut sur un monde dépouillé de tout voile. C'était le monde qui avait toujours existé au fond de son cœur, constamment prêt à se manifester ; mais monde aussi dont le pouls ne se met en branle que lorsqu'on bat à l'unisson avec lui » [49].

Un autre grand artiste, Arthur Adamov, dans une autre confession poignante, *L'Aveu,* répond comme en écho à Henry Miller :

> « Mais le sens véritable, le sens caché de l'espace, l'homme ne l'atteint qu'à partir de la connaissance intuitive, vivante au fond de lui, de son propre espace intérieur. Je veux partir au loin. Encore ne puis-je partir que de moi-même...
> « Mais nulle part autant que dans le rêve du sommeil, dans le grand espace creux de derrière nos nuits, le monde me révèle plus visiblement son âme, c'est-à-dire ce qui l'anime, son mouvement. La

veille, c'est la création manifestée, l'affirmation par le verbe de la vie dans le jour. Mais le rêve, c'est le grand mouvement silencieux de l'âme au long des nuits. C'est dans le silence du rêve, quand rien ne vient plus distraire l'attention angoissée du dormeur, que le sens du mouvement émerge dans toute sa pureté » [50].

RÉSUMÉ DU CHAPITRE VIII

Après l'approche neurophysiologique, et l'approche phylo et ontogénétique, précédemment présentées, il existe une troisième voie : l'*approche introspective* et psychologique du sommeil et des souvenirs de rêves. Jouvet en est l'un des derniers représentants, ayant écrit un article à propos de 2525 de ses propres rêves. Nous nous inscrivons dans cette lignée de chercheurs, qui remonte à Freud et Hervey de Saint-Denys. Hélène Renard et Christian Charrière ont réuni en France 3000 rêves dans leur « bureau de rêves » et Patricia Garfield, psychologue et thérapeute américaine, en a plus de 20000 dans ses journaux de rêves.

Pour *Moreau de Tours,* l'expérience personnelle est le critère de la vérité. Ce psychiatre fit manger de la confiture de hachisch à Théophile Gautier, Baudelaire, Victor Hugo et Dumas. Il considérait que les effets du hachisch, du rêve et du délire ne faisaient qu'un. Il observe que l'intoxication du hachisch « laisse subsister », à côté des troubles les plus alarmants, la conscience de soi-même. Il affirme alors que « la folie est le rêve de l'homme éveillé ». Cela sera ensuite l'objet d'une controverse qui dure encore. Le neurologue *Hughlings Jackson,* en 1874, s'oppose aux thèses localisationnistes de Broca et pose trois hypothèses : « une hiérarchie des fonctions psychiques », celle ensuite de la « dissolution des fonctions existantes, dans les états pathologiques, avec la libération des instances sous-jacentes », en bas de la hiérarchie et plus automatisées. Enfin, il sépare des dissolutions globales et des dissolutions partielles locales. Le psychiatre *Henry Ey* établira sa théorie organo-dynamique à partir des idées de Moreau de Tours et de Jackson. Pour lui, ce sont les modalités de la désorganisation de l'être conscient qui expliqueront les symptômes psychopathologiques et non la manifestation de l'être inconscient. Il pense que « le type de dissolution psychiatrique (globale) le plus authentique est le sommeil qu'engendre le rêve »... *Gabrielle Lairy* considère qu' « enregistrer le sommeil paradoxal ne permet pas de saisir le rêve ». Elle s'élève contre la réduction de l'appareil psychique à la machinerie cérébrale. Si « le tout est plus grand que la somme des parties », alors « l'éveil est obtenu à partir de la conquête du sommeil lent, lui-même obtenu à partir de la conquête du sommeil paradoxal qui nous vient de l'histoire même de l'homme et des êtres vivants ». Si, pour Henry Ey, c'est « l'être conscient » qui importe, nous dirions : c'est l'être éveillé, le sujet.

C'est en 1954 que Hebb a proposé une « loi » qui associerait la performance avec le niveau de vigilance. La performance chuterait brutalement lorsque le sujet est en hypo-vigilance (privation sensorielle, sommeil) ou en hyper-vigilance (sous l'effet de produits hallucinogènes comme le LSD). Il ressort de cette hypothèse que *nous pourrions considérer « l'éveil interne du sommeil paradoxal » comme un optimum de performance d'une fonction « interne »* qui reste encore à découvrir, vers laquelle s'orientent les travaux de Roffwarg, Jouvet et Snyder.

De récentes études de cartes d'imagerie cérébrale, chez deux types de malades schizophrènes, apportent des résultats nouveaux. Les malades déficitaires présenteraient un « hypo-métabolisme frontal » et les malades hallucinés et délirants (paranoïdes) présenteraient un « hypo-métabolisme des aires temporales et postérieures ». Les structures sous-corticales ne seraient-elles plus contrôlées par le néo-cortex devenu « non fonctionnel » et pourraient-elles alors engendrer les symptômes observés ?

Enfin, un modèle de cycle de sommeil perturbé pourrait expliquer d'une part les *effets de certains produits psychotropes,* entraînant des délires (anticholinergiques) ou des hallucinations (LSD), ainsi que des états d'intense imagerie visuelle (hachisch), et d'autre part les *principaux types de schizophrénie* (malades déficitaires, malades paranoïdes ou chroniques). Dans ce modèle, il est pris en compte l'alternance rapide, sinon la simultanéité de tracés d'éveil et de sommeil à ondes lentes, de sommeil lent et de sommeil paradoxal, enfin d'éveil et de sommeil paradoxal. Il serait possible de considérer les intoxications médicamenteuses et les divers types de schizophrénie comme *liés à une « pathologie de l'organisation temporelle » des états de veille et de sommeil,* états qui d'ordinaire ne se télescopent pas au cours du temps chez l'individu normal, sauf dans les cauchemars et les terreurs nocturnes qui s'expliqueraient aussi par le modèle.

Si l'on quitte maintenant la pathologie mentale, à l'autre extrémité de la « normalité » il y aurait sans doute les individus à talent, les créateurs, les artistes. L'on peut supposer qu'ils possèdent une plus grande maîtrise de leur vie intérieure, de leur rêverie (Henri Michaux, Paul Valéry) et de leurs rêves qui deviennent de plus en plus vivides ou lucides (Hervey de Saint-Denys, Patricia Garfield). C'est toute l'approche introspective qui se présente alors et qui a été fort peu explorée par l'étude scientifique. Appréhender cette réalité individuelle, cette « conscience non directement observable », n'est peut-être pas « la base d'une analyse de la fonction cérébrale », comme le disait Hebb. Cependant, qu'on le veuille ou non, cette dimension intérieure existe en chacun de nous, une sorte « d'état fluctuant global » comme le dit Vincent dans son livre récent sur *la Biologie des passions.* Alors, pour aborder ce dernier volet, nous venons de procéder à toute une série d'entretiens avec des spécialistes divers : biologistes, philosophes, mathématicien, neurologues, psychiatres, psychanalystes et psychologues, artistes... Nous leur avons posé une même série de questions : celles auxquelles nous avons abouti à l'issue de cette revue des connaissances sur l'éveil, le sommeil et le rêve. Nous donnons en annexe deux exemples de ces entretiens qui illustrent à quel point le sujet que nous avons abordé est loin d'être épuisé. Et notre première question nous a fait boucler notre propos et repartir au point de départ : qu'est-ce que l'éveil ? Mais peut-être étions-nous engagés sur une spirale évolutive au lieu du cercle de l'éternel retour...

CONCLUSION

« Je me suis cherché moi-même. »

HÉRACLITE

« Un homme sensé se rappellera que les yeux peuvent être troublés de deux manières et par deux causes opposées : par le passage de la lumière à l'obscurité et par celui de l'obscurité à la lumière ; et... qu'il en est de même pour l'âme. »

PLATON, *La République,* VII

« Découvrir, c'est voir la même chose que tout le monde et penser autrement. »

Albert SZENTGYÖRGYI

« Si l'homme veut vivre, il doit changer. »

JASPERS

« L'aventure de l'homme est celle de la conquête de l'éveil. »

Michel JOUVET

Cette présentation des bases physiologiques du sommeil et de l'éveil constitue presque en elle-même un ouvrage sur le cerveau. En 1954 paraissait *Le Cerveau vivant* de Grey Walter (I-6), puis *Le Cerveau éveillé* de H.W. Magoun (1963 [1, III-21], *Le Cerveau au travail* de A.R. Luria (1973 [II-7]), *Le Cerveau conscient* de S. Rose (1975 [III-23]). Depuis ces premiers ouvrages ont encore été publiés *Le Cerveau pensant* de Edelman et Mountcastle (1979 [2]), *Le Cerveau-machine* de Jeannerod (1983 [II-13]), *L'Homme neuronal* de Changeux (1983 [II-20]), etc. Le dernier en date de ces livres, celui dont nous sommes sans doute le plus proche, est *Biologie des passions,* de Vincent (1986 [II-57]). Cet auteur réconcilie en effet :

> « ... un cerveau câblé et un cerveau flou, qui ne repose sur aucune territorialisation du cerveau, mais recouvre l'ensemble des structures cérébrales et des activités qui s'y rapportent ».

Ainsi :

> « ... loin d'appartenir à des cerveaux séparés, le passionnel et le cognitif sont toujours coextensifs ».

Dès le premier chapitre nous avons vu comment l'EEG et la polygraphie (EOG, EMG, etc.) permettaient de définir et de différencier, à partir de critères électrophysiologiques, les divers stades d'éveil et de sommeil. L'EEG n'est que l'expression globale, sinon grossière, enregistrée sur le scalp, des activités électriques de populations de neurones captées par les électrodes d'enregistrement. Nous nous sommes alors intéressé aux activités et aux fonctions corticales. Les aires primaires sensorielles (5 % du cortex) et motrices ne représentent plus chez l'homme qu'une petite portion du néo-cortex par rapport aux aires d'intégrations et d'associations (50 %) qui se sont largement développées. Si les aires primaires présentent des localisations de fonctions précises, il n'en est plus de même des aires associatives qui ne peuvent fonctionner qu'à l'unisson avec les aires voisines. *Le néo-cortex fonctionne donc à la fois de façon spécialisée et de façon globale.* L'homme bien que libre et unique en lui-même n'est pas conçu pour vivre isolé de la société, sauf s'il choisit de son plein gré la vie d'ermite ou si, au contraire, la société l'exclut et l'enferme, pour cause de maladie ou de déviance qui le rend indésirable ou dangereux.

Le cerveau en fonctionnement est lui-même organisé en sociétés de neurones qui coopèrent entre elles et parfois changent de gouvernement au cours du temps. L'exploration du cerveau en profondeur nous a permis un survol des grands systèmes qui président aux émotions et à la mémoire (système limbique), aux relais moteurs des postures et comportements innés (système extrapyramidal de la motricité inconsciente), aux relais sensoriels et à l'expérience consciente (thalamus), au cerveau endocrinien, le « cerveau du milieu intérieur » selon Vincent (hypothalamus). Enfin, nous avons observé comment le système réticulaire et la formation réticulée [3] de Moruzzi [III-20] et Magoun [III-21] sont impliqués dans l'éveil global diffus d'un système d'alerte. Ils ont cédé la place à des réseaux multiples et interactifs, aussi bien entre eux qu'avec les autres grands systèmes cérébraux [III-27]. La formation réticulée du tronc cérébral contient trois étages, trois niveaux superposés de sous-ensembles de neurones et de voies nerveuses interconnectés entre eux, qui peuvent être considérés comme des postes de commandes de l'éveil, du sommeil à ondes lentes et du sommeil paradoxal. Pour prendre une métaphore, il s'agit plus d'une boîte de vitesses qui fait passer d'un régime à l'autre le « cerveau » d'une voiture de première série. Ce n'est pas parce qu'on a isolé quelques dents de pignons, des séries d'engrenages et des leviers de commandes, qu'il faudra extrapoler et dire que c'est à cause d'eux que la voiture roule sur la piste de course. A côté des transmissions mécaniques et des impulsions électriques émises au niveau des « bougies », c'est encore grâce à l'essence, à l'huile et aux diverses combustions chimiques que la voiture roule ! La neurobiochimie cérébrale a considérablement développé l'étude fondamentale des molécules neurotransmetteurs dont le nombre ne cesse d'augmenter. La voiture roule encore parce qu'elle est conduite par un conducteur de course ; elle ralentit dans les tournants et fonce dans les lignes droites, s'adaptant ainsi temporellement aux accidents de parcours et au profil de la route. De tels « changements de régime » nous sont proposés par Parmegianni (III-32, III-34) dans son modèle d'alternances de la veille, du sommeil à ondes lentes et du sommeil paradoxal. Routtenberg a envisagé un autre modèle d'alternance entre un premier système de vigilance (d'éveil « externe ») lié au système d'alerte (système réticulaire ascendant activateur) et un deuxième système de vigilance (que nous avons considéré comme un système d'éveil « interne » limbique). Le modèle de Routtenberg [III-30] intégrait et généralisait aussi les circuits dits de punition et de récompense découverts chez le rat par Olds et Milner [4].

Ces modèles de régulation alternée sont très intéressants lorsque l'on considère les rythmes de sommeil. En 1972, Moruzzi [5] écrivait une importante revue sur le cycle veille-sommeil, en 1975 deux chercheurs de Harvard [6] proposaient un modèle de compétition, d'alternance entre deux proches populations de neurones du tronc cérébral s'inhibant mutuellement et responsables respectivement de l'apparition du sommeil paradoxal (REM) ou du sommeil (non-REM) : l'une stimulée par l'acétylcholine entraînant une activité de type sommeil paradoxal phasique (REM), l'autre étant stimulée par la noradrénaline et bloquant alors la première activité (REM) pour permettre l'autre (non-REM). Mais malgré son élégance, ce modèle a été dénoncé seulement deux ans plus tard par deux autres spécialistes américains [7] qui ont montré que l'activation du premier groupe de neurones (par l'acétylcholine) existait aussi pendant l'éveil, pas seulement pendant le sommeil paradoxal, et correspondait en fait à une activation motrice (qui reste présente pendant le bref sommeil paradoxal avec activité phasique). Des modèles purement temporels ont été encore proposés pour le cycle veille-sommeil [V-32, V-34, V-35, V-36] qui font actuellement l'objet d'importants développements.

En nous basant sur les premiers résultats de cartographie EEG d'une nuit de sommeil et de rêves, nous avons présenté une nouvelle recherche. Cette méthode d'approche essaie d'établir des corrélations entre des images électriques (cartes EEG) des divers stades de vigilance et de sommeil et les modalités sensorielles des récits de rêves obtenus *a posteriori* après des réveils provoqués au cours de la nuit. C'est en quelque sorte, si nous revenons à notre métaphore de la voiture, découvrir un tableau de bord perfectionné et en observer (par cartographie EEG) les divers cadrans (aires cérébrales activées ou non) en fonction de la route parcourue et de ce qu'en dit le conducteur (récit du rêve rappelé tout de suite après un réveil programmé). Un film de recherche [V-33], intitulé *La Caverne de Platon,* présentant en accéléré les cartographies EEG instantanées (en couleurs) des états successifs d'éveil, de sommeil et de rêve, permet de voir à quel point le cerveau est actif et change dynamiquement au cours de la nuit. En nous intéressant ensuite à la pathologie mentale, nous avons vu que des mélanges intempestifs, ou des alternances trop rapides d'éveil, de sommeil profond et de sommeil paradoxal, pourraient ressembler à ce qui peut être observé pendant les terreurs nocturnes et les cauchemars, ou lors d'intoxications sous drogues (entraînant délire, hallucination ou excitation aiguë). Ces « états limites de la conscience » [VIII-20] sont heureusement rares. Ils pourraient être étudiés, comme la pathologie mentale et onirique, par cartographie EEG.

En fin de compte, à l'issue de cette enquête sur les états de vigilance, de sommeil et de rêve, trois approches sont apparues qui ont été bien remarquées par Jouvet. *L'approche neurophysiologique nous montre que l'état conscient n'est pas localisable en termes d'espace ou de temps,* mais qu'il est, comme l'a dit Vincent, un « état central fluctuant » qui peut être plus ou moins bien observé, surveillé, contrôlé et maîtrisé par le sujet même. *L'approche phylogénétique et ontogénétique montre encore que l'enfant in utero et le nouveau-né récapitulent l'histoire des êtres vivants* à partir de l'alternance progressive qui va s'établir entre le sommeil agité (paradoxal) qui prédomine a la naissance, le sommeil calme (lent profond) qui croît ensuite et l'état de veille, lequel s'organise progressivement au fur et à mesure de la maturation nerveuse et de la socialisation de l'enfant. Ainsi selon la hiérarchie des fonctions de Jackson, le cerveau se construit-il de bas en haut dans la maturation progressive de son fonctionnement. L'expérience imaginaire du sommeil paradoxal est primordiale, l'enfant la partage en commun sans doute avec celui de sa mère. Là, les théories se multiplient. Celles de Roffwarg [IV-10] et de Jouvet [IV-25] sont très séduisantes, elles vont dans le sens d'une individualisation de l'homme, à partir du rôle crucial du sommeil paradoxal aux premiers âges de la vie : maturation du système nerveux et reprogrammation génétique. Dans ce sens, Davis [8] a récemment proposé que le sommeil paradoxal renforcerait les circuits neuroniques pas encore très bien établis, permettant ainsi de mieux mémoriser les événements du jour. Inversement, Crick et Mitchison [9] considèrent que le rêve sert de garde-fou et nous permet d'oublier de nuit, afin de ne pas être submergés par les erreurs d'informations que nous accumulons pendant la journée. Les enfants auraient alors beaucoup plus besoin de rêver car leur apprentissage ultra-rapide entraînerait bien plus d'erreurs de circuiterie nerveuse qu'à l'âge adulte. Ces deux dernières hypothèses ne sont pas forcément contradictoires, car si la mémoire et son organisation progressive sont nécessaires, son complice n'est autre que la fonction d'oubli, si souvent négligée et aussi oubliée. En fait, Jouvet le dit encore, nous ne connaissons absolument pas les fonctions du rêve et du sommeil. Donc, toutes les spéculations sont possibles et les chercheurs y pourvoient constamment.

La troisième approche est introspective. La science nous a conduits jusqu'à l'homme éveillé, endormi ou rêveur. Elle s'arrête là pour faire place à l'homme, à son expérience et à son vécu unique. Nous voilà de retour devant des problèmes philosophiques cette fois-ci, et souvent donc devant des choix individuels : des choix de pensée, de vie, de croyance, de société. L'histoire des états de vigilance remonte aux écritures indiennes, aux Védas et aux Upanishads qui décrivaient déjà quatre états de conscience : l'éveil, le sommeil, le rêve et un « quatrième état » qui contient les trois premiers et les dépasse aussi [VIII-20]. Le « Bouddha » est encore appelé l' « Éveillé ». Ne s'agit-il pas d'un « éveil intérieur », en deçà peut-être de l'éveil interne de nos expériences mémorisées et tournant en roue libre par rapport à l'extérieur ? Alors, est-ce que l'enfant qui rêve si mystérieusement pour nous, adultes et parents, qui le regardons de l'extérieur, avec notre langage et nos sentiments chèrement acquis tout au long de notre vie... Est-ce que l'enfant ne vivrait pas une « conscience du corps » non verbale, pas encore recouverte des sédiments sentimentaux (et mentaux ultérieurs), mais ouverte aux flux et reflux de la vie qui l'anime et du sourire qui éclaire son visage rêveur ? Des écrivains comme Henri Michaux [10] ont maîtrisé leurs rêveries. D'autres grands poètes aussi, comme Paul Valéry, doutaient des rêves considérés comme des éveils, cependant ils se sont toujours préoccupés de leurs rêves [11, 12, 13, 14]. Patricia Garfield [VIII-23] et Stephan La Berge [VIII-24] vivent des rêves lucides, après que le marquis Hervey de Saint-Denys, professeur de tartaro-mandchou au Collège de France, a préconisé « l'art de diriger ses rêves » en 1867 [VIII-4, 15]. Peut-être qu'il existe en nous un processus de développement non encore révélé, qui nous rend aptes à maîtriser notre rêverie, nos rêves et nos fantasmes au profit d'un plus vaste éveil ?

Pour Lazorthes, le « Je pense donc je suis » de Descartes est plus exact que « Je sens donc je suis » [16]. Dans sa conclusion, Jean-Didier Vincent [II-57] propose une nouvelle version du « cogito » de Descartes : « Je suis parce que je suis ému et parce que tu le sais. » Nous dirons au terme de cet essai : « Je suis parce que je suis éveillé et toi aussi, demain plus qu'aujourd'hui et encore plus qu'hier. »

John Archibald Wheeler est un éminent astrophysicien de

l'université de Princeton. Il fut président de la Société américaine de physique et a inventé un « super-espace » pour décrire la relativité générale d'Einstein. En 1974, il écrivait [17] :

> « Le cerveau est petit ; l'univers est grand. Dans quel sens, s'il y en a un, est l'univers, l'observé, affecté par l'homme, l'observateur ? Est-ce que l'univers est privé de toute absence d'existence en l'absence d'esprit ? Est-il gouverné dans sa structure par la nécessité de donner naissance à la vie et à la conscience ?... Aujourd'hui la variabilité [*mutability*] apparaît de plus en plus être le caractère universel de la nature, se révélant, niveau après niveau de structure... La mutabilité implique l'ajustement... Nous devons décider nous-mêmes de ce que nous devrons faire... Nous avons à supprimer le vieux mot d'“ observateur ” et le remplacer par le nouveau mot de “ participateur ”... Dans un sens étrange le principe quantique nous dit que nous sommes engagés dans un univers de participations... Fred Hoyle a dit “ l'esprit et la matière se fondent ensemble... ”. »

« La conscience peut analyser le monde autour de nous ; mais quand arrivera-t-il que la conscience comprenne la conscience ? »

J. A. WHEELER

Je suis parce que je suis éveillé et toi aussi, demain plus qu'aujourd'hui et encore plus qu'hier.

RÉFÉRENCES

RÉFÉRENCES DU CHAPITRE I

[1] H. Berger, « Uber das Elektrenkephalogramm des Menschen », *Arch. Psychiat. Nervenkr.,* 87, 527-570, 1929.

[2] P. Gloor, *Hans Berger On The Electroencephalogram Of Man,* Elsevier, Amsterdam, 1969.

[3] R. Prince, « Hans Berger, The Electroencephalogram And The Riddle Of Scientific Creativity », R.M. Bucke Memorial Soc., *Newletter Review,* V, 1-2, 3-20, 1972.

[4] H. Berger, *Psyche,* G. Fischer, Jena, 1940.

[5] H. Berger, « Uber das Elektrenkephalogramm des Menschen », *Arch. Psychiatr. Nervenkr.,* 108, 407-431, 1938.

[6] W. Grey Walter, *Le Cerveau vivant,* Delachaux et Niestlé, Neuchâtel, 1954.

[7] E.D. Adrian, B.H.C. Matthews, « Berger Rhythm : Potential Changes From Occipital Lobes In Man », *Brain,* 57, 355-385, 1934.

[8] H.H. Jasper, H.L. Andrews, « Electroencephalography III. Normal Differentiation Of Occipital And Precentral Regions In Man », *Arch. Neurol. Psychiat.,* 39, 96-115, 1938.

[9] H.H. Jasper, « Electroencephalography », chap. XIV, 380-454 *in* W. Penfield, T.C. Erickson, éd., *Epilepsy And Cerebral Localization,* Charles Thomas, Springfield, 1941.

[10] A.L. Loomis, E.N. Harvey, G.A. Hobart, « Potential Rhythms Of The Cerebral Cortex During Sleep », *Science,* 81, 597-598, 1935 ; « Electrical Potentials Of The Human Brain », *J. Expl. Psychol.,* 19, 249-279, 1936 ; « Cerebral States During Sleep As Studied By Human Brain Potentials », *J. Exp. Psychol.,* 21, 127-144, 1937 ; « Distribution Of Disturbance Pat-

terns In The Human Electroencephalogram With Special Reference To Sleep », *J. Neurophysiol.*, 1, 413-430, 1938.

[11] M.A.B. Brazier, « The Electrical Fields At The Surface Of The Head During Sleep », *Electroenceph. clin. Neurophysiol.*, 1, 195-204, 1949.

[12] N. Kleitman, *Sleep And Wakefulness As Alternating Phases In The Cycle Of Existence,* Univ. Chicago Press, Chicago, 1939.

[13] E. Aserinsky, N. Kleitman, « Regularly Occurring Periods Of Eye Motility And Concomitant Phenomena During Sleep », *Science,* 118, 273-274, 1953.

[14] E. Aserinsky, N. Kleitman, « Two Types Of Ocular Motility Occurring In Sleep », *J. Appl. Physiol.*, 8, 1, 1955a.

[15] E. Aserinsky, N. Kleitman, « A Motility Cycle In Sleeping Infants As Manifested By Ocular And Gross Bodily Activity », *J. Appl. Physiol.*, 8, 11, 1955b.

[16] W. Dement, N. Kleitman, « The Relation Of Eye Movements During Sleep To Dream Activity, An Objective Method For The Study Of Dreaming », *J. Exp. Psychol.*, 53, 339-346, 1957a.

[17] W. Dement, N. Kleitman, « Cyclic Variations In EEG During Sleep, And Their Relation To Eye Movements, Body Motility And Dreaming », *Electroenceph. clin. Neurophysiol.*, 9, 673-690, 1957b.

[18] M. Jouvet, F. Michel, J. Courjon, « Sur un stade d'activité électrique cérébrale rapide au cours du sommeil physiologique », *C.R. Soc. Biol.*, 153, 1024-1028, 1959.

[19] M. Jouvet, F. Michel, D. Mounier, « Analyse électro-encéphalographique comparée au sommeil physiologique chez le chat et chez l'homme », *Rev. Neurol.*, 103-189, 1960.

[20] A. Rechstchaffen, A. Kales, *A Manual Of Standardized Terminology, Techniques And Scoring System For Sleep Stages Of Human Subjects,* BIS/BRS UCLA, Los Angeles, 1968.

[21] G. Lanteri-Laura, « Le Rêve comme argument », *Cahiers Laënnec,* « Le Rêve », 2, 15-36, juin 1968.

[22] Y. Battistini, *Trois Présocratiques,* Gallimard, Paris, 1968.

[23] A. Jeannière, *Héraclite,* Aubier, Paris, 1959.

[24] J. Bollack et H. Wismann, *Héraclite ou la Séparation,* éd. de minuit, Paris, 1972.

[25] G. Legrand, *La Pensée des présocratiques,* Bordas, Paris, 1970.

[26] J. Grenier et G. Goton, *Sextus Empiricus : œuvres choisies,* Aubier, Paris, 1948.
[27] R. Descartes, *Discours de la méthode,* Pléiade, Gallimard, Paris, 1949.
[28] D. Diderot, *Œuvres philosophiques,* Garnier, Paris, 1964 et *Le Rêve de d'Alembert,* éd. Sociales, Paris, 1971 (annoté par J. Varloot).
[29] F.J. Gall et G. Spurzheim, *Anatomie et Physiologie du système nerveux en général et du cerveau en particulier,* tome II, F. Schoell, Paris, 1812.
[30] M. Merleau-Ponty, *Phénoménologie de la perception,* Gallimard, Paris, 1945.
[31] J.-P. Sartre, *L'Imaginaire,* Gallimard, Paris, 1940.

RÉFÉRENCES DU CHAPITRE II

[1] P. Broca, « Perte de la parole... », *Bull. Soc. Anthrop.,* 2, 235, 1861.

[2] P. Broca, « Remarques sur le siège de la faculté du langage articulé », *Bull. Soc. Anthrop.,* 6, 1861.

[3] P. Broca, « Sur le siège de la faculté du langage articulé », *Bull. Soc. Anthrop.,* 6, 377-393, 1865.

[4] H. Bergson, *Matière et mémoire, Essai sur la relation du corps à l'esprit,* 1986 ; 3e éd., Alcan, Paris, 1903.

[5] H. Jackson, « On The Nature Of The Duality Of The Brain », 1874, traduit *in* H. Hecaen éd. : *La Dominance cérébrale, une anthologie,* Mouton, Paris, 1978, sous le titre : « De la nature de la dualité du cerveau ».

[6] A. R. Luria, *The Working Brain, An Introduction Of Neuropsychology,* Penguin Books, New York, 1973.

[7] A. R. Luria, *Les Fonctions corticales supérieures de l'homme,* PUF, Paris, 1978.

[8] C. F. Stevens, *Neurophysiology : A Primer,* Wiley, New York, 1966.

[9] P. Buser, M. Imbert, *Neurophysiologie fonctionnelle,* Hermann, Paris, 1975.

[10] P. Buser, M. Imbert, « Psychophysiologie sensorielle », *Neurophysiologie fonctionnelle,* II, Hermann, Paris, 1982.

[11] E. R. Kandel, J. H. Schwartz, *Principles Of Neural Science,* 2e édition, Elsevier, New York, 1985.

[12] E. Clarke, K. Dewhurst, *Histoire illustrée de la fonction cérébrale,* Roger Dacosta, Paris, 1984.

[13] M. Jeannerod, *Le Cerveau-machine, Physiologie de la volonté,* Fayard, Paris, 1983.

[14] M.L. Barr, *The Human Nervous System,* Harper and Row, New York, 1979.

[15] M.A.B. Brazier, H. Petsche, eds., *Architectonics Of The Cerebral Cortex,* Raven Press, New York, 1978 (comporte un important article de Braitenberg).

[16] G. Fritsch, E. Hitzig, « Uber die elektrische Erregbarkeit des Grosshirns », *Arch. Anat. Phys. Wiss. Med.,* 37, 1870.

[17] D. Ferrier, « Experiments On The Brain of Monkeys », n° 1, *Proc. Roy. Soc.,* Londres, 23, 409-430, 1875.

[18] C.G. Phillips, J. Zeki, H.B. Barlow, « Localization Of Function In The Cerebral Cortex : Past, Present And Future », *Brain,* 107, 328-361, 1984.

[19] H.B. Barlow, « Perception : " What Quantitative Laws Govern The Acquisition Of Knowledge From The Senses ? " » *in* C. Coen éd., *Functions Of The Brain,* Univ. Press, Oxford, 1982.

[20] J.-P. Changeux, *L'Homme neuronal,* Fayard, Paris, 1983.

[21] J. Szentagothai, « The " Module Concept " In Cerebral Cortex Architecture », *Brain Res.,* 95, 475-496, 1975.

[22] J. Szentagothai, « The Neuron Network Of The Cerebral Concept : A Functional Interpretation », *Proc. Roy. Soc.,* B, 201, 219-248, 1978.

[23] J. Szentagothai, « Downward Causation », *Ann. Rev. Neurosc.,* 7, 1-11, 1984.

[24] D.M. Mac Kay, « The Dynamics Of Perception », 53-68 *in* P.A. Buser, A. Rougeul Buser, éd., *Cerebral Correlates Of Conscious Experience,* Elsevier, Amsterdam, 1978.

[25] D.M. Mac Kay, « Neural Basis Of Cognitive Experience », 315-332 *in* G. Szekely, E. Lakos, J. Dampanvovich, éd., *Neural Communications And Control,* Adv. Physiol. Sci., 30, 1980.

[26] D.M. Mac Kay, « The Motor Program : Back To The Computer », *Trends Neurosci.,* 3, 97-100, 1980.

[27] J. Paillard, « Système nerveux et fonction d'organisation », *in* J. Piaget, J.-P. Bronckart, P. Mounoud, éd. : *La Psychologie,* Encyclopédie de la Pléiade, Gallimard, Paris (à paraître).

[28] A.S. Gevins, « Analysis Of The Electromagnetic Signals Of The Human Brain : Milestones, Obstacles And Goals », *IEEE*

Transactions On Biomedical Engineering, BME-31, 12, 833-850, 1984.

[29] D. Lehmann, « EEG Assessment Of Brain Activity : Spatial Aspects, Segmentation And Imaging », *Int. J. Psychophysiol.,* 1, 267-276, 1984.

[30] D. Giannitrapani, *The Electrophysiology Of Intellectual Functions,* Karger, Bâle, 1985.

[31] P. Étévenon, « Applications and Perspectives Of EEG Cartography », chap. 6, 115-142 *in* F.H. Duffy, éd., *Topographic Mapping Of Brain Electrical Activity,* Butterworths, Boston, 1986.

[32] W. Penfield, E. Boldrey, « Somatic Motor And Sensory Representation In The Cerebral Cortex Of Man As Studied By Electrical Stimulation », *Brain,* 60, 389, 443, 1937 ; puis : W. Penfield, T. Rasmussen, *The Cerebral Cortex Of Man. A Clinical Study Of Localization Of Function,* Mac Millan, New York, 1957.

[33] W. Penfield, T.C. Erickson, *Epilepsy And Cerebral Localization,* Charles Thomas, Springfield, 1941.

[34] P. Étévenon, « Dualisme complémentaire ou latéralisation fonctionnelle ? », *Diogène,* Rev. Int. Sci. Hum., UNESCO, Paris, 104, 48-61, 1978.

[35] P. Étévenon, « Effets de la stimulation en lumière intermittente sur les aires cortico-visuelles du lapin. Latéralisation spécifique des réponses électroencéphalographiques et ses variations après administration d'amphétamine ou de pentobarbital », *C.R. Acad. Sc.,* Paris, 265, 885-888, 1967.

[36] N. Geschwind, W. Levitsky, « Human Brain : Left-Right Asymmetries In Temporal Speech Region », *Science,* 161, 186-187, 1968.

[37] N. Geschwind, « The Organisation Of Language And The Brain », *Science,* 170, 940-944, 1970.

[38] N. Geschwind, « Fondements biologiques de la spécialisation hémisphérique », *Rev. Neurol.,* 1, 139, 11-14, 1983.

[39] R.W. Sperry, « Hemisphere Deconnection And Unity In Conscious Awareness », *Amer. Psychologist,* 23, 723-733, 1968.

[40] R.W. Sperry, M.S. Gazzaniga, J.E. Bogen, « Role Of The Neo-cortical Commissures », *in* P.J. Vinken, G.W. Bruyn, éd., *Handbook Of Clinical Neurology,* vol. IV, North Holland, Amsterdam, 1969.

[41] R.W. Sperry, « The Great Cerebral Commissure », *Scientific American,* 210, 42-52, 1964.

[42] J.E. Bogen, « The Other Side Of The Brain. II : An Oppositional Mind », *Bull. Los Angeles Neurological Societies,* 34, 135-162, 1969.

[43] T.H. Budzynski, « Clinical Applications Of Non Drug Induced States », *in* B.B. Wolman, éd., *Handbook Of Altered States Of Consciousness,* Van Nostrand Reinhold, New York, 1984.

[44] M.S. Gazzaniga, *Le Cerveau dédoublé,* Dessart et Mardaya, Paris, 1976.

[45] M.S. Gazzaniga, J.E. Le Doux, *The Integrated Mind,* Plenum, New York, 1978.

[46] D. Galin, R. Ornstein, « Lateral Specialization Of Cognitive Mode : An EEG Study », *Psychophysiology,* 9, 412-418, 1972.

[47] R. Ornstein, *The Psychology Of Consciousness,* Freeman, San Francisco, 1972.

[48] H. Hécaen, R. Angelergues, *La Cécité psychique,* Paris, Masson, 1963.

[49] P. Flor-Henry, *Cerebral Basis Of Psychopathology,* John Wright, PSG Inc., Boston, 1983.

[50] P. Étévenon, « Intra- And Inter-Hemispheric Changes In Alpha Intensities In EEGs Of Schizophrenic Patients Versus Matched Controls », *Biological Psychology,* 19, 247-256, 1984.

[51] K.D. Hoppe, J.E. Bogen, « Alexithymia In Twelve Commissurotomized Patients », *Psychotherapy And Psychosomatics,* 28, 148-155, 1977.

[52] P. Étévenon, « A Model Of Intra- And Inter-Hemispheric Relationships », 291-300 *in* P. Flor-Henry, J. Gruzelier, éd., *Laterality And Psychopathology,* Elsevier, Amsterdam, 1983.

[53] S.P. Springer, G. Deutsch, *Left Brain Right Brain,* W.H. Freeman, New York, 1985.

[54] P. Flor-Henry, J. Gruzelier, éd., *Laterality And Psychopathology,* Elsevier, Amsterdam, 1983.

[55] M.E. Phelps, J.C. Mazziotta, S.C. Huang, « Study Of Cerebral Function With Positron Computed Tomography », *J. Cerebral Blood Flow Metab.,* 2, 113-162, 1982.

[56] D. Ingvar, N. Lassen, *Brain Work : The Coupling Of Function, Metabolism And Blood Flow In The Brain,* Academic Press, New York, 1975.

[57] J.-D. Vincent, *Biologie des passions,* éd. Odile Jacob, Paris, 1986.

[58] M. Jouvet, « Mécanismes des états de sommeil », 1-18, *in* O. Benoit, éd., *Physiologie du sommeil,* Masson, Paris, 1984.

[59] M. Jouvet, J.-P. Sastre, C. Buda, M. Janin, K. Kitahama, M. Sallanon, « La pars intermedia de l'hypophyse est-elle responsable du déclenchement du sommeil paradoxal chez le chat pontique avec " hypophyse isolée " », *C. R. Acad. Sc.,* Paris, 299, III, 20, 883-888, 1984.

RÉFÉRENCES DU CHAPITRE III

[1] P. Broca, « Anatomie comparée des circonvolutions cérébrales. Le grand lobe limbique et la scissure limbique dans la série des mammifères », *Rev. Anthrop.*, 1, 385-498, 1878.

[2] P.D. Mac Lean, « Some Psychiatric Implications Of Physiological Studies On Fronto-Temporal Portion Of Limbic System (visceral brain) », *Electroenceph. clin. Neurophysiol.,* 4, 407-418, 1952.

[3] J. Papez, « A Proposed Mechanism Of Emotion », *Arch. Neurol. Psychiat.,* Chicago, 38, 725-743, 1937.

[4] P.D. Mac Lean, « Le Cerveau limbique. A propos de la tendance paranoïde chez l'homme », *Confrontations psychiatriques,* nº 6, 45-64, 1970.

[5] M.C. Challamel, S. Lalhou, « Sleep And Smiling In Neonate », *Sleep 84,* 7th European Sleep Congress, Munich, 1984.

[6] P.D. Mac Lean, « Psychosomatic Disease And The " Visceral Brain ". Recent Development Bearing On The Papez Theory Of Emotion », *Psychosom. Med.,* 11, 338-353, 1949.

[7] P.D. Mac Lean, « Implications Of Micro-electrode Findings On Exteroceptive Inputs To The Limbic Cortex », 115-136 *in* Ch.H. Hockman, éd., *Limbic System Mechanisms And Autonomic Function,* Thomas Springfield, 1972.

[8] P.D. Mac Lean, « Contrasting Functions Of Limbic And Neo-Cortical Systems Of The Brain And Their Relevance To Psychophysiological Aspects Of Medicine », *Amer. J. Med.,* 25, 611-626, 1958.

[9] J.H. Jackson, W.S. Colman, « Case Of Epilepsy With Tasting Movements And " Dreamy State " — Very Small Patch Of Sof-

tening In The Left Uncinate Gyrus », *Brain,* 21, 580-590, 1898.

[10] P.D. Mac Lean, « New Findings Relevant To The Evolution Of Psychosexual Functions Of The Brain », *J. Nerv. Ment. Dis.,* 135, 289-301, 1962.

[11] A. Koestler, *Le Cheval dans la locomotive. Le paradoxe humain,* Calmann-Lévy, Paris, 1968.

[12] P.I. Yakovlev, « A Proposed Definition Of The Limbic System », 241-283 *in* C.H. Hockman, éd. : *Limbic System Mechanisms And Autonomic Function,* Thomas, Springfield, 1972.

[13] M. Jeannerod, « La Fonction instrumentale du corps comme origine de l'espace perçu », *Psychiat. Neurol.,* Bâle, 149, 182-195, 1965.

[14] F. Michel, M. Jeannerod, M. Devic, « Trouble de l'orientation visuelle dans les trois dimensions de l'espace (à propos d'un cas anatomique) », *Cortex,* I, 441-466, 1965.

[15] F. Crick, « Function Of The Thalamic Reticular Complex : The Searchlight Hypothesis », *Proc. Natl. Acad. Sci.,* USA, 81, 4586-4590, 1984.

[16] W. Penfield, « The Cerebral Cortex In Man I. The Cerebral Cortex And Consciousness », *Arch. Neurol. Psychiat.,* 40, 417-442, 1938. Traduit pas H. Piéron dans *L'Année psychologique,* vol. 39, 1938.

[17] F. Brémer, « Cerveau isolé et physiologie du sommeil », *C.R. Soc. Biol.,* Paris, 118, 1235-1241, 1935.

[18] F. Bremer, « Nouvelles recherches sur le mécanisme du sommeil », *C.R. Soc. Biol.,* Paris, 122, 460-464, 1936.

[19] H.W. Magoun, « Coma Following Midbrain Lesion In The Monkey », *Anat. Record,* 100, 752, 1948.

[20] G. Moruzzi, H.W. Magoun, « Brain Stem Reticular Formation and Activation of EEG », *Electroenceph. clin. Neurophysiol.,* 1, 455-473, 1949.

[21] H.W. Magoun, « The Ascending Reticular System and Wakefulness », 1-20 *in* J.F. Delafresnaye, éd. : *Brain Mechanisms and Consciousness,* Blackwell, Oxford et Masson, Paris, 1954.

[22] C. Gottesmann, « Psychophysiologie du sommeil », *L'Année psychologique,* 71, 2, 451-488, 1971.

[23] S. Rose, *Le Cerveau conscient,* Seuil, Paris, 1975.

[24] M. Jouvet, F. Delorme, « Locus coeruleus et sommeil paradoxal », *C.R. Soc. Biol.,* Paris, 155, 13-16, 1961.

[25] M. Jouvet, « Paradoxical Sleep. A Study Of Its Nature And Mechanisms », *Progr. Brain Res.,* 18, 20-57, 1965.

[26] M. Jouvet, « Le Comportement onirique », *Pour la science,* « Le Cerveau », numéro spécial, 136-152, 1979.

[27] D.J. Mc Ginty, R. Drucker-Colin, A. Morrison, P.L. Parmeggiani, éd., *Brain Mechanisms Of Sleep,* Raven Press, New York, 1985.

[28] A. Borbely, J.L. Valatx, éd., *Sleep Mechanisms,* Springer Verlag, Berlin, 1984.

[29] O. Benoit, éd., *Physiologie du sommeil,* Masson, Paris, 1984.

[30] A. Routtenberg, « The Two-Arousal Hypothesis : Reticular Formation And Limbic System », *Psychological Review,* 75, 1, 51-80, 1968.

[31] P. Étévenon, G. Guillon, M.-C. Piarroux, J.-R. Boissier, « Cycle veille-sommeil de rats mis en catalepsie permanente par lésion bilatérale du tegmentum ventral mésencéphalique », *J. Pharmacol.,* 3, 4, 499-512, 1972.

[32] P.L. Parmeggiani, « Regulation Of Physiological Functions During Sleep », *Experientia,* 38, 1405-1408, 1982.

[33] R. Laguzzi, « Activité végétative et sommeil », 31-46 *in* O. Benoit, éd., *Physiologie du sommeil,* Masson, 1984.

[34] P.L. Parmeggiani, A. Morrison, R.R. Drucker-Colin, D. Mc Ginty, « Brain Mechanisms Of Sleep : An Overview Of Methodological Issues », 1-33, et « Homeostatic Regulation During Sleep : Facts And Hypotheses », 385-395 *in* D. Mc Ginty, R.R. Drucker-Colin, A. Morrison, P.L. Parmeggiani, éd., *Brain Mechanisms Of Sleep,* Raven Press, New York, 1985.

[35] W.R. Hess, « The Diencephalic Sleep Centre », 117-136 *in* J.F. Delafresnaye, éd., *Brain Mechanisms And Consciousness,* Blackwell, Oxford, Masson, Paris, 1954.

[36] I. Oswald, *Sleeping and Waking,* Elsevier, Amsterdam, 1962 ; *Le Sommeil et la Veille,* PUF, Paris, 1966.

RÉFÉRENCES DU CHAPITRE IV

[1] J. J. Gould, *Ontogeny And Phylogeny,* Harvard Univ. Press, Boston, 1977.

[2] T. Allison, D. V. Cicchetti, « Sleep In Mammals : Ecological And Constitutional Correlates », *Science,* 194, 732-734, 1966.

[3] R. Meddis, « On The Function Of Sleep », *Anim. Behav.,* 23, 676-691, 1975.

[4] R. Meddis, « The Evolution And Function Of Sleep », 99-125 *in* D. A. Oakley, H. C. Plotkin, éd., *Brain, Behaviour And Evolution,* Methuen, Londres, 1979.

[5] R. Meddis, « The Evolution Of Sleep », *in* E. Mayes, éd., *Sleep Functions And Mechanisms In Animals And Man,* Van Nostrand, 1983.

[6] H. Zepelin, A. Rechtschaffen, « Mammalian Sleep And Longevity », *Psychophysiology,* 7, 306, 1970.

[7] I. G. Karmanova, *Evolution Of Sleep, Stages Of Formation Of The « Wakefulness Sleep » Cycle In Vertebrates,* Karger, Bâle, 1982.

[8] J. M. Walker, R. J. Berger, « Sleep As An Adaptation For Energy Conservation Functionally And Physiologically Related To Hybernation And Shallow Torpor », *Prog. Brain Res.,* 53, 255-278, 1980.

[9] T. Allison, H. B. Van Twyver, W. R. Goff, « Electrophysiological Studies Of The Echidna, Tachyglossus Aculeatus », *Arch. Ital. Biol.,* 110, 145-184, 1972.

[10] H. Roffwarg, J. Muzio, W. Dement, « Ontogenetic Development Of Human Sleep Dream Cycle », *Science,* 152, 604-618, 1966.

[11] L. Garma, « Ontogenèse du sommeil. Le Sommeil normal », *Vie méd.,* 53, 21-23, spécial 2, juin 1972.

[12] M. B. Sterman, T. Happenbrouwers, « The Development Of Sleep-Waking And Rest Activity Patterns From Foetus To Adult in Man », 293-325 *in* M. B. Sterman, D. J. Mc Ginty, A. M. Adinolfi, éd., *Brain Development And Behaviour,* Academic Press, New York, 1971.

[13] J. Nijhuis, H. Prechtl, C. Martin, R. Bots, « Are There Behavioral States In The Human Foetus ? », *Early Human Development,* 6, 117-195, 1982.

[14] P. Laget, « Le Sommeil de l'enfant », 7-28 *in* P. Laget et coll., *Le Sommeil,* UCB laboratoires, Orange, Paris, 1982.

[15] T. Anders, R. Emde, A. Parmelee, éd., *A Manual Of Standardized Terminology, Techniques And Criteria For Scoring Of States Of Sleep And Wakefulness in Newborn Infant,* BRI,UCLA, NINDS, Neurological Information Network, Los Angeles, 1971.

[16] N. Monod, N. Pajot, « Le Sommeil du nouveau-né et du prématuré I. Analyse des études polygraphiques (mouvements oculaires, respiration et EEG) chez le nouveau né à terme », *Biol. Neonate,* 8, 281-307, 1965.

[17] P. Laget, R. Salbreux, *Atlas Of Electroencephalography In The Child,* Masson, Paris, 1981.

[18] G. C. Lairy, « The Evaluation Of The EEG From Birth To Adulthood », vol. 6, part. B. *in* A. Remond, éd., *Handbook Of Electroencephalography and Clinical Neurophysiology,* Elsevier, Amsterdam, 1975.

[19] S. S. Werner, J. E. Stockard, R. G. Bickford, *Atlas Of Neonatal Electroencephalography,* Raven Press, New York, 1977.

[20[Y. Navelet, « Développement du rythme veille-sommeil chez l'enfant », 127-141 in O. Benoit, éd., *Physiologie du sommeil,* Masson, Paris, 1984.

[21[C. Dreyfus-Brissac, « Ontogenesis Of Brain Bio-Electrical Activity And Sleep Organization In Neonates And Infants », 157-182 *in* F. Falkner, J. M. Tanner, éd., *Human Growth,* Plenum, New York, 1979.

[22] O. Benoit, « Le Rythme veille-sommeil chez l'enfant. I. Physiologie », *Arch. Fr. Pediatr.,* 38, 619-626, 1981.

[23] W. B. Webb, H. W. Agnew, « Sleep Characteristics Of Long And Short Sleepers », *Science,* 168, 145-147, 1970.

[24] C. Fischer-Perroudon, J. Mouret et M. Jouvet, « Sur un cas d'agrypnie (4 mois sans sommeil) au cours d'une maladie de Morvan. Effet favorable du 5-Hydroxytryptophane », *Electroenceph. Clin. Neurophysiol.,* 36, 1-18, 1974.

[25] M. Jouvet, « Essai sur le rêve », *Arch. Ital. Biol.,* 111, 564-576, 1973.

[26] L. Garma, « Sommeil et Age », 143-154 *in* O. Benoit, éd., *Physiologie du sommeil,* Masson, Paris, 1984.

[27] A. A. Borbely, *Les Secrets du sommeil. Les récentes découvertes de la science,* Belfond, Paris, 1984.

[28] A. Wauquier, J. M. Gaillard, J. M. Monti, M. Radulovacki, éd., *Sleep. Neurotransmitters And Neuromodulators,* Raven Press, New York, 1985.

[29] M. C. Moore-Ede, C. A. Czeiler, *Mathematical Models Of The Circadian Sleep Wake Cycle,* Raven Press, New York, 1984.

[30] F. M. Brown, R. C. Graeber, *Rhythmic Aspects Of Behavior,* Erlbaum Associates, Hillsdale, 1982.

[31] C. A. Fuller, R. Lydic, F. M. Sulzman, H. E. Albers, B. Tepper, M. C. Moore Ede, « Circadian Rhythm Of Body Temperature Persists After SupraChiasmatic Lesions In The Squirrel Monkey », *Am. J. Physiol.,* 241, 385-391, 1981.

[32] R. E. Kronauer, C. A. Czeisler, S. F. Pilato, M. C. Moore-Ede, E. D. Weitzman, « Mathematical Representation Of The Human Circadian System : Two Interacting Oscillators Which Affect Sleep », 173-194 *in* M. E. Chase, E. D. Weitzman, éd., *Sleep Disorders Basic And Clinical Research,* Spectrum Pub., Jamaïque, 1983.

[33] D. T. Krieger, « Ventro-Medial Hypothalamic Lesions Abolish Food-Shifted Circadian Adrenal And Temperature Rhythmicity », *Endocrinology,* 106, 649-654, 1980.

[34] O. Benoit, « Le Rythme circadien veille-sommeil », 63-84 *in* O. Benoit, éd., *Physiologie du sommeil,* Masson, Paris, 1984.

[35] A. A. Borbely, « A Two Process Model Of Sleep Regulation », *Human Neurobiology,* I, 195-204, 1982.

[36] A. A. Borbely, A. Wirz-Justice, « Sleep, Sleep Deprivation And Depression », *Human Neurobiology,* I, 205-210, 1982.

[37] H. Piéron, *Le Problème physiologique du sommeil,* Masson, Paris, 1913.

[38] L. C. Johnson, P. Naitoh, A. Lubin, J. Moses, « Sleep Stages

and Performance », 81-100 in W. P. Colquhour, éd., *Aspects Of Human Efficiency,* English Univ. Press, Londres, 1972.

[39] L.C. Johnson, « Are Stages Of Sleep Related To Waking Behavior », *Amer. Scientist,* 61, 3, 326-338, 1973.

[40] J. Foret, « Le Sommeil normal chez l'homme », 47-61 *in* O. Benoit, éd., *Physiologie du sommeil,* Masson, Paris, 1984.

[41] L. C. Johnson, E. S. Syle, W. Dement, « Electroencephalographic And Autonomic Activity During And After Prolonged Sleep Deprivation », *Psychosom. Med.,* 27, 415-423, 1965.

[42] F. S. Preston, S.C. Bateman, F. W. Meichen *et al.,* « Effects Of Time Zone Changes On Performance And Physiology Of Airline Personnel », *Aviat. Space Environ. Med.,* 47, 763-769, 1976.

[43] H.-P. Cathala, F. Laffont, A. Gilbert, S. Esnault, M. Siksou, M. Minz, « Problèmes méthodologiques posés par l'analyse structurelle des rêves », *Psychologie médicale,* 14, 1, 49-58, 1982.

RÉFÉRENCES DU CHAPITRE V

[1] D. O. Walter, « Spectral Analysis For Electroencephalograms : Mathematical Determination Of Neurophysiological Relationships From Records Of Limited Duration », *Exp. Neurol.,* 8, 155-181, 1963.

[2] A. Rémond, éd., *Handbook Of Electroencephalography And Clinical Neurophysiology,* Elsevier, Amsterdam, 1972 (11 fascicules).

[3] A. Rémond, éd., *EEG Informatics. A Didactic Review Of Methods And Applications Of EEG Data Processings,* Elsevier, Amsterdam, 1977.

[4] G. Dolce, H. Künkel, éd., *CEAN : Computerized EEG Analysis,* G. Fisher Verlag, Stuttgart, 1975.

[5] E. R. John, R. Thatcher, éd., *Neurometrics,* vol. 2, L. Erlbaum, Hillsdale, 1977.

[6] P. Étévenon, *Étude méthodologique de l'électroencéphalographie quantitative. Application à quelques exemples,* thèse de doctorat d'État sciences naturelles, Paris VI, 1977. Publié en 1978 sous le titre : *L'Électroencéphalographie sur ordinateur. Analyse quantitative et statistique,* Copédith, Paris, 1978.

[7] W. Herrmann, *Electroencephalography In Drug Research,* G. Fischer, Stuttgart, 1982.

[8] B. Pidoux, P. Étévenon, D. Campistron, P. Péron-Magnan, J.-C. Bisserbe, G. Verdeaux, P. Deniker, « Topo-électroencéphalographie quantitative par ordinateur (TEQO) », *Rev. EEG Neurophysiol. clin.,* 13, 27-34, 1983.

[9] P. Étévenon, J. Gaches, C. Debouzy, B. Gueguen, P. Péron-Magnan, « EEG Cartography I. By Means Of Mini Or Micro-

Computers. Reliability And Interest Of This Electrical Non-Invasive Brain Imagery », *Neuropsychobiology,* 13, 1A2, 69-73, 1985.

[10] P. Étévenon, D. Tortrat, C. Benkelfat, « EEG Cartography II. By Means Of Statistical Group Studies. Activation By Visual Attention », *Neuropsychobiology,* 13, 141-146, 1985.

[11] P. Étévenon, D. Tortrat, S. Guillou, B. Wendling, « Cartographie EEG au cours d'une tâche visuo-spatiale. Cartes moyennes et statistiques de groupes », *Rev. EEG Neurophysiol.,* 15, 139-147, 1985.

[12] D. O. Walter, P. Étevenon, B. Pidoux, D. Tortrat, S. Guillou, « Computerized Topo-EEG Spectral Maps : Difficulties And Perspectives », *Neuropsychobiology,* 11, 264-272, 1984.

[13] W. F. Freeman, *Mass Action In The Nervous System,* Academic Press, New York, 1975.

[14] P. Nunez, *Electric Fields In The Brain : The Neurophysics Of EEG,* Oxford Univ. Press, New York, 1981.

[15] M. N. Livanov, *Spatial Organization Of Cerebral Processes,* Wiley, New York, 1977.

[16] H. Petsche, J. C. Shaw, « EEG Topography », vol. 5B *in* A. Rémond, éd. : *Handbook Of Electroencephalography And Clinical Neurophysiology,* Elsevier, Amsterdam, 1972.

[17] P. Rakic, « Mode Of Cell Migration To The Superficial Layers Of Fetal Monkey Neocortex », *J. Comp. Neurol.,* 145, 61-84, 1972.

[18] V. Mountcastle, « An Organizing Principle For Cerebral Function : The Unit Module And The Distributed System », 7-50 *in* G. Edelman, V. Mountcastle, éd. : *The Mindful Brain,* MIT Press, Cambridge, 1978.

[19] J. A. Fodor, *The Modularity Of Mind,* MIT Press, Cambridge, Mass., 1983.

[20] O. Creutzfeld, « Electrical Activity From The Neuron To the EEG And EMG », vol. 5, partie C : « The Neuronal Generation of The EEG », *in* A. Rémond, éd., *Handbook of Electroencephalography And Clinical Neurophysiology,* Elsevier, Amsterdam, 1974.

[21] R. Elul, « The Genesis Of EEG », *Int. Rev. Neurobiol.,* 15, 227-272, 1972.

[22] E. Niedermeyer, F. Lopes Da Silva, éd., *Electroencephalography,* Urban and Schwarzenbert, Baltimore, 1982.

[23] P. Étévenon, F. Giannella, F. Abarnou, « Modèle d'EEG par modulation radioélectrique d'amplitude et de phase, conséquences sur l'aspect morphologique du signal », *Rev. EEG Neurophysiol.,* 10, 1, 69-80, 1980.

[24] P. Étévenon, F. Giannella, « Waking And Sleeping States In The Rat From An EEG Data Analysis Point Of View », *Waking And Sleeping,* 4, 33-45, 1980.

[25] A. E. Fessard, « Mechanisms Of Nervous Integration And Conscious Experience », 200-236 *in* J. F. Delafresnaye, éd., *Brain Mechanisms And Consciousness,* Blackwell, Oxford, Masson, Paris, 1954.

[26] V. B. Mountcastle, Sleep, « Wakefulness And The Conscious State », *in* V. B. Mountcastle, éd., *Medical Physiology,* 14e éd., Mosby, Saint-Louis, 1980.

[27] R. Jung, « Correlation Of Bioelectrical And Autonomic Phenomena With Alterations Of Consciousness And Arousal In Man », 310-344 *in* J. F. Delafresnaye, éd., *Brain Mechanisms And Consciousness,* Blackwell, Oxford, Masson, Paris, 1954.

[28] F. H. Duffy, « Brain Electrical Activity Mapping (BEAM) : Computerized Access To Complex Brain Functions », *Int. J. Neurosci.,* 13, 55-65, 1981.

[29] F. H. Duffy, *Topographic Mapping Of Brain Electrical Activity,* Butterworths, Boston, 1986.

[30] F. Findji, P. Catani, C. Liard, « Topographical Distribution Of Delta Rhythms During Sleep : Evolution With Age », *Electroenceph. clin. Neurophysiol.,* 51, 659-665, 1981.

[31] M. S. Buchsbaum, W. B. Mendelson, W. C. Duncan, R. Coppola, J. Kelsoe, J. C. Gillin, « Topographic Cortical Mapping Of EEG Sleep Stages During Daytime Maps In Normal Subjects », *Sleep,* 5, 3, 248-255, 1982.

[32] M. A. B. Brazier, « The Electroencephalogram Of Man », 269-292 in M. A. B. Brazier : *The Electrical Activity Of The Nervous System,* Pitman Medical Pub., London, 1968.

[33] P. Étévenon, S. Guillou, B. Wendling, M. Ghanem, *Cartographie d'une nuit de sommeil avec trois réveils provoqués. Étude statistique des stades de sommeil,* communication audiovisuelle présentée le 4 juin 1985 lors de la réunion de la Société d'EEG et de neurophysiologie clinique, à Tours, sur le thème : « Sommeil humain normal et pathologique ». Film : *La Caverne de Platon. Cartographie d'une nuit de sommeil et de rêve,* 16 mm

couleurs, 26 minutes, son optique, coproduction : CNRS Audiovisuel, INSERM, Spécia, BIOCOM, 1986. Document filmique, *Cartographie dynamique de l'éveil, du sommeil et du rêve,* 16 mm couleurs, 4 minutes, coproduction : CNRS Audiovisuel, INSERM, Spécia, BIOCOM, 1986.

[34] P. Étévenon, « EEG Cartography Of A Night Of Sleep : Correlations », Lucid Dreaming Symposium, Charlottesville, USA, 1985, in *Lucidity Letter,* 5, 1, 119-128, 1986.

[35] P. Étévenon, S. Guillou, « EEG Cartography Of A Night Of Sleep And Dreams. A Longitudinal Study With Provocked Awakenings », *Neuropsychobiology,* 16, 2 & 3, 146-151, 1986.

[36] L. C. Johnson, C. Nute, M. T. Austin, A. Lubin, « Spectral Analysis Of The EEG During Waking And Sleeping », *Electroenceph. clin. Neurophysiol.,* 23, 80, 1967.

[37] L. C. Johnson, A. Lubin, P. Naitoh, C. Nute, M. Austin, « Spectral Analysis Of The EEG Of Dominant And Non-Dominant Alpha Subjects During Waking And Sleeping », *Electroenceph. clin. Neurophysiol.,* 26, 361-370, 1969.

[38] W. Kuhlo, D. Lehmann, « Das Einschlaferleben und seine neurophysiologische Korrelate », *Arch. Psychiatr. Nervenkr.,* 205, 687-716, 1964.

[39] O. Petre-Quadens, « Ontogenèse du rêve chez le nouveau-né humain », 109-121 *in* P. Wertheimer, éd., *Rêve et Conscience,* PUF, Paris, 1968.

[40] F. Tcheng, J. L. Laroche, « Phase de sommeil et sourires spontanés », *Acta Psychological,* 24, 1-28, 1965.

[41] G. G. Globus, « Rapid Eye Movement Cycle In Real Time », *Arch. Gen. Psychiat.,* 15, 654-659, 1966.

[42] E. Othmer, P. Hayden, R. Segelbaum, « Encephalic Cycles During Sleep And Wakefulness In Humans : A 24-hour Pattern », *Science,* 164, 447-449, 1969.

[43] D. F. Kripke, D. Sonnenschein, « A Biologic Rhythm In Waking Fantasy », 321-332 *in* K. S. Pope, J. L. Singer, éd., *The Stream Of Consciousness,* Plenum, New York, 1978.

[44] D. F. Kripke, « Ultradian Rhythms In Behavior And Physiology », 313-343 *in* F. M. Brown, R. C. Graeber, éd., *Rythmic Aspects Of Behavior,* Erlbaum, Hillsdale, 1982.

[45] D. H. Kripke, P. A. Fleck, D. J. Mullaney, M. L. Levy, « Behavioral Analogs Of The REM - Non REM Cycle », *Adv. Biol., Psychiat.,* 11, 72-79, 1983.

[46] J. Bancaud, J. Talairach, M. Bordas-Ferrer, « Activité électrique cortico sous-corticale au cours du sommeil de nuit chez l'homme », 123-156 *in* P. Wertheimer, éd., *Rêve et Conscience,* PUF, Paris, 1968.

[47] F. Snyder, « Quelques hypothèses au sujet de la contribution du sommeil avec mouvements oculaires rapides à la survivance des mammifères », 37-50 *in* P. Wertheimer, éd., *Rêve et Conscience,* PUF, Paris, 1968.

RÉFÉRENCES DU CHAPITRE VI

[1] P. Passouant, *Le Sommeil tiers de notre vie,* Stock, Paris, 1976.

[2] W. Dement, *Dormir, rêver,* Seuil, Paris, 1981.

[3] J. Picat, *Le Rêve et ses fonctions,* Masson, Paris, 1984.

[4] E. Jones, *On The Nightmare,* Hogarth Press, Londres, 1931.

[5] J. A. Harfield, *Rêves et Cauchemars,* 10/18, Paris, 1954.

[6] P. Garfield, *Your Child's Dreams,* Ballantine, New York, 1984.

[7] E. Hartmann, *The Nightmare,* Basic Books, New York, 1984.

[8] K. Adam, I. Oswald, « Sleep Is For Tissue Restoration », *J. Roy Coll. Phychs,* 11, 4, 376-388, 1977.

[9] P. Gauthier, J. F. Hamon, Gl. Gottesmann, « Étude de la variation contingente négative (VCN) et des composantes tardives des potentiels évoqués au cours du sommeil chez l'homme », *Rev. EEG Neurophysiol. clin.,* 15, 323-330, 1986.

[10] J.-P. Sastre, M. Jouvet, « Le Comportement onirique du chat », *Physiol. Behav.,* 22, 979-989, 1979.

[11] K. Adam, « Body Weight Correlates With REM Sleep », *Brit. Med. J.,* 1, 813-814, 1977.

[12] K. Adam, « Brain Rhythm That Correlates With Obesity », *Brit. Med. J.,* 2, 234, 1977.

[13] D. Foulkes, *The Psychology of Sleep,* Scribner, New York, 1966.

[14] P. Fluchaire, *La Révolution du rêve,* Dangles, Paris, 1985.

[15] A. Moffitt, R. Hoffmann, R. Wells, R. Armitage, R. Pigeau, J. Shearer, « Individual Differences Among Pre- And Post-Awakening EEG Correlates Of Dream Reports Following Arousals From Different Stages Of Sleep », *Psychiat. J. Univ. Ottawa,* 7, 2, 111-125, 1982.

[16] R. Broughton, « Human Consciousness And Sleep/Waking Rhythms : A Review And Some Neuropsychological Considerations », *J. Clin. Neuropsychol.,* 4, 3, 193-218, 1982.

[17] H. Gastaut, R. Broughton, « A Clinical And Polygraphic Study Of Episodic Phenomena During Sleep », *Recent Advances In Biological Psychiatry,* 7, 197-221, 1964.

[18] R. Broughton, « Sleep Disorders : Disorders Of Arousal », *Science,* 159, 1070-1078, 1968.

[19] F. Goldenberg, « Les Insomnies », 5-13 *in* « Sommeil et insomnie », *Actualités médicales,* n° 43, Diamant, Paris, 1985.

[20] L. Garma, « Problèmes de diagnostic dans la clinique des troubles du sommeil », 70-105 *in* Y. Pélicier éd., *Somnambules et Parasomniaques,* Economica, Paris, 1985.

[21] J.-R. Mouret, B. Renaud, P. Quenin, D. Michel, R. Schott, « Monoamines et régulation de la vigilance. I. Apport et interprétation biochimique des données polygraphiques », *Rev. Neurol.,* 127, 139-155, 1972 ; publié *in* P. Girard, R. Couteaux, *Les Médiateurs chimiques,* Masson, Paris, 1972.

[22] C. Fischer-Perroudon, *Insomnie totale pendant plusieurs mois et métabolisme de la sérotonine,* thèse médecine, imprimerie des Beaux-Arts, Lyon, 1973.

[23] J.-B. Gélineau, « De la narcolepsie », *Gaz. Hôp.,* 55, 626-628, Paris, 1880.

[24] P. Passouant, R. S. Schwab, J. Cadilhac, M. Baldy-Moulinier, « Narcolepsie cataplexie. Étude du sommeil de nuit et du sommeil de jour », *Rev. Neurol.,* 111, 415-426, 1964.

[25] P. Passouant, J. Cadilhac, « Activité onirique et narcolepsie », *J. Psychol. normale et pathol.,* 2, 171-187, 1967.

[26] D. Roche, B. Bioular, J.-C. Vincent, « La Narcolepsie », *Confrontations psychiatriques,* 15, 173-191, 1977.

[27] V. Valley, R. Broughton, « The Physiological (EEG) Nature Of Drowsiness And Its Relation To Performance Deficits In Narcoleptics », *Electroenceph. clin. Neurophysiol.,* 55, 243-251, 1983.

[28] H.-P. Cathala, F. Laffont, S. Esnault, A. Gilbert, P. Waisbord, M. Minz, « Surveillance polygraphique et analyse structurelle des rêves dans la maladie de Gélineau », *J. des Agrégés,* 14, 6-7, 303-312, juin-juillet 1981.

[29] C. Guilleminault, W. C. Dement, P. Passouant éd., *Narcolepsy Spectrum,* New York, 1976.

[30] R. Broughton, V. Valley, M. Aguirre, J. Roberts, W. Suwalski, W. Dunham, « Excessive Sleepiness And The Pathophysiology Of Narcolepsy-Cataplexy. A Laboratory Perspective », *Sleep,* 1, 205-215, 1986.

[31] F. Morel, *Introduction à la psychiatrie neurologique,* Masson, Paris, 1947.

[32] H. Ey, P. Bernard, Ch. Brisset, *Manuel de psychiatrie,* Masson, Paris, 1978.

[33] H. Ey, *Traité des hallucinations,* 2 vol., Masson, Paris, 1973.

[34] R. J. Broughton, « Neurology And Dreaming », *Psychiat. J. Univ. Ottawa,* 7, 2, 101-110, 1982.

[35] H.-P. Cathala, F. Laffont, « Changes In Sleep Dreams By Frontal And Parietal Lobes Lesions », *International J. Neurol.,* 15, 1-2, 88-96, 1981.

[36] J. Lhermitte, J. Sigwald, « Hypnagogisme, hallucinose et hallucinations », *Rev. Neurol.,* 73, 225, 1941.

[37] M. Trillet, B. Laurent, D. Michel, D. Catombe, B. Schott, « Fabulations des visages ou des lieux par hématomes limites du thalamus droit : paramnésie réduplicative ? » *Rev. Neurol.* (sous presse).

[38] R. Tissot, *Introduction à la psychiatrie biologique,* Masson, Paris, 1979 ; *Fonctions symboliques et Psychopathologie,* Masson, Paris, 1984.

[39] P. Deniker, *La Psycho-pharmacologie,* PUF, Paris, 1965.

[40] Z. J. Lipowski, *Delirium : Acute Brain Failure In Man,* Thomas, Springfield, Ill., 1980.

RÉFÉRENCES DU CHAPITRE VII

[1] M. Billard, « L'Exploration des troubles du sommeil et de l'éveil », 155-168 *in* O. Benoit, éd., *Physiologie du sommeil,* Masson, Paris, 1964.

[2] M. Billard, « Les Apnées du sommeil », 24-35 *in* Y. Pélicier, éd., *Somnambules et Parasomniaques,* Economica, Paris, 1985.

[3] P. Messerschmitt, « Enurésie », 57-69 *in* Y. Pélicier, éd., *Somnambules et Parasomniaques,* Economica, Paris, 1985.

[4] Y. Pélicier, « Le Modèle du somnambulisme et l'histoire de la médecine », 3-14 *in* Y. Pélicier, éd., *Somnambules et Parasomniaques,* Economica, Paris, 1985.

[5] R. de Villard, J. Dalery, J. Maillet, C. Chauvin, « Le Somnambulisme », 15-23 *in* Y. Pélicier, éd., *Somnambules et Parasomniaques,* Economica, Paris, 1985.

[6] J. Delay, G. Verdeaux, J. Gaches, *Électro-encéphalographie,* Masson, Paris, 1978.

[7] H. Gastaut, « Les Phénomènes actifs du sommeil en relation avec l'activité mentale hypnique », *Psychologie médicale,* 397-406, 1972.

[8] A. Jacobson, A. Kales, D. Lehmann, J. R. Zweizig, « Somnambulism : All Night Electro-Encephalographic Studies », *Science,* 148, 975-977, 1965.

[9] V. Halle, *Le Somnambulisme de l'enfant et de l'adulte. Aspects cliniques et thérapeutiques à propos de 65 cas,* thèse médecine, Nice, 1983.

[10] M. N. Pai, « Sleep-Walking and Sleep Activities », *J. Ment. Sci.,* 92, 756, 1946.

[11] E. Podolsky, « Somnambulistic Homicide », *Dis. Nerv. Syst.*, 20, 534, 1959.

[12] R. de Villard, J. Dalery, J. Mouret, J. Maillet, B. Schott, « Le Somnambulisme de l'enfant », *Entretiens de Bichat, Psychiatrie*, Paris, 1977.

[13] C. Fisher, J.V. Byrue, A. Edwards, « N-REM and REM Nightmares », *Psychophysiology*, 5, 221-222, 1968.

[14] C. Fisher, J. Byrue, A. Edwards, E. Kahn, « A Psychophysiological Study Of Nightmares », *J. Amer. Psycho-analytic Association*, 18, 747-782, 1970.

[15] C. Fisher, E. Kahn, A. Edwards, D. M. Davis, « A Psychophysiological Study Of Nightmares And Night Terrors. The Suppression Of Stage 4 Night Terrors With Diazepam », *Arch. Gen. Psych.*, 28, 252-259, 1973 a.

[16] C. Fisher, E. Kahn, A. Edwards, D. M. Davis, « A Psychophysiological Study Of Nightmares And Night Terrors. I. Physiological Aspects of the Stage 4 Night Terror », *J. Nerv. Ment. Dis.* 157, 75-97, 1973 b.

[17] C. Fisher, E. Kahn, A. Edwards, D. M. Davis, J. Fine, « A Psychophysiological Study Of Nightmares And Night Terrors. III. Mental Content And Recall Of Stage 4 Night Terrors », *J. Nerv. Ment. Dis.*, 15, 174-189, 1974.

[18] C. Barrois, « Action du traumatisme, traumatisme en action, action sur le traumatisme. Les Actes », *Nlle Revue de Psychanalyse*, 239-257, printemps 1985.

[19] A. Kales, C. R. Soldatos, A. B. Caldwell, D. S. Charney, J. D. Kales, D. Markel, R. Cadieux, « Nightmares : Clinical Characteristics And Personality Patterns », *Amer. J. Psych.*, 137, 1197-1201, 1980.

[20] S. Royant-Parola, « Cauchemars et terreurs nocturnes », 44-56 *in* Y. Pélicier, éd., *Somnambules et Parasomniaques*, Economica, Paris, 1985.

[21] G. Halliday, « Direct Alteration Of A Traumatic Nightmare », *Percept. Motor Skills*, 54, 413-414, 1982.

[22] C. Green, « I Know I Am Dreaming — The Lucid Dream », 104-106 *in* R. Woods, H. Greenhouse, éd., *The New World Of Dreams*, Mac Millan, New York, 1974.

[23] E. Hartmann, B. Skoff, D. Russ, M. Oldfield, « The Biochemistry Of The Nightmare : Possible Involvement Of Dopamine », *Sleep Research*, 7, 186, 1978.

[24] D. Grob, A. Harvey, O. Langworthy, J. Lilienthal, « The Administration Of Di-Isopropyl Fluorophosphate (DFP) To Man », *Bulletin Of John Hopkins Hospital,* 81, 257-266, 1947.

[25] L. Goldstein, R. Beck, D. Mundschenk, « Effets Of Nicotine Upon Cortical And Subcortical Electrical Activity Of The Rabbit Brain. Quantitative Analysis », *Ann. N.Y. Acad. Sci.,* 142, 170-180, 1967.

[26] H.J. Waal-Manning, « Atenolol And Three Non Selective Beta-Blockers In Hypertension », *Clin. Pharmacol. Ther.,* 25, 8-18, 1979.

[27] E. Hartmann, « Reserpine : Its Effects On The Sleep Dream Cycle In Man », *Psychopharmacol.,* 9, 242-247, 1966.

[28] J.F. Rijol, A. Buguet, J.L. Froment, B. Jones, M. Jouvet, « The Central Metabolism Of Serotonin In The Cat During Insomnia. A Neurophysiological And Biochemical Study After Administration Of PCPA Or Destruction Of The Raphe System », *Brain Res.,* 29, 195-212, 1971.

[29] F. Petitjean, C. Buda, M. Janin, M. Sallanon, M. Jouvet, « L'Insomnie provoquée par la p-chlorophénylalanine chez le chat. Sa réversibilité par l'injection intra-ventriculaire d'indolamines », *C.R. Acad. Sci.,* Paris, 291, 1063-1066, 1980.

[30] E. Hartmann, *The Biology Of Dreaming,* Thomas, Springfield, Ill., 1967 ; *La Biologie du rêve,* Dessart, Bruxelles, 1980.

[31] F. Goldenberg, « Pharmacologie du sommeil », 169-181 *in* O. Benoit, éd., *Physiologie du sommeil,* Masson, Paris, 1984.

[32] A. Kales, J. Kales, *Evaluation And Treatment Of Insomnia,* Oxford Univ. Press, New York, 1984.

[33] R.L. Williams, I. Karacan, *Pharmacology Of Sleep,* Wiley, New York, 1976.

[34] D. Widlocher, « Traitement de l'insomnie et sevrage des hypnotiques », *Semaine des hôpitaux,* 58, 42, 2441-2449, 1982.

[35] J.M. Gaillard, M. Phelippeau, « Modification des contenus mentaux en stade paradoxal et en stade 2 sous l'effet d'une benzodiazépine : le flunitrazépam », *L'Encéphale,* III, 35-47, 1977.

[36] J.M. Gaillard, M. Phelippeau, « Benzodiazepine-Induced Modifications Of Dream Content : The Effect Of Flunitrazepam », *Neuropsychobiol.,* 2, 37-44, 1976.

[37] J. Sastre, M. Sallanon, C. Buda, M. Jouvet, « La Bacitracine, un inhibiteur des peptidases, augmente le sommeil paradoxal chez le chat », *C.R. Acad. Sci.*, Paris, 296, 965-968, 1983.

RÉFÉRENCES DU CHAPITRE VIII

[1] M. Jouvet, « Mémoires et “ cerveau dédoublé ” au cours du rêve. A propos de 2525 souvenirs de rêve », *L'Année du praticien,* R. P. 29, 1, 27-32, 1979.

[2] M. Macario, « Du sommeil, des rêves et du somnambulisme », Périsse Frères, Paris, 1857, *Annales médico-psychologiques,* 1846 et 1858.

[3] A. Maury, *Le Sommeil et les Rêves,* Didier, Paris, 1861.

[4] Hervey de Saint-Denys, *Les Rêves et les moyens de les diriger,* Amyot, Paris, 1867 ; réédition Tchou, Paris, 1964 ; puis Éditions d'aujourd'hui, les Introuvables, Marseille, 1977.

[5] J. Nelson, « A Study Of Dreams », *Amer. J. Psychol.,* 1, 367-401, 1888.

[6] G. Ladd, « Contribution To The Psychology Of Visual Dreams », *Mind,* 1, 299-304, 1892.

[7] M. de Manacéine, *Sleep. Its Physiology, Pathology, Hygiene And Psychology,* W. Scott, Londres, 1897.

[8] N. Vaschide, *Le Sommeil et les Rêves,* Flammarion, Paris, 1911.

[9] F. Van Eeden, « A Study Of Dreams », *Proc. Soc. Psych. Res.,* 26, 431-461, 1913.

[10] Y. Delage, *Le Rêve,* Presses Universitaires, Paris, 1919.

[11] E. B. Leroy, *Les Visions du demi-sommeil (hallucinations hypnagogiques),* Alcan, Paris, 1926.

[12] S. Freud, *Die Traumdeutung,* Deutsche, Leipzig-Vienne, 1900 ; *L'Interprétation des rêves* (trad. I. Meyerson), nouvelle édition (trad. D. Berger), PUF, Paris, 1967.

[13] Y. Pélicier, *Insomnuits : les insomnies et les insomniaques, clinique et sommeil* I, Economica, Paris, 1980.

[14] Y. Pélicier, *La Serrure et le songe : l'activité mentale du sommeil, clinique et sommeil* II, Economica, Paris, 1983.

[15] Y. Pélicier, *Somnambules et Parasomniaques,* Economica, 1985.

[16] A. Tournay, « Sur mes propres visions du sommeil », *Rev. Neurol.,* 73, 209-224, 1941.

[17] H. Fischgold, S. Safar, « États de demi-sommeil et images hypnagogiques », 135-149, *Triangle,* Sandoz, repris en abrégé en 187-198, P. Wertheimer, éd., *Rêve et conscience,* PUF, 1968.

[18] H. Bergson, *L'Énergie spirituelle* (ch. IV, le rêve), 62e édition, PUF, Paris, 1960.

[19] G. Bachelard, *La Poétique de la rêverie,* PUF, Paris, 1960.

[20] P.R. Étévenon, *Les Aveugles éblouis. Les états limites de la conscience,* Albin Michel, Paris, 1984.

[21] C. Hall, R. Van de Castle, *The Content Analysis Of Dreams,* Appleton Century Crofts, New York, 1966.

[22] D. Foulkes, *A Grammar Of Dreams,* Basic books, New York, 1976.

[23] P. Garfield, *Creative Dreaming,* Simon and Schuster, New York, 1974 ; *La Créativité onirique,* La Table ronde, Paris, 1983.

[24] S. La Berge, *Lucid Dreaming,* J.P. Tarcher, Los Angeles, 1985.

[25] J. Moreau de Tours, *Du hachisch et de l'aliénation mentale. Études psychologiques,* De Fortin, Masson, Paris, 1845 ; réimprimé, Analectes, Theraplix, Paris, 1970.

[26] P. Étévenon, « Effects Of Cannabis On Human EEG » et « Sommaire de la session cannabis et cerveau », Symposium INSERM sur la marihuana, 1978, in G. Nahas, Sir W.D.N. Paton, éd. : *Marijuana Biological Effects. Analysis, Metabolism, Cellular Responses And Brain,* Pergamon Press, Oxford, 1979.

[27] P. Deniker, J.-R. Boissier, P. Étévenon, D. Ginestet, P. Péron-Magnan, G. Verdeaux, « Étude de pharmacologie clinique du Delta-9-tétra-hydro-cannabinol chez des sujets volontaires sains avec contrôle polygraphique », *Thérapie,* Paris, 29, 185-200, 1974.

[28] J. Moreau de Tours, « De l'identité de l'état de rêve et de la folie », *Annales médico-psychologiques,* 1, 3, 360-408, 1855.

[29] H. Ey, *Études psychiatriques, historique, méthodologie, psychopathologie générale,* 2e éd., Desclée de Brouwer, Paris, 1952.

[30] J. H. Jackson, *Selected Writings Of John Hughlings Jackson,* James Taylord, éd. : Hodder and Stoughton, Londres, 2 vol., 1931-1932.

[31] H. Ey, *Des idées de Jackson à un modèle organo-dynamique en psychiatrie,* Privat, Toulouse, 1975.

[32] H. Ey, *La Conscience,* PUF, Paris, 1963.

[33] G. C. Lairy, « Dream And Delusional Symptoms », *Sleep 1974,* 2 nd Europ. Congr. Sleep Res., Rome, 128-130, 1974 (Karger, Bâle, 1975).

[34] G. C. Lairy, « Sommeil et Dépression », *Sem. Hôp. Paris,* 57, 15-16, 1981.

[35] G. C. Lairy, L. Goldsteinas, A. Guennoc, « Phases intermédiaires du sommeil de nuit des malades mentaux. Relations avec le sommeil lent et les phases de mouvements oculaires dans les états confusionnels et délirants », 199-226 *in* P. Wertheimer, éd. : *Rêve et Conscience,* PUF, Paris, 1968.

[36] H. Ey, G. C. Lairy, M. de Barros-Ferreira, L. Goldsteinas, *Psychophysiologie du sommeil et Psychiatrie,* Masson, Paris, 1975.

[37] N. Abraham, M. Torok, *L'Écorce et le Noyau,* Aubier-Flammarion, Paris, 1974.

[38] D. O. Hebb, *The Organization Of Behavior,* John Wiley, New York, 1949 ; trad. fr. : *Psychologie du comportement,* PUF, Paris, 1958.

[39] D. O. Hebb, « The Problem Of Consciousness And Introspection », 402-421 *in* J. F. Delafresnaye, éd., *Brain Mechanisms And Consciousness,* Blackwell, Oxford, Masson, Paris, 1954.

[40] J. de Ajuriaguerra, *Désafférentation expérimentale et clinique,* Symposium Bel Air II, Paris, Masson, 1965.

[41] J. Lilly, *The Deep Self. Profound Relaxation And The Tank Isolation Technique. The Book That Launched The Theory Of Altered States,* Warner books, New York, 1977.

[42] C. Kornetsky, M. Eliasson, « Reticular Stimulation And Chlorpromazine, An Animal Model For Schizophrenic Overarousal », *Science,* 165, 1273-1774, 1969.

[43] M. Jeannerod, H. Hécaen, *Adaptation et Restauration des fonctions nerveuses,* SIMEP, Villeurbanne, 1979.

[44] R. Hernandez-Péon, « Neurophysiologic Aspects Of Atten-

tion », 155-186 *in* P.J. Vinken, G.W. Bruyn, éds., *Disorders Of Higher Nervous Activity,* vol. 3, Handbook of clinical neurology, North Holland, Amsterdam, 1975.

[45] L. Goldstein, A.A. Sugerman, H. Stolberg, H. Murphree, C.C. Pfeiffer, « Electrocerebral Activity In Schizophrenic And Non-Psychotic Subjects : Quantitative EEG Amplitude Analysis », *Electroenceph. clin. Neurophysiol.,* 19, 350-361, 1965.

[46] D. Ingvar, Mental Illness And Regional Brain Metabolism, *Trends Neurosci.,* 199-203, juin 1982.

[47] F.H. Duffy, M.S. Albert, G. Mc Anulty, « Brain Electrical Activity In Patients With Presenile And Senile Dementia Of The Alzheimer Type », *Ann. Neurol.,* 16, 4, 439-448, 1984.

[48] P. Étévenon, J.-R. Boissier, « Approches théoriques de la schizophrénie », *Rev. Med. clin.,* 15, 11, 643-651, Paris, 1974.

[49] H. Miller, Le *Sourire au pied de l'échelle,* Buchet Chastel, Paris, 1953.

[50] A. Adamov, *L'Aveu,* Éditions du Sagittaire, Paris, 1946.

RÉFÉRENCES DE LA CONCLUSION

[1] H.W. Magoun, *The Walking Brain,* Thomas, Springfield, 1963.

[2] G.M. Edelman, V.B. Mountcastle, *The Mindfulbrain,* MIT Press, Mass., 1979.

[3] H.H. Jasper, éd., *Reticular Formation Of The Brain,* Churchill, New York, 1954.

[4] J. Olds, P. Milner, « Positive Reinforcement Produced by Electrical Stimulation of Septal Area and Other Regions of Rat Brain », *J. Comp. Physiol. Psychol.,* 47, 419-427, 1954.

[5] G. Moruzzi, « The Sleep-waking Cycle », *Ergebn. Physiol.,* 64, 2-164, 1972.

[6] J.A. Hobson, R.W. Mc Carley, P.W. Wyzinski, « Sleep Cycle Oscillation : Reciprocal Discharge By Two Brainstem Neuronal Groups », *Science,* 189, 55-58, 1975.

[7] J.M. Siegel, D.J. Mc Ginty, « Pontine Reticular Formation Neurons : Relationships Of Discharge To Motor Activity », *Science,* 196, 678-680, 1977.

[8] B.D. Davis, *Perspectives In Biology,* The University of Chicago, Chicago, 1985.

[9] F. Crick, G. Mitchison, « The Function Of Dream Sleep », *Nature,* 304, 111-114, 1983.

[10] H. Michaux, *Façons d'endormi, Façons d'éveillé,* Gallimard, Paris, 1969.

[11] J. Robinson-Valéry, *Fonctions de l'esprit. Treize savants redécouvrent Paul Valéry,* Hermann, 1983.

[12] C. Koupernik, « Le Rêve chez Valéry », 192-199 *in* Y. Péli-